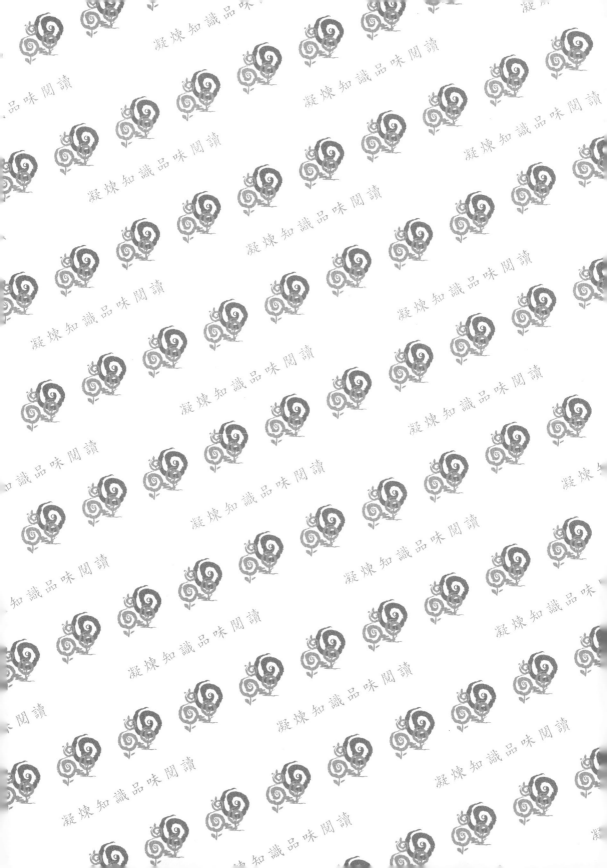

認識校園霸凌及其防制策略

陳利銘　薛秀宜　著

五南圖書出版公司 印行

推薦序

　　教育心理學的研究中，學者多半偏好正向的層面，例如：提升學習動機、強化學生自律、促進道德發展等。至於負向的層面，如攻擊行為或校園霸凌之研究，則相對較少有學者投入。而利銘老師對校園霸凌的深入專業研究，可說是該領域中的佼佼者，正足以補足此一研究缺口。

　　我與利銘老師的初識，是在他擔任博士後研究員籌備臺灣教育研究學會國際研討會的時候。之後，陸續在各學術場合中，不時仍會碰見利銘老師，知道他一直投入於校園霸凌的研究。而且，他很多的研究成果均已發表於國際優良期刊，對提升臺灣學術在國際上的能見度，貢獻良多。作為教育心理學領域的老兵，非常樂見有傑出的後輩持續在霸凌研究領域耕耘並能發光發亮。

　　利銘老師與秀宜老師合著的霸凌專書，共分為三大部分，包括基本概念篇、實證研究篇、霸凌防制篇。在基本概念篇中，本書針對霸凌定義與玩笑取鬧、暴力、攻擊、偏差行為等進行區辨；在網路霸凌一章中，作者探討了網路霸凌與家長管教的關聯，強調民主管教的重要性，並探討了許多網路霸凌的有效因應與介入策略；在關係霸凌一章中，作者分析了關係霸凌的目的，與權力、社會地位及受歡迎度有關，並提供了教師如何因應關係霸凌的策略；在教師霸凌一章中，作者提出了對教師霸凌的定義，並與體罰進行比較，亦針對教師為何會選擇採用暴力管教、體罰及虐待行為的原因進行解析。

　　在實證研究篇中，作者安排了三篇首次發表的著作，其中兩篇是由第一作者的科技部計畫成果改寫而來。在教師霸凌盛行率一章中，作者發現教師霸凌盛行率約在二成左右，而且，不論教師性別、年資、年齡、職別、求學時的受凌經驗等，在教師霸凌得分上都沒有顯著差異，但是若將教師霸凌誤判為合理管教，即可顯著預測教師霸凌得分。

　　在如何辨識校園霸凌的質性探究該章中，作者發現教師會經歷「覺察期」、「澄清期」、「辨識期」等三階段，另會考量是否為朋友關係、嚴重性、成因、是否反擊等條件來綜合判斷。在個人變項與心理變項對教師辨識校園霸凌的影響一章中，作者發現了國中小老師的虛擬校園霸凌情境辨識得分，顯著高於高中職教師，然而，知覺霸凌嚴重度、道德疏離、知覺霸凌辨識效能等變項卻無法預測教師辨識霸凌的得分。

　　在霸凌防制篇中，作者分別由校長、家長、輔導老師的觀點來談霸凌防制，並由後設分析的成果整理了一章霸凌防制知識。印象較為深刻的是，霸凌防制方案的實施，多能帶來正向效果。而且，有效的霸凌防制策略，例如：家長訓練、對家長提供資訊、建立班規、班級經營等，更是能對教育界如何防制霸凌帶來重要的啟示。

　　本書中，對霸凌防制提供了相當多的建議。在每章的文末，另提供了校園霸凌改編個案供讀者作為霸凌辨識的判斷參考。整體而言，本書的立論結構完整，資料相當豐富，相信讀者讀完此書後，可對霸凌防制具有充分的認識，並能將理論及實務技巧應用於校園情境中，讓校園不再有霸凌的憾事發生，為每位學生提供友善幸福的美好學習環境。

國立臺灣師範大學教育學院院長

陳學志

2021. 08. 27

推薦序

　　摯友陳利銘教授是臺灣研究校園霸凌的著名學者，我很榮幸能與陳教授在校園霸凌學術領域合作多年，並且從陳教授身上學習甚多。多次聽聞陳教授想寫有關校園霸凌的專書，來為臺灣教育界與實務界貢獻心力。今日，能有幸拜讀陳教授的著作，深感欣喜與由衷敬佩。在臺灣，討論校園霸凌期刊文章甚多，卻鮮少有系統性地專門論述校園霸凌的相關理論與實務知識。綜覽全書，概念與實務研究並俱，透過陳教授深入剖析校園霸凌的理論、實務與政策，深信本書的出版，將為臺灣的教育實務界及學術界提供更高價值的參考。

香港中文大學社會工作學系副教授

陳季康

2021.08.27

推薦序

　　從事精神醫學及青少年心理健康之相關研究，探討過校園霸凌對學生身心的影響，發現校園霸凌對學生身心的危害甚鉅，涉入霸凌與憂鬱、焦慮、自殺傾向、冷酷無情、攻擊傾向、犯罪傾向等都有關聯。因此深感防制霸凌對改善學生身心健康的重要性和正向助益。之前在中山大學與高雄醫學大學的研究合作案中，與本書作者陳利銘老師進行校園霸凌的合作研究。利銘老師對校園霸凌學有專精，長期在校園霸凌研究領域耕耘，對於校園霸凌的認識與防制都有獨到的見解。如今，利銘老師與秀宜老師合著這本關於校園霸凌的專門著作，納入基本概念的介紹、防制策略的釋闡，以及數篇實證研究等內容，相信對於校園霸凌領域感興趣者，都能由書中得到完整的認識與豐富的防制知識。改善校園霸凌的困境，需要更多人的投入與研究，本人樂見此書的出版，相信必能為霸凌防制帶來更大的力量。

高雄醫學大學醫學系教授

顏正芳

2021.08.26

自 序

　　校園霸凌乃是學界及教育界所關注的重要議題，在國外已有相當多的校園霸凌研究，但在國內，校園霸凌的研究相對較少。在精神醫學、公共衛生、犯罪學等領域的部分學者對校園霸凌領域多所涉獵，但專精於校園霸凌研究的學者則相當少。本書第一作者為校園霸凌的研究者，投入該領域已超過十年，發表於SSCI期刊的霸凌文章已超過二十篇，但仍不時感受到教育界對校園霸凌認識之不足。曾聽有老師說：「霸凌的處理就是記過、退學」；也曾聽聞老師說過：「受凌者依規定要輔導，但輔導了也沒有用」；更曾聽聞大學教授開玩笑說：「校園霸凌有什麼好研究的」。這些例子均顯示學界及教育界對霸凌防制欠缺相關的知能。緣此，為校園霸凌領域著書，推廣對校園霸凌的防制知能，乃是筆者心中的願望之一。此書於2017年開始構想，於2018年開始逐章撰寫，到2021年中完成最後一章，所有章節的寫作共歷時三年多。在撰寫期刊文章為重的學術氛圍下，要撥出時間寫書，實非易事。希望本書的出版能提升大眾對校園霸凌的認識，以助校園霸凌的防制。

　　本書的結構分為三大部分，包括基本概念篇、實證研究篇、霸凌防制篇。在第一部分的基本概念篇包含的是第一章到第四章，包括「認識校園霸凌的定義與行為類別」、「認識網路霸凌」、「認識關係霸凌」、「認識教師霸凌」等；第二部分的實證研究篇包含第五章到第七章，包括「教師霸凌的盛行率」、「教師如何辨識校園霸凌的質性探究」、「教師辨識校園霸凌：個人變項與心理變項的影響」，這三章節的資料均是首次發表的實證資料；第三部分的霸凌防制篇包含第八章到第十一章，包括「由校長觀點談霸凌防制」、「家長如何面對校園霸凌」、「輔導老師對霸凌的看法與輔導策略」、「由後設分析彙整出的霸凌防制知識」等。

　　本書的特色有幾點：一、彙整校園霸凌的防制知識（霸凌防制篇）及霸凌防制的實證資料（實證研究篇），基本概念及實證資料兼具；二、納入「教師霸凌」的概念介紹及實證資料分析，乃國內首次對「教師霸凌」進行分析的專門著作；三、納入校園霸凌的辨識，針對教師如何覺察、澄清、辨識校園霸凌，以及教師對霸凌的辨識受到哪些因素的影響，進行質性及量化的探究，此乃國內少見的對校園霸凌辨識的專門著作；四、一般對霸凌的防制多聚焦於學校或導師身上，本書從校長、家長、輔導老師等角色進行分析，對這些角色如何有效協助霸凌防制進行深入的剖析；五、對於何種霸凌防制策略最有效，實是眾說紛紜，少有共識，而本書的最後一章「由後設分析彙整出的霸凌防制知識」，則提供了經後設分析實證的有效霸凌防制策略。

　　本書的撰寫分工，乃由第一作者進行所有章節的初稿撰寫，再由第二作者進行所有章節的潤飾及校園霸凌改編個案的撰寫。本書的完成，首要感謝國立中山大學鄭英耀校長，因為鄭校長開啟作者研究校園霸凌的興趣與熱忱；其次，要感謝所有曾參與筆者研究的參與者，若沒有這些參與者犧牲時間所提供的資料，則無法形成並累積書中所談到的校園霸凌防制知識；最後，要感謝本書的出版公司，能看見本書的價值，讓此書能順利出版。

陳利銘、薛秀宜
2021 年 8 月於高雄左營

目　錄

第一部分

基本概念篇

認識校園霸凌的定義與行為類別

第1章

本章重點在釐清校園霸凌的定義與行為類別，主要分為三部分來探討。包括：校園霸凌的定義與要件、校園霸凌相關概念進行區辨、校園霸凌的行為類別等。

一、校園霸凌的定義與要件

校園霸凌（school bullying），又稱為欺負、欺凌、欺侮等，在臺灣則因為音譯的關係，將之稱為霸凌。學界常以挪威學者D. Olweus的定義為主，他認為霸凌就是「一個學生長時間、重複地暴露在一個或多個學生主導的欺負或騷擾行為之中」（Olweus, 1993），該定義具有三大特徵要件，包括惡意傷害行為（intentionality）、重複（repetition）、勢力失衡（power imbalance），其中重複性指的是一個月2-3次以上（Solberg & Olweus, 2003），勢力失衡亦可稱為大欺小、多欺少、強欺弱等力量或勢力不均等的情境。若一個校園攻擊行為包含了這三大要件，則可視為校園霸凌行為；若不具備這三大要件，例如：僅發生一次的圍毆事件，並不具備重複性，則不被視為校園霸凌事件，而應視為校園暴力事件。

教育部在2012年頒布了《校園霸凌防制準則》，內文明訂了校園霸凌係指「相同或不同學校學生與學生間，於校園內、外所發生之個人或集體持續以言語、文字、圖畫、符號、肢體動作或其他方式，直接或間接對他人為貶抑、排擠、欺負、騷擾或戲弄等行為，使他人處於具有敵意或不友善之校園學習環境，或難以抗拒，產生精神上、生理上或財產上之損害，或影響正常學習活動之進行。」

之後，教育部在2020年7月修訂《校園霸凌防制準則》，將霸凌的定義進行微調：「指個人或集體持續以言語、文字、圖畫、符號、肢體動作、電子通訊、網際網路或其他方式，直接或間接對他人故意為貶抑、排

擠、欺負、騷擾或戲弄等行為,使他人處於具有敵意或不友善環境,產生精神上、生理上或財產上之損害,或影響正常學習活動之進行。」另外,將校園霸凌所指涉的對象,由「生對生」擴大到「師對生」:「校園霸凌指相同或不同學校校長及教師、職員、工友、學生(以下簡稱教職員工生)對學生,於校園內、外所發生之霸凌行為。」

由前述2012年及2020年的定義進行對照,可以發現教育部對校園霸凌的定義有幾項的調整及修正:

- 行為類別:新增「電子通訊、網際網路」,也就是將網路霸凌亦納入其中。
- 意圖:新增「故意」兩字,也就是強調霸凌行為的意圖及惡意。
- 場域:刪除「校園學習環境」。因為新增了網路場域,所以霸凌發生的場域不限於校園學習環境之內。
- 對象:由「生對生」擴大到「師對生」,也就是將教師霸凌亦納入校園霸凌。

自此,校園中若發生了疑似校園霸凌事件,學校教育人員即有實際的定義及標準來進行判定,以斷定相關疑似事件是否屬於實際霸凌案件。然而,由於校園教育人員基於自身教育經驗或基於個人認知判斷,對疑似霸凌事件及對教育部頒布之定義可能仍會有不同的解讀。因此,以下試圖將教育部的定義與D. Olweus的定義要件進行連結,以拉近教育實務界與學界的差距,並協助教育工作者進行判定,請見表1-1。

✄ 表1-1

D. Olweus的霸凌定義要件	教育部2020年的霸凌定義要件
· 惡意傷害行為	· 以言語、文字、圖畫、符號、肢體動作、電子通訊、網際網路或其他方式,直接或間接對他人故意為貶抑、排擠、欺負、騷擾或戲弄等行為。 · 使他人處於具有敵意或不友善環境,產生精神上、生理上或財產上之損害,或影響正常學習活動之進行。
· 重複	· 持續
· 勢力失衡	· 個人或集體

教育部校園霸凌定義中的「以言語、文字、圖畫、符號、肢體動作、電子通訊、網際網路或其他方式，直接或間接對他人故意為貶抑、排擠、欺負、騷擾或戲弄等行為」及「使他人處於具有敵意或不友善環境」，可簡稱為惡意行為；至於「產生精神上、生理上或財產上之損害，或影響正常學習活動之進行」，則是指涉傷害結果。因此，可合稱為造成身心傷害結果的惡意攻擊行為，即與D. Olweus定義要件中的「惡意傷害行為」一致。教育部的霸凌定義要件中的「持續」，即與D. Olweus定義要件中的「重複」一致。教育部的霸凌定義要件中的「個人或集體」，即與D. Olweus定義要件中的「勢力失衡」（大欺小、多欺少、強欺弱）一致。就此而言，教育部對校園霸凌定義，實與D. Olweus的三大霸凌定義要件一致，建議學校教育工作者，可採用「惡意傷害行為」、「重複」、「勢力失衡」此三大要件，來輔助校園霸凌事件的辨識及判定。

採用D. Olweus的霸凌定義要件來協助辨識與判定，具有幾項優勢：首先，D. Olweus的霸凌定義要件與教育部的霸凌定義一致；其次，三大特徵要件簡短易記，方便對學生宣導，亦方便教育工作者進行實務上的辨識；第三，世界衛生組織（WHO）亦採用D. Olweus的霸凌定義及調查工具來進行跨國的校園霸凌盛行率調查（Currie et al., 2012）。第四，可拉近學界及教育實務界對校園霸凌定義的落差。

值得注意的是，各國對霸凌一詞所包含的行為，似乎具有文化差異。Smith等人（2002）指出，就1990年代的英格蘭而言，bullying一詞仍未包含社會排擠；葡萄牙的霸凌詞彙abuso，在使用上就和英格蘭較相近，多著重於肢體及言語霸凌，較少意指社會排擠；義大利所使用的prepotenza一詞，泛指肢體、言語、社會排擠及打架。可見，義大利的霸凌詞彙包含較廣，包含了勢力均等的打架情況。Smith（2016）則探討了日本及韓國對霸凌詞彙，他指出日本的ijime及韓國的wang-ta最近似於霸凌一詞，但實際上和本文所指霸凌定義還是有所差異。ijime最容易發生在同年齡、同班上、認識的人之中。韓國wang-ta發生在認識的人之中，更嚴重的是jun-ta，指全校會貼標籤並避開該學生。就此而言，霸凌一詞會受到各國文化脈絡的影響，在進行國際比較時，宜注意各國詞彙所涉及的不同內涵要素。

二、校園霸凌相關概念的區辨

校園霸凌在實務上，極易與取笑玩鬧（teasing）、校園偏差行為（deviant behavior）、暴力（violence）、攻擊（aggression）等相關概念混淆。以下將針對校園霸凌與相關概念進行討論區辨。

首先，**霸凌與取笑玩鬧**之間，具有部分重疊性，一般教師很難區別出學生間的玩鬧行為與霸凌行為（Mishna et al., 2005）。筆者認為，可能因為取笑與霸凌均具有**從中作樂**的成分，關係良好的同學們會相互取笑來從中作樂，霸凌者則是透過訕笑戲弄受凌者來從中作樂，因而使得成人有時候會難以區辨取笑玩鬧與霸凌的不同。Smith等人（2009）以半結構研究方式，訪談了28位4-8年級的教師，以了解他們如何區分取笑及霸凌，結果發現取笑可能具有負向意涵（如嘲諷）與正向意涵（如嬉鬧），因此，取笑同時包含了兩類意涵，顯示其複雜本質。另外，教師視取笑為正向的利社會行為，視霸凌為負向的反社會行為。就此而論，可能因為取笑玩鬧包含了正向與負向意涵，在不了解情境脈絡、成因與雙向關係的狀況下，可能會讓人很難區辨行為屬為正向取笑玩鬧或負向訕笑。不同的是，取笑玩鬧可能是利社會行為，是雙方良好社會關係下的行為展現，或可促進雙方社會關係；而霸凌是負向的惡意行為，旨在取得權力、利益或傷害對方。

針對**霸凌、暴力與攻擊**來說，攻擊行為是最廣義的概念，包括了霸凌行為及暴力行為，校園霸凌行為及暴力行為均是在校園中的攻擊行為。其次，霸凌與暴力之間，則有定義要件上的差異，校園暴力指的是對師生的惡意攻擊行為，包括單次的傷害行為也算是暴力事件，例如：情緒失控的學生打了老師一拳、一言不合而引發的學生鬥毆事件等；校園霸凌指的是在力量失衡的狀況下對同儕進行重複的惡意攻擊行為，需符合重複（repitition）及力量失衡（power imbalance）的特徵。就此而言，校園霸凌行為需具備大欺小、多欺少、強欺弱等力量失衡的特徵，但校園暴力事件則不必然，因為校園暴力事件也有可能是小擊大、弱殺強的情況。另外，校園霸凌行為需重複發生，一般是以每個月發生2-3次以上來作為標準，例如：在一個月內發生了3次的惡意言語羞辱行為，但校園暴力則是1次以上就算，例如：有學生恐嚇要傷害另一位學生的親人。

　　再就**校園偏差行為、校園霸凌、校園暴力行為**來進行討論，三者之間為問題行為嚴重程度上的差異。校園偏差行為是校園中常見的不當行為，例如：亂丟垃圾、亂吐口水、干擾教師上課的吵鬧行為、攜帶違禁品、走廊奔跑而撞傷同學等，這些校園偏差行為相當常見，與校園霸凌及校園暴力相較之下，程度上也較為輕微；校園暴力事件是惡意的攻擊行為，小到單次的言語羞辱行為，大到持刀傷人事件，都算是校園暴力事件。一般而言，校園霸凌和校園偏差行為一樣是會重複發生，惟校園霸凌在嚴重程度或對學生的傷害程度上則比校園偏差行為來得嚴重，例如：重複且惡意排擠班上同學或破壞同學友誼；至於校園霸凌與校園暴力事件的差別，除了重複性特徵的差異外，校園暴力還涉及了嚴重危害生命財產安全的行為，例如：持刀傷人、放火燒毀學校建築等，而嚴重的校園霸凌事件（如發生數次的拳打腳踢事件）則可能不至於嚴重到會對學生造成立即性的生命危害。

　　就實證研究的結果來看，青少年認為攻擊、暴力、霸凌間詞彙之間具有共通點，Hopkins等人（2013）針對57位11-17歲青少年進行焦點團體座談，結果發現青少年認為攻擊、暴力、霸凌均是會帶來傷害結果的惡意行為，均包含肢體及言語行為。至於霸凌行為，青少年則認為霸凌就是不斷重複的暴力行為，而且是故意的重複行為。

　　Brion-Meisels與Garnett（2017）的研究指出，青少年會出現混用霸凌與攻擊詞彙的情況，研究者針對3,097位青少年的29,651則網路留言內容進行分析，以了解青少年對霸凌的定義，結果顯示青少年會採用廣義的霸凌定義來描述家庭攻擊或成人攻擊行為，青少年也會使用家長霸凌、手足霸凌（被兄弟姐妹欺負）、教師霸凌等詞彙來描述各類攻擊行為。就此而言，青少年認為攻擊、暴力、霸凌等詞彙之間具有高度重疊性，而且會使用霸凌的詞彙來指稱不同對象的攻擊或暴力行為。

三、校園霸凌的行為類別

　　校園霸凌行為的類別，有許多不同的分類方式。先就二分法來說，一般會將霸凌行為分類為「**直接霸凌行為**」與「**間接霸凌行為**」，直接霸凌行為就是面對面進行的攻擊行為，例如：肢體攻擊、辱罵、言語威脅等，一般而言是在群眾的面前公開羞辱或汙衊受害人。間接霸凌行為通常涉及群體關係的操弄，例如：散播謠言、破壞他人友誼等。此外，多數

加害者通常會隱匿其身分,來破壞受害者的名聲或設法降低其社會地位(Juvonen & Graham, 2014)。

(一)國內早期對校園霸凌的分類

　　兒福聯盟在十幾年前,便開始針對校園霸凌行為進行調查,他們在2004年的報告中,將校園霸凌行為大致分為五類(兒福聯盟,2004):

- **肢體霸凌**:踢打、搶奪弱勢學生物品,是容易辨識的行為類別。
- **言語霸凌**:用語言傷害或嘲笑別人,造成肉眼上看不到的心理創傷。
- **關係霸凌**:說服同儕排擠別人,切斷當事人的社會連結,常牽涉到散播不實謠言。
- **反擊型霸凌**:受凌者遭受欺壓後的反擊行為,部分受凌學生會欺負比自己顯得更弱勢的學童。
- **性霸凌**:有關性或身體部位的嘲諷及玩笑、對性別的譏笑(如娘娘腔、娘炮)。

　　由於兒福聯盟的報告在國內常被引用,因此特於此進行討論,針對反擊型霸凌及性霸凌兩點加以說明。首先,作者認為兒福聯盟列出的霸凌類別,有其分類上的錯誤,將反擊型霸凌置於霸凌類別中其實是誤植,因為反擊型霸凌乃是霸凌的角色之一,也就是會霸凌他人同時也被欺負的雙重角色者(bully-victim),把霸凌角色與霸凌行為並列乃是分類上的錯誤與混淆。

　　其次,關於性霸凌,學界對性霸凌或性騷擾是否屬於霸凌的概念範疇之下,仍存歧見。支持者認為性霸凌乃是霸凌類別之一,如OBVQ最新版的問卷新增第八類:性霸凌(Solberg & Olweus, 2003);反對者則認為性霸凌或性騷擾不能視為霸凌,如Akiba(2004)指出性騷擾在各國霸凌研究中較常見,但在日本則不列入霸凌範圍,其霸凌研究即排除性騷擾。此歧異可能因為霸凌與性騷擾都是重複發生的攻擊行為,均帶來短期及長期負向影響,也都涉及力量失衡,且都企圖建立對他人的統治(DeSouza & Ribeiros, 2005)。另外,在行為類別中納入「性霸凌」,可能會造成混淆成因與行為之誤。Smith與Ananiadou(2003)指出,中學生可能因為本身的性取向(sexual orientation)而被同儕或教師嘲弄、取笑或攻

擊。申言之，性取向可能是學生遭受霸凌的成因，不同性取向的學生容易被言語霸凌及肢體霸凌。若新增性霸凌類別，可能易讓霸凌成因（如性取向）與言語霸凌、肢體霸凌產生混淆。再者，目前已有《性別平等教育法》、《性侵害犯罪防治法》、《性騷擾防治法》等法令，具體規範何謂性霸凌、性侵害、性騷擾及相關罰則，因此，性霸凌相關情事，宜納入性平會來處理，暫不與其他校園霸凌類別並列為宜。

（二）臺灣對校園霸凌類別的研究

鄭英耀與陳利銘等人針對臺灣13個縣市，每個縣市均有5所國中、3所高中及2所高職參與研究，每所學校發放21份問卷，包括8份教職員問卷（1位校長、3位主任、1位組長、3位導師）及13份學生問卷（3位霸凌者、7位一般學生、3位受凌者），計有1,558位師生參與質性問卷的填答，請師生針對開放式問題：「你認為什麼是欺負？」進行填寫。該研究發現，臺灣中學師生提及的校園霸凌，可分為六大類，包括肢體霸凌、言語霸凌、關係霸凌、財物霸凌、強迫行為、行為霸凌等，霸凌者透過這些行為來對受害者造成生理及心理的傷害，或是財物及權利的減損，以對受凌者進行控制。此六類行為敘述如下（Cheng et al., 2011）：

- 肢體霸凌（physical bullying）：如推、打、踢、敲等。
- 言語霸凌（verbal bullying）：如叫難聽綽號、嘲諷、怒罵、威脅等。
- 關係霸凌（relational bullying）：如社會孤立、拒絕、忽略、冷落等。
- 財物霸凌（property bullying）：如勒索、奪取他人財物、破壞他人物品等。
- 強迫行為（coercing behaviour）：如強迫買東西、寫功課、強迫協助清掃等。
- 行為霸凌（behavioural bullying）：如脫褲子、鎖在廁所內、不讓上廁所、噴水弄濕、藏物品、捉弄等。

（三）國際上對校園霸凌的分類

再就國外學者對校園霸凌的分類來論，D. Olweus所編製的OBVQ（Olweus Bullying-Victim Questionnaire）問卷中，共列出了七種霸凌類別，分別是言語霸凌、肢體霸凌、破壞或奪取財物、散播謠言、社會排擠、強迫做事、種族霸凌等（Solberg & Olweus, 2003）。

Hawker與Boulton的研究則將霸凌分為五類，各類霸凌行為舉例如下（Hawker & Boulton, 2000; 鄭英耀等人，2010）：

- **間接霸凌**：傳遞內容不堪入目的紙條、散播謠言、到處對他人說關於受凌者的壞話、散布謠言。
- **關係霸凌**：拒絕受凌者加入團體、疏離、刻意不和受凌者說話、威脅受凌者如果不做所說的事／就不喜歡他、拒絕他。
- **肢體霸凌**：打、推、踢、拉頭髮、鎖在房內、挑釁打鬥、打鬧、推撞、奪取財物。
- **言語霸凌**：取笑、嘲弄、亂取綽號、威脅、說下流事／講髒話。
- **一般霸凌**：捉弄、攻擊、做下流的事、讓對方不舒服、騷擾等。

Berger回顧PsycINFO資料庫中1,049篇有關校園霸凌的文獻，歸納出四類霸凌的類型（Berger, 2007; 鄭英耀等人，2010）：

- **肢體霸凌**：像打、推、踢、亂畫他人作業、破壞他人財物、偷午餐、把飲料或食物倒在書包或衣物。
- **言語霸凌**：辱罵、譏笑、嘲諷、羞辱等。
- **關係霸凌**：對同學視而不見、拒絕讓受凌者加入遊戲、操弄人際關係、干預受凌者的社會關係等。
- **網路霸凌**：散播網路謠言、網路流傳不雅照片、亂傳手機惡意簡訊等。

Menesini與Salmivalli（2017）認為校園霸凌包括言語、肢體、關係及網路霸凌等類別，其行為樣態說明如下：

- **言語霸凌**：取難聽綽號、辱罵、威脅。
- **肢體霸凌**：打、踢、推、破壞他人物品。
- **關係霸凌**：排擠、散播謠言。
- **網路霸凌**：惡意簡訊、惡意謠言等透過網路及最新科技方式所進行的攻擊行為。

（四）本書對校園霸凌的分類

　　由於多數學者均提及言語霸凌、肢體霸凌、關係霸凌等類別，而且，近年來網路霸凌的興起不容忽視。緣此，本文將校園霸凌的類別區分為四大類，包括言語、肢體、關係、網路霸凌。言語及肢體霸凌乃是直接霸凌行為，關係及網路霸凌則是間接霸凌行為，行為樣態敘述如下：

- **肢體霸凌**：以各種行為來攻擊當事人，造成其生理或所屬物品的傷害或減損，如打、推、踢、絆倒、亂畫他人作業、破壞他人財物、偷午餐、把飲料或食物倒在書包或衣物、拉頭髮、被鎖在空房內、推撞、奪取財物。此類霸凌包括惡作劇類的行為霸凌，如偷藏他人書包或鞋子、將垃圾塞入他人書包；亦包括破壞及搶奪財物的財物霸凌，如弄壞他人書桌及椅子。
- **言語霸凌**：以各式言語對受凌者進行言語攻擊及騷擾，如取難聽綽號、辱罵、威脅、譏笑、嘲諷、羞辱、取笑、嘲弄、說下流事／髒話等，使受凌者感到不舒服或心理受到創傷。
- **關係霸凌**：透過人際關係的操弄，企圖孤立受凌者的人際關係或破壞其原有的友誼，如排擠、散播謠言、對同學視而不見、拒絕讓受凌者加入遊戲、干預受凌者的社會關係、拒絕讓受凌者加入團體、疏離、不和他／她說話等。關係霸凌與言語霸凌的相同處，在於大部分都是以言語行為來進行霸凌。兩者不同之處是，言語霸凌是直接用言語攻擊對方，旨在羞辱對方；關係霸凌則是間接霸凌行為，透過人際關係的操弄與孤立，來破壞其人際關係。
- **網路霸凌**：透過最新科技及網路所進行的間接式攻擊或排擠行為，如張貼惡意訊息、洩漏他人訊息及私密、冒充他人留言、攻擊性訊息、建立惡意網站（反某某社群）、張貼私密或不雅照及影片、加油添醋／搧風點火、網路肉搜、留言詆毀、排擠不讓加入社群等。通常可透過多元管道，如簡訊、EMAIL、電話、聊天室、網路社群、即時通訊軟體（例如：LINE）、黑特版、班級網站、部落格、FB、YouTube、抖音、Instagram等來進行網路霸凌。

四、結論與建議

- 教育部在2020年修訂了校園霸凌定義，將網路霸凌、教師霸凌（師對生）亦納入校園霸凌範疇中。

- 教育部校園霸凌定義與WHO所採用的霸凌三大特徵可以相互對照呼應，建議採用WHO的霸凌三大特徵：惡意傷害行為、勢力失衡、重複等，來進行判斷。另須注意的是，重複意指每個月發生2-3次以上。

- 校園霸凌易與戲弄、攻擊、暴力、偏差行為等產生混淆，在一般人的口語上亦有混用的情況，但在學術上則有明確的區分。校園霸凌屬於攻擊行為之一，與戲弄、暴力、偏差行為等的差異在於校園霸凌必須是重複發生且具有勢力失衡的情況。

- 本書的校園霸凌行為類別指的是：肢體霸凌、言語霸凌、關係霸凌、網路霸凌。反擊型霸凌屬於兼具霸凌及受凌的雙重角色者，故不宜納入行為類別中。性霸凌則建議由性平相關規定來處理，暫不列於本書校園霸凌之行為範疇中。

作者對霸凌定義之研究

鄭英耀、陳利銘等人（Cheng et al., 2011）的研究，對中學師生的霸凌定義進行質性研究。

研究目的

該研究目的在了解不同師生角色（旁觀者、霸凌者、受凌者、教育人員）對校園霸凌的定義，釐清多元觀點下的霸凌定義是否有差異。

研究對象及分析方法

從臺灣北、中、南、東四個區域及離島選取13個縣市，每個縣市邀請5所國中、3所高中、3所高職參與研究，每校發放21份質性問卷，包括校長、4位學校行政人員、3位導師、13位學生（霸凌者3位、一般

學生7位、受凌者3位）。結果回收13縣市77校，共1,558份質性問卷。請研究參與者針對問卷上的開放式問題（你覺得什麼是欺負？）進行填答，運用紮根理論法來分析質性資料。

研究結果

　　結果發現臺灣中學師生的霸凌概念，包括**故意、力量失衡、攻擊行為、負向結果**等特徵。不同角色的霸凌概念有部分差異，如師長會提及重複特性，但少有學生提及重複性；霸凌意圖不易辨識，霸凌者多認為無緣無故，師長多認為故意，各有旁觀者及受凌者提到故意與無緣無故。受凌者及師長提到霸凌行為有無法制止的特性。另外，該研究區分出三種組型：「玩笑嬉鬧」是友善的、力量未失衡、言行未過度、結果未傷害；「輕微霸凌」是惡意的、力量失衡的、言行稍過度、感覺不舒服或輕微受創；「嚴重霸凌」是惡意的、力量失衡的、言行太過分、嚴重受創。霸凌者對於霸凌的認定較窄隘，認為行為太過分或嚴重結果才算霸凌，如「打了才算」，其餘的輕微霸凌，如推擠、拍打、撞、行為霸凌等稱不上是霸凌。受凌者及旁觀者對霸凌的認定比霸凌者來得寬鬆，認為只要是惡意的、力量失衡的、行為稍過度、感覺不舒服，就稱得上是霸凌。

校園霸凌改編個案

　　身材高瘦、外貌親切可人、個性活潑開朗，總是笑臉迎人的曉薇，只是下課從沒見過有人跟她開心聊天。聽心如與雅文聊得開心，她走到兩人旁問：你們在聊什麼？跟你說喔！昨天我爸買一臺GO-PRO給我喔！超開心的！

　　心如與雅文瞪大眼睛看著她，露出不可置信的眼神。心如問：你爸買給你？曉薇提高聲調：對呀！雅文：妳爸媽不是離婚？你爸又沒跟你住？心如質疑：哈，又唬爛，真是嘴砲女！

　　心如與雅文大笑引起其他同學注意，小傑在旁大聲附和：嘴砲

女，天天跟別人打砲，哈哈哈……。眾人大笑，曉薇生氣對小傑大
吼：你這混蛋……你們都是……。曉薇趴在桌上哭泣不止。

　　上課鐘聲響，大家邊笑邊走出教室準備去上音樂課，小傑斜睨趴
在桌上哭泣的曉薇露出惡意的笑容，曉薇抽吸著鼻子走進音樂教室，
低著頭走到自己的座位，看見桌面被粉筆塗寫著：嘴砲女、賤貨、去
死……。看著不堪入目的字眼，曉薇憤怒的直顫抖。講臺前的音樂老
師問：曉薇已經上課了，還不快點坐下！曉薇滿腹委屈坐下並趴在桌
上，老師感到奇怪，但正在上課怕耽誤其他同學，所以先擱置並繼續
上課。

案例分析

- 是否有惡意傷害行為：是。例如：粉筆亂寫桌面。
- 是否勢力失衡：是。心如、小傑等人的聯合嘲弄。
- 是否重複：是。嘲笑嘴砲女、粉筆亂寫桌面等攻擊行為持續發生。
- 是否為霸凌事件：是。

　　一般人看到此案例，可能會先問：是不是曉薇說話不得體、愛講
大話，而引人討厭。但，必須注意的是：霸凌成因並不是霸凌判斷的
要件。換言之，其實霸凌事件的判斷並不需要納入「成因」，單純以
惡意傷害行為、勢力失衡、重複等特徵即可判斷之。因此，不論曉薇
是否說話不得體、不論成因為何，都不影響此事件乃是霸凌事件之事
實。

　　就加害者而言，小傑的行為較為嚴重，因為他用粉筆寫著「嘴砲
女、賤貨、去死」等字眼。所以，一般可能會斷定小傑就是主要霸凌
者。事實上，心如與雅文可能也屬於廣義的霸凌者，因為她們對曉薇
仍有質疑、嘲弄的言詞，雖然兩人在行為上可能非屬嚴重，仍應一併
處置之。

參考文獻

兒童福利聯盟文教基金會（2004）。**國小兒童校園霸凌（bully）現象調查報告**。取自https://www.children.org.tw/uploads/files/researcher/report/042.pdf

鄭英耀、黃正鵠、陳利銘、劉昆夏、黃國彰、薛靜雯（2010）。**教育部校園霸凌現況調查與改進策略研究期末報告**。教育部、國立中山大學教育所。

Akiba, M. (2004). Nature and correlates of ijime-bullying in Japanese middle school. *International Journal of Educational Research, 41*(3) , 217-236.

Berger, K. (2007). Update on bullying at school: Science forgotten? *Developmental Review, 27*, 90-126.

Brion-Meisels, G. A., & Garnett, B. R. (2017). Exploring adolescents' talk about bullying on an online message board: Broadening and complicating understandings of victimization. *Journal of Aggression, Maltreatment, and Trauma, 26*(9), 952-971. doi:10.1080/10926771.2017.1322653

Cheng, Y. Y., Chen, L. M., Ho, H. C., & Cheng, C. L. (2011). Definitions of school bullying in Taiwan: A comparison of multiple perspectives. *School Psychology International, 32*, 227-243. doi: 10.1177/0143034311404130

Currie, C., Zanotti, C., Morgan, A., Currie, D., Looze, M. de. L., Roberts, C., ... Barnekow, V. (Eds.) (2012). *Social determinants of health and well-being among young people. Health Behaviour in School-aged Children (HBSC) study: International report from the 2009/2010 survey*. WHO Regional Office for Europe.

DeSouza, E. R., & Ribeiro, J. (2005). Bullying and sexual harassment among Brazilian high school students. *Journal of Interpersonal Violence, 20*, 1018-1038.

Hawker, D. S. J., & Boulton, M. J. (2000). Twenty years' research on peer victimization and psychosocial maladjustment: A meta-analytic review of cross-sectional studies. *Journal of Child Psychology and Psychiatry and Allied Disciplines, 41*, 441-455.

Hopkins, L., Taylor, L., Bowen, E., & Wood, C. (2013). A qualitative study investigating adolescents understanding of aggression, bullying and

violence. *Children and Youth Services Review, 35*, 685-693. doi:10.1016/
j.childyouth.2013.01.012

Juvonen, J., & Graham, S. (2014). Bullying in schools: The power of bullies and
the plight of victims. *Annual Review of Psychology, 65*, 159-185.

Menesini, E., & Salmivalli, C. (2017). Bullying in schools: The state of
knowledge and effective interventions. *Psychology, Health & Medicine, 22*,
240-253. doi:10.1080/13548506.2017.1279740

Mishna, F., Scarcello, I., Pepler, D., & Wiener, J. (2005). Teacher's understanding
of bullying. *Canadian Journal of Education, 28*, 718-738.

Olweus, D. (1993). *Bullying at school: What we know and what we can do.*
Blackwell.

Smith, H., Varjas, K., Meyers, J., Marshall, M. L., Ruffner, C., & Graybill, E.
C. (2009). Teachers' perceptions of teasing in schools. *Journal of School
Violence, 9*(1), 2-22. doi:10.1080/15388220903185522

Smith, P. K. (2016). Bullying: Definition, types, causes, consequences and
intervention. *Social and Personality Psychology Compass, 10*(9), 519-532.

Smith, P. K., Cowie, H., Olafsson, R. F., & Liefooghe, A. P. D. (2002).
Definitions of bullying: A comparison of terms used, and age and gender
differences, in a fourteen-country international comparison. *Child
Development, 73*, 1119-1133. doi:10.1111/1467-8624.00461

Smith, P. K., & Ananiadou, K. (2003). The nature of school bullying and
the effectiveness of school-based interventions. *Journal of Applied
Psychoanalytic Studies, 5*, 189-209.

Solberg, M. E., & Olweus, D. (2003). Prevalence estimation of school bullying
with the Olweus Bully/Victim questionnaire. *Aggressive Behavior, 29*, 239-
268.

認識網路霸凌

與校園霸凌有關的另一類霸凌型態：網路霸凌，近年來更為興盛。一方面與科技進展有直接關聯，人手一機隨時可上網，且上網速度愈加快速，從3G、4G發展到5G，科技的進展讓人們運用網路更加便利。另一方面，學童或青少年持手機及上網的比例愈來愈高，如Pew Internet and American Life Project（2014）指出，95%美國青少年都有上網經驗，74%青少年會透過手機、平板或其他行動裝置來上網。在荷蘭，84%的7歲小孩可以在家上網，而且有27%的荷蘭小孩幾乎天天上網（Pääjärvi, 2012）。在澳州，11%的9-11歲小孩會運用社交媒體網路來進行人際互動，到了12-14歲時，此比例則上升至約有50%青少年會運用網路來進行社交聯絡（Australian Bureau of Statistics, 2011）。在英國，有30%的7-11歲小孩擁有社交帳號，而且72%的7-11歲學童擁有手機（Broadbent et al., 2013; Monks et al., 2009）。當學童或青少年上網的機會愈多，在網路上所發生的衝突或遭遇負向事件的機會也相對增多，則網路霸凌事件可能由此發生。以下將針對網路霸凌的概念，包括定義與特徵、網路霸凌類型、網路霸凌的負向影響、網路霸凌的盛行率、網路霸凌的動機與成因、涉入網路霸凌的學生特徵、網路霸凌的旁觀者行為、網路霸凌與家長管教、網路霸凌的因應與介入策略等，進行逐一分析。

一、網路霸凌的定義與特徵

不同學者對網路霸凌的定義稍有歧異，但大部分學者均提及利用科技方式來進行重複的攻擊行為。

Monks等人（2016）認為網路霸凌是個人或群體利用科技方式對他人進行恐嚇、騷擾、惡意對待的重複式攻擊行為，而且加害者及受害者間有勢力不對等的情況。該定義中包含了透過網路科技、重複性、攻擊行為、

勢力失衡等特徵。

Elsaesser等人（2017）則採用Tokunaga於2010年提出的定義，認為網路霸凌是個人或團體透過電子或數位媒體，進行重複傳遞敵意或攻擊訊息的行為，意圖使他人感到不舒服或造成傷害。該定義則包括了透過網路科技進行重複性、惡意的攻擊行為、造成傷害他人的結果等要件。

Macaulay等人（2018）認為透過數位科技及網路媒體，對他人造成心理傷害的重複式惡意攻擊行為，就可稱為網路霸凌，其定義包含了利用網路科技、重複、惡意攻擊行為、造成傷害結果等。

另外，有學者提到網路霸凌具有其他特徵，包括匿名、立即散布、管道廣泛及影響範圍大、公開性等（Gaffney et al., 2018; Macaulay et al., 2018）。

綜合前述學者的觀點，本文認為網路霸凌就是「個人或團體透過網路科技，以匿名或具名對他人造成傷害的重複式惡意攻擊行為」，具有**透過網路媒介、匿名或具名、造成傷害、重複、惡意攻擊行為**等特徵。此定義要件與校園霸凌的定義要件大致符合，均包括惡意傷害行為、重複等特徵，最大的差異在於網路霸凌需透過網路媒介來進行，可能是以文字、圖片或影片來進行散布或攻擊；而且，大多數的網路霸凌都是匿名進行，不像校園霸凌是面對面的直接霸凌或是聯合同學進行排擠的間接霸凌；另外，網路霸凌不見得都是勢力失衡的情況，弱勢者也可能匿名對他人進行霸凌，不像校園霸凌通常具有勢力失衡（大欺小、多欺少、強欺弱）的狀況。

值得注意的是，前述提及的定義要件，在學者間並未有一致的共識，有些特徵要件的爭議較多。先就「重複性」來說，霸凌者可能只是上傳了一張受害者的不雅相片，但其他人會按讚或分享出去，使得受害者會重複地遭受到負面經驗，但霸凌者僅是單次的張貼行為（Gaffney et al., 2018）。再就「匿名性」來進行討論，有將近八成的教師認為網路霸凌者會在網路上匿名，這增加了辨識上的困難（Huang & Chou, 2013），然而，網路受凌者通常都知道加害者是誰，通常起因於與同儕團體產生衝突所導致（Li, 2007; Slonje & Smith, 2008）。申言之，雖然詢問受害者可以得知可能涉入的網路霸凌者，但，由於網路截圖所呈現的仍是匿名資料，使得教師或司法單位在處理及偵辦上仍有很大的困境。最後，針對

「勢力失衡」來進行討論，不論是直接型式或間接型式的校園霸凌，多具有大欺小、多欺少、強欺弱等勢力失衡的特徵，其中，大欺小、強欺弱涉及的是身材及地位上的落差，但這在網路上則不明顯，網路霸凌中的勢力失衡可能涉及的是多欺少，例如：多人按讚、分享及轉貼、多人網路留言攻擊等，也有可能是一對一的網路霸凌行為。因此，勢力失衡、重複性是否屬於網路霸凌的必要條件，仍有待更多討論。

二、網路霸凌的類型

目前網路霸凌的類型，可略分為七大類（謝意苹，2013; Willard, 2004, 2007），包括網路論戰（flaming）、騷擾（harassment）、毀謗抹黑（denigration）、哄騙洩密（outing and trickery）、冒用嫁禍（impersonation）、排擠（exclusion）、網路偏執跟監（cyberstalking）等，敘述如下：

- 網路論戰：在網路平臺上，發表帶有怒氣或使用粗俗語言的方式來進行網上論戰，在旁觀者加入論戰後，會使狀況更為混亂，可能會惡化導致彼此相互威脅及恐嚇。
- 騷擾：不斷地傳送下流、侮辱、攻擊性的訊息或圖片給對方，以近似疲勞轟炸的方式來造成對方困擾。
- 毀謗抹黑：在網路上張貼不實的謠言或八卦，藉此來詆毀對方的名譽或破壞他人友誼。
- 哄騙洩密：利用哄騙的方式，取得他人祕密訊息、不雅圖片或影片等，而將之公布在網路上。例如：加拿大16歲青少年阿曼達·陶德（Amanda Todd）事件，即是一例，詳見下頁方塊說明。
- 冒用嫁禍：破解他人帳號或冒用他人名稱，在網路上進行冒名留言，以栽贓嫁禍方式，意圖在使他人難堪、遭遇麻煩、或破壞他人名譽及友誼。
- 排擠：網路霸凌者刻意糾眾，將受害者排擠孤立在網路團體或社群之外，或者在好友名單中加以封鎖或刪除，使其無法參與同儕們的社群運作。
- 偏執跟監：利用網路或手機密集持續的騷擾，造成受害者心理極大

的恐懼感。

阿曼達‧陶德（Amanda Todd）事件

　　阿曼達‧陶德雖生在一個資訊爆炸的年代。但是，對網路危險未有實質的了解。在她一次體驗脫衣視訊的過程中，不慎被網友拍下裸照。時間過了許久，突然有位陌生人傳送訊息給她。要求她繼續脫衣視訊，不然將在她的臉書好友群中散播她的裸照。她當下沒有答應。某日，一位警察登門拜訪，並告知她「她的裸照被散布在網路上」。她得知此事後十分焦慮。之後，她擔心的事發生了，許多朋友開始疏離她、恥笑她，甚至有人用她的裸照部分剪影作為臉書大頭照來羞辱她。

　　她因此試過以搬家、飲酒，甚至吸毒來逃避被欺侮的痛苦。在轉學後，她交到了一位男朋友，但突然有天她男友的「正牌女友」找了一群「姊妹」痛毆她一頓。當時她男友在場，但僅是旁觀沒有插手。且當下沒有人出手相救，卻有許多人拿出手機拍下她被毆打的過程。她因此喝漂白水自殺未遂。出院後她的同學傳了「你該換個牌子，多試幾次！」的簡訊給她。2012年，阿曼達‧陶德拍攝了一段「以字卡代替語言」的影片。說明了這段故事，並在上傳到YouTube之後與世長辭。卒年16歲。

文章取自：維基百科（https://zh.wikipedia.org/wiki/%E9%98%BF%E6%9B%BC%E8%BE%BE%C2%B7%E9%99%B6%E5%BE%B7%E8%87%AA%E6%9D%80%E4%BA%8B%E4%BB%B6）

三、網路霸凌的負向影響

　　網路霸凌對涉入學生會產生各種負向影響，包括：網路受凌者、網路霸凌者、網路霸凌旁觀者都身受其害。以下針對這三類對象所可能遭遇的身心健康危害進行綜論（Feinberg & Robey, 2009; Gaffney et al., 2018; Hinduja & Patchin, 2010; Kraft, 2011; Livingstone et al., 2014; Monks et al., 2016; Sourander et al., 2010; Waasdorp & Bradshaw, 2015）：

（一）對網路受凌者的影響

對網路霸凌受害者的影響，可概分為生理、心理、人際等三大部分，對生理的負向影響包括受凌者會有頭痛、肚子痛、失眠等問題；在心理健康的部分，網路霸凌受害者會有較高的情緒問題，較容易感到憂鬱、焦慮、壓力、自殺意念等問題；在人際方面，網路霸凌受凌者會比較容易產生社交及人際問題。簡言之，被網路霸凌的受害者，將易遭受到全面性的負向影響，在生理及心理上容易出現外化及內化癥候的問題，而且，原有的人際關係也可能受到網路霸凌的影響而嚴重惡化。

（二）對網路霸凌者的影響

雖然網路霸凌者是網路上的主動攻擊者，但網路霸凌者本身在生理及心理等相關變項上亦產生相當不利的影響。網路霸凌者和偏差行為問題、過動、吸菸、喝酒、頭痛等有關聯，這和一般對於霸凌者的認識相當一致，也就是網路霸凌者通常都是有問題行為的學生。然而，目前已知的是網路霸凌者和自殺意念、自殺嘗試行為具有高度關聯。可見網路霸凌者在生理及心理健康上的表現亦屬不佳，他們也都是需要協助的學生。

（三）對網路霸凌旁觀者的影響

縱使是網路霸凌的旁觀者，亦會受到不良影響。網路霸凌是學生相當擔憂的問題，他們也會擔心自己遭遇網路霸凌。此外，部分旁觀者甚至不知道自己已經成為網路霸凌者，他們並不知道在網路上對他人的不雅相片或影片按讚、分享或是留下笑臉符號，都已讓自己成為網路霸凌的幫凶，並對網路受凌者造成公開且持續性的傷害。

四、網路霸凌的盛行率

涉入網路霸凌的學生比例到底有多少？這是許多人感興趣的問題，也是網路霸凌防制及政策制定時必須先探究的問題。由於網路霸凌盛行率的計算方式，在各研究之間多所歧異，因此，跨研究或跨國的網路霸凌盛行率的比較實有難處。惟，知悉不同研究顯示出來的網路霸凌盛行率，將有助吾人了解現況。針對159個網路霸凌盛行率的研究分析顯示，過去一

年曾涉入網路霸凌及網路受凌的比例，在1.5%到72%之間，由此可知，網路霸凌盛行率的調查落差極大；若是將時間區間局限於「過去六個月」的話，則網路霸凌盛行率的比例約在1.5%到63.4%之間（Brochado et al., 2017）。

再以各國的網路霸凌研究數據來看，加拿大的一篇研究指出，中學生以自陳量表的方式，來填答自身涉入網路霸凌、網路受凌、網路雙重角色者（兼為霸凌／受凌者）的情況，結果顯示，計有30%的中學生涉入網路霸凌，其中，自陳網路受凌者有23.8%，網路霸凌者約有8%，而25.7%中學生是網路霸凌雙重角色者（Mishna et al., 2012）。以英國的研究來說，英國防止虐待兒童協會指出，在2014/2015年時，11歲以下、12-15歲、16-18歲的學生，約有25%、9%、6%因為網路受凌而接受輔導（National Society for the Prevention of Cruelty to Children, 2015），雖然涉入網路霸凌而被輔導的人數有隨年齡上升而下降的趨勢，但整體以觀，約有一至二成的英國中學生遭受到網路霸凌的危害。在南韓，過去一年內曾涉入網路霸凌的學生比例約在4.5%到14.2%之間，而2014年時韓國學生被網路霸凌的比例約為19%（Song & Oh, 2018）。

就華人地區的研究來看，中國一篇研究指出，在1,438位中學生裡面，網路霸凌盛行率約為34.84%，被網路霸凌的學生比例約為56.88%。不同性別之間有很大的差異，男學生比較會涉入網路霸凌及受凌（Zhou et al., 2013）。就臺灣的研究來看，2,992位國中學生裡面，有超過三分之一的學生涉入網路霸凌：18.4%學生是網路受凌者，5.8%學生是網路霸凌者，11.2%學生是網路霸凌的雙重角色者，也就是會在網路上霸凌他人同時也是被他人霸凌的學生。涉入網路霸凌的學生，通常也會涉入校園霸凌，兩者之間具有高重疊性（Chang et al., 2013）。

就前述的研究來看，可分析出一些趨勢：首先，雖然不同研究採用的工具及角度各不相同，但各國涉入網路霸凌的學生比例，約在一成到三成之間，後設分析的結果亦支持這個觀點。有一篇針對80個研究的後設分析顯示，網路受凌的盛行率約為15%（Modecki et al., 2014）；其次，網路霸凌者所占比例較少，網路受凌者的比例較高，可能因為網路霸凌者會在網路上攻擊一位以上的學生，使得網路受凌者比例較高。另外，涉入網路霸凌的似乎仍以男性居多，而且與校園霸凌涉入者有高重疊性。

五、網路霸凌的動機與成因

　　教育工作者及家長常會詢問的問題就是：為什麼會發生網路霸凌？網路霸凌者究竟在想什麼？因此，有必要對網路霸凌的動機與成因更進一步的理解。

　　Feinberg與Robey（2009）提出了網路霸凌者的四種類型，分別代表著不同的動機及成因。其他學者亦提到類似的原因，綜述如下（Kowalski, 2008; Monks et al., 2016; Song & Oh, 2018）：

- 復仇天使（vengeful angel）：這類網路霸凌者通常不認為自己是加害者，而視自己為正義使者，他們會涉入這類行為是因為想要保護被霸凌的朋友，是為了義氣相挺而在網路上回擊他人。例如：小杰認為自己的朋友在學校或網路上受到委曲，為了要義氣相挺並幫朋友討回公道，於是在網路上對他人進行質詢或圍剿，並自以為自己是正義的一方。

- 權力渴望（power-hungry）：這類網路霸凌者通常是現實生活中霸凌的受凌者，正因為有被霸凌的經驗，在網路情境中，想報復的衝動會更強，使得受害者轉變成加害者。這類網路霸凌者想要在網路上展現威望或想造成他人恐懼，藉以控制他人，想要透過網路霸凌讓自己更強大、更有力量。這類網路霸凌亦被稱為「遜咖的復仇」，因為這類網路霸凌者通常身形矮小或被認為不夠酷炫，於是想透過在網路上攻擊他人來證實或展現自己的力量。

- 惡毒女孩（mean girls）：這類網路霸凌通常發生在群體之中，網路霸凌者因為無聊或為了找樂子，或是為了小團體成員的加入及退出，而試圖在網路上攻擊他人。這類網路霸凌者通常心態很負面且不快樂，透過在網路上攻擊別人的方式來讓自己好過一點。例如：小美對於班上另外兩位「女王」有意見，希望讓兩者互鬥而讓自己漁翁得利，於是便在網路上放話造謠，讓兩位女王在網路上互鬥，而自己在幕後竊笑。另一個例子，是小琪想加入女王的群體，依附在小團體中，扮演著小媳婦的角色，但小團體成員並沒有很想讓小琪加入，偶爾會跟她互動玩樂，但大多時候是在嘲弄、取笑或使喚小琪，延伸到網路世界，就變成在網路群組中時而會嘲笑戲弄小

琪，希望讓她知難而退，淡出小團體。

• 粗心不慎（inadvertent）：這類網路霸凌者通常不是有意造成傷害，而是說話或張貼訊息時不經大腦思考，不思考可能的後果就張貼出相關回應。這可用座艙效應（cockpit effect）來解釋，就是空軍飛行員在投彈時，坐在座艙中看不到受害者的痛苦，所以較不會內疚及心理受創。網路霸凌者也會有座艙效應，因為網路的特性，容易傳遞攻擊訊息，而不會感受到受害者的痛苦。例如：小馬被班上同學霸凌，時常被戲弄嘲笑，旁觀的小嘉也跟著訕笑，並把同學們嘲弄或模仿小馬的舉止，用手機拍下影片上傳網路，希望獲得網友們及同學們的笑聲及點閱，而不知道自己拍下影片上傳的行為已成為網路霸凌行為。

另有學者試圖提出理論模式，來解釋網路霸凌的成因。該模式是由巴雷特及簡德提出（Barlett & Gentile, 2012），所以被命名為巴雷特・簡德網路霸凌模式（Barlett and Gentile Cyberbullying Model, [BGCM]）。該模式有四個主要變項，分別是知覺匿名（perceived anonymous）、網路行為與身材優勢無關的信念（belief in the irrelevance of muscularity for online behavior）、對網路霸凌的正向態度（positive attitude towards cyberbullying）、網路霸凌攻擊行為（cyberbullying perpetration）。該模式認為認知信念及態度，會影響後續的網路攻擊行為。首先，「知覺匿名」及「網路行為與身材優勢無關的信念」會相互影響，並透過「對網路霸凌的正向態度」而影響了「網路霸凌攻擊行為」。

Barlett（2017）對BGCM提出了幾項支持性的論點：

論點一：透過學習而來的效果，會強化當事人的信念，使學生持續進行網路攻擊行為。在使用網路情境中，會不斷的學習及觀察到下列要素，累積下來所成的信念就會影響網路霸凌行為。包括：

• 加害者覺得自己在網路上是匿名的。
• 覺得身材差異是無關緊要的。
• 認為網路攻擊不會留下生理傷痕。
• 加害者不會看到對受害者的直接傷害效果。
• 加害者不容易被家長或主管機關發現。

論點二：早期經驗會影響個人態度。例如：偏好網路霸凌態度、網路

霸凌行為都會受到同儕及家長的影響。因此，個人先前與同儕的互動及家長管教的經驗，可能會助長偏好網路霸凌態度。

論點三：態度能預測行為。偏好網路霸凌的態度能預測網路霸凌意向，而且，偏好網路霸凌態度和網路霸凌行為有關。因此，對網路霸凌的積極正向態度自然會影響網路霸凌攻擊行為。

綜上所述，由巴雷特‧簡德網路霸凌模式可以得知，網路霸凌行為的成因，與個人的認知信念及態度有關，若個人具有「知覺匿名」及「網路行為與身材優勢無關的信念」，加上「對網路霸凌的正向態度」，即可能促發網路霸凌行為。

網路霸凌動機及成因在教育上的啟示

1. 知覺匿名會影響對網路霸凌的正向態度及行為，降低學生的知覺匿名感便可能改善網路霸凌行為。由於同學大多知道網路霸凌者是誰，藉由同儕間的詢問及訪察，可以得知涉入網路霸凌的成員，如此便可釋放出教育人員或主管機關已知道誰涉入並準備介入的訊息，以此來降低網路霸凌者的知覺匿名度。

2. 會在網路上霸凌他人的學生，也可能會被網路霸凌；被網路霸凌的學生也可能出於復仇心態而變成網路霸凌者。換言之，只要涉入網路霸凌，就可能淪於網路受凌者。讓學生知道自己也可能淪為網路霸凌的受害者，以此來轉變學生的偏好網路霸凌態度，並降低網路霸凌行為的可能性。

3. 學生可能會因為網路的特性，對網路攻擊行為產生座艙效應的現象。教育工作者可試圖提升學生對網路霸凌的知覺嚴重性，讓學生知道任何網路霸凌行為，都可能對當事人造成長久的傷害，以提升學生對網路霸凌的知覺嚴重性來降低座艙效應的可能影響。

4. 讓旁觀者知道自己為了朋友而在網路上的論戰行為，可能已構成網路霸凌行為，讓學生意識到自己對朋友相挺的義氣行為，同時也可能是對他人的網路霸凌行為。由提升旁觀者對自己行為的覺察程度，來降低旁觀者成為「復仇天使」的可能性。

5. 當學生想利用網路霸凌來展現自己的威望或力量時，代表著他／她在現實生活中可能缺乏足夠的自我控制感及成功經驗，於是乎轉化為網路霸凌行為來進行補償作用。緣此，教育工作者宜讓學生在課業或其他領域具有成功經驗，讓學生在自己感興趣的領域發揮自己的優勢長處，如攝影、影像後製、彩繪、模型製作等，以改善學生的補償作用。

六、涉入網路霸凌的學生特徵

若能了解涉入網路霸凌的學生有什麼特徵，對於網路霸凌的防制將可增添許多助益，並讓教育工作者及家長能及早辨識出高風險的涉入者，進而及時提供介入處遇及必要的協助。以下，分別針對網路受凌者的可能特徵、網路霸凌者的可能特徵進行討論。

（一）網路受凌者的可能特徵

目前已知的是，網路受凌者和現實生活中校園霸凌的受凌者有高度重疊性，網路受凌的學生，通常也是校園受凌的學生；也就是說，網路霸凌者及受凌者通常彼此認識（Monks et al., 2016）。就此而言，若已知悉學生在校遭遇霸凌，那麼，這些學生也可能在網路上被持續霸凌，校園霸凌受凌者就是高風險的網路受凌者。除了校園霸凌的受凌者之外，容易被網路霸凌的學生具有下列特徵（Feinberg & Robey, 2009; Kowalski et al., 2014）：

- 不經世事、不成熟的青少年，沒有足夠的知識或社會技巧。
- 在學校與同學發生衝突。
- 家長過度溺愛及過度保護。
- 與家長的關係破裂。
- 與同儕的關係破裂。
- 與學校關聯薄弱。
- 目前有心理健康困擾或有情緒困擾的青少年。

- 有高風險的上網行為。
- 網路重度使用者。
- 社會焦慮較高者。
- 會把網路密碼給別人。

　　當學生被網路霸凌後，可能會出現一些行為及心理的癥候，教育工作者及家長可依下列被網路霸凌後所可能出現的特徵，來進行早期的辨識及預判。網路霸凌受害者可能出現的行為特徵，敘述如下（吳佳儀等人，2015）：

- 突然不用電腦或手機。
- 接到訊息時非常緊張。
- 去學校或外面時顯得很不安。
- 用過電腦或手機後，變得易怒、憂鬱或挫折。
- 向家長隱瞞在電腦或手機上的活動。
- 變得退縮，不願意接近同學與家人。

（二）網路霸凌者的可能特徵

　　會在網路上霸凌他人的學生，可能會有一些人際、行為及心理上的特徵，綜述如下（Chang et al., 2013; Feinberg & Robey, 2009; Kowalski et al., 2014; Mishna et al., 2012; Zhou et al., 2013）：

- 與家長的關係不佳。
- 可能是現實生活中霸凌的受凌者。
- 易發怒。
- 較易涉入青少年犯罪或藥物濫用行為。
- 有高風險的上網行為。
- 網路重度使用者、經常使用即時通訊軟體者。
- 可在自己寢室內上網。
- 對暴力的常規信念（認為網路攻擊是可被接受的行為）較高。
- 道德疏離（moral disengagement）較高。

七、網路霸凌的旁觀者行為

發生網路霸凌時，通常都會有旁觀者在場。不同旁觀者所扮演的角色及所採取的行為，會使得網路霸凌更加熾盛或漸漸消弭。了解網路霸凌不同旁觀者的角色及影響因素，將有助於鼓勵學生在發現網路霸凌時能採用的正向行為，避免採取較負向的立場及角色。以下針對網路霸凌旁觀者角色行為及影響因素進行討論。

Song與Oh（2018）針對1,058位都會區的國高中學生進行研究，發現其中有331位曾旁觀網路霸凌行為。在這三百多位旁觀者中，可區分出四類網路霸凌旁觀者：局外者（占60.7%）、挺身者（占30.5%）、助勢者（占5.4%）、隨從者（占3.3%）。局外者就是發現網路霸凌時什麼都不做的冷眼旁觀者，挺身者就是會在網路上出面緩頰或協助網路霸凌受害者，助勢者就是會在網路上吆喝看熱鬧但會促使網路霸凌行為更加惡化，隨從者就是會加入網路霸凌者並一起攻擊受害者。該研究證實了網路霸凌也具有旁觀者效應（bystander effect）的現象；也就是說，當沒有其他旁觀者時，旁觀者較容易介入網路霸凌。

網路霸凌旁觀者的行為，會受到不同變項及因素的影響而產生不同的作為。下列因素和較正向的網路霸凌旁觀行為及網路霸凌挺身行為有關（DeSmet et al., 2012; DeSmet et al., 2016; Forsberg et al., 2014; Patterson et al., 2015; Van Cleemput et al., 2014），包括：

- 人際關係較好且較受歡迎的旁觀者。
- 和受害者有良好關係。
- 和受害者是朋友關係。
- 過去幾個月曾被校園霸凌或是曾經具有網路受凌經驗。
- 低道德疏離，也就是比較不會合理化自己的不道德行為。
- 怪罪受害者的程度較低，也就是比較不會怪罪受害者。
- 有較高的網路霸凌知覺嚴重性，認為情況較嚴重時，旁觀者較願意介入。

人際關係較好且較受歡迎的旁觀者，因為朋友較多，不用怕出面協助網路霸凌受害者後會被排擠，自己的社會地位不會受到挺身行為的影響，因此比較願意在網路上出面協助。和受害者是朋友關係或維持良好互動關

係（例如：算不上是朋友，但至少還有同學互動的情誼），比較願意出面相挺，因為看在朋友情誼或同學情分上而較願意義氣相挺。過去幾個月曾被校園霸凌或是曾經有網路受凌經驗者，較願意出面協助網路霸凌受害者，可能因為自己本身就有受凌者的痛苦經驗，基於「同是天涯淪落人」的立場，就會比較願意在網路上幫忙說話及協助制止。擁有較低的道德疏離程度，代表對不道德行為而產生自責的程度較高，比較會受到道德規範的驅動而出面協助網路霸凌受害者。怪罪受害者的程度較低，代表著不會將被攻擊的責任歸咎於受害者身上，因此比較會出面協助網路霸凌的受害者。有較高的網路霸凌知覺嚴重性，較會認為各類的網路霸凌行為都相當嚴重，都會對受害者造成心理傷害，因此較願意出面挺身協助網路霸凌受害者。

部分的個別及心理變項和負向的網路霸凌旁觀行為有正向關聯（Barlinska et al., 2013; Bastiaensens et al., 2016; Obermaier et al., 2016; Olenik-Shemesh et al., 2017），例如：

- 旁觀者過去的網路霸凌經驗，能預測負向的旁觀行為。
- 旁觀者對同儕群體霸凌的接受態度，傾向於在同儕壓力下較易支持及協助網路霸凌行為。
- 當有其他旁觀者在的時候，網路旁觀者比較不會介入。因為責任分散，他們覺得其他人應該會協助。
- 看到其他人不幫助，旁觀者較不願協助受凌者。因為他們會覺得情況不嚴重，這就是人眾無知（pluralistic ignorance）。

網路霸凌旁觀者影響因素在教育上的啟示

1. 教育工作者可以選擇社會地位較高及人際關係較好的學生，鼓勵其積極介入及協助網路霸凌受害者。
2. 教育工作者可試圖改善網路受凌者的人際關係，協助與其他學生建立友誼關係，當網路霸凌事件再發生時，比較會有朋友願意出面緩頰及協助。

3. 讓學生了解網路霸凌所帶來的負向影響，以提升學生對網路霸凌的知覺嚴重度，讓學生知悉就算是他們眼中再輕微的行為，都可能對受害者造成鉅大的心理創傷。

4. 培養學生尊重差異及接納多元的態度，不能因為對方和我們觀念、習慣、行為不同而去攻擊他人。由建立尊重差異及接納多元的態度，來降低學生怪罪受害者的傾向。

5. 發現網路霸凌行為要立即制止，避免旁觀者因旁觀經驗的累積或模仿而產生負向的旁觀網路霸凌行為。

6. 鼓勵學生在發現網路霸凌行為時要出面聲援，因為只要有人願意出面就可以降低旁觀者效應，影響更多旁觀者願意出面相挺。

八、網路霸凌與家長管教

由於學生在校內上網的機會不高，大多數學生都是放學後才有機會接觸到網路，研究也證實大多數學生的網路霸凌或受凌，都是在家中進行或遭遇的，而且，家長低估了學生上網的時間，也低估了學生涉入網路霸凌的程度（Cassidy et al., 2012; Dehue et al., 2008）。因此，對於網路霸凌，家長所扮演的角色便相當重要。家長的角色會對網路霸凌帶來正向及負向的影響，敘述如下：

（一）增加學生網路霸凌的家長角色

首先，若家長採用強硬且權威的方式來進行管教，例如：沒收孩子的手機、取消家中上網等，是否能收到防制網路霸凌的成效呢？研究結果發現，採用威權式管教的方式可能會收到反效果，學生涉入網路霸凌的情況可能會更糟。希臘的研究顯示，和民主教養相較，威權教養下的學童會有較高的網路霸凌行為（Makri-Botsari & Karagianni, 2014）；也就是說，若家長採用的是低支持及高控制的教養方式，並不能改善網路霸凌，反而致其惡化。可能原因在於權威管教下的學生可能在高壓下只會表面順從，私底下卻另找家長所不知道的管道來上網，而且，學生受到權威家長言行

的影響，習得了辱罵、斥責、羞辱等類型的語言模式，使得自己在網路上的言行也展現出這種模式的網路留言。

其次，若家長採用的是放任的方式，讓學生自由在網路中探索及發揮，是否能讓學生在自由上網中自然習得在網路上的自律言行呢？研究結果並不支持這樣的看法。若是家長對學生上網的管制愈低，學生愈可能成為網路霸凌者（Vandebosch & Van Cleemput, 2009）。究其原因，可能因為家長的放任，讓學生更有機會接觸並沉浸在高風險的網路行為之中。缺乏管控及規範的學生，可能發展出狂妄自大的攻擊行為，並展現於網路言行之中。

除了家長管教方式之外，家長的失業情況也可能對學生的網路行為產生影響。研究指出，家長失業和學生涉入網路霸凌有關聯，可能因為家庭中的壓力會影響親子關係及家長監控（Arslan et al., 2012）。

（二）減少學生網路霸凌的家長角色

首先，民主式管教方式，也就是能展現出高支持及高控制的家長管教方式，其孩童較不會有網路霸凌行為（Makri-Botsari & Karagianni, 2014）。高支持指的是能提供家庭溫暖，對孩子的需求能正向支持與適時回應，能讓孩子感到舒服、接納與認可的家長行為；高控制指的是家長能注意及追蹤孩子的所在位置、活動、朋友等，家長會限制並詢問孩子的活動。由支持程度及控制程度可區分出四種家長管教方式：權威型（高控制低支持）、民主型（高控制高支持）、溺愛型（低控制高支持）、忽略或放任型（低控制低支持）。

支持		
	低 ←——————————→ 高	
高 控制 低	權威型（高控制低支持）	民主型（高控制高支持）
	忽略或放任型（低控制低支持）	溺愛型（低控制高支持）

高支持的家長管教乃是網路霸凌及網路受凌的保護因子，家長支持

度和網路霸凌、網路受凌有顯著的負向關聯。而且，長期縱貫研究亦顯示，家長支持能預測一年後的較低網路霸凌及網路受凌的問題，然而，學校的社會支持及朋友的社會支持則無此效果（Brighi et al., 2012; Fanti et al., 2012; Kowalski et al., 2014）。另外，就高監控而言，家長監控程度和低網路霸凌、網路受凌的問題有顯著相關，而且，美國研究指出，學生報導的家長監控程度和低網路騷擾的問題有關（Khurana et al., 2015; Kowalski et al., 2014）。就此而言，不論是高支持或是高監控的家長管教，都有助於降低學生涉入網路霸凌及網路受凌的情況，而民主型家長管教正是高支持及高控制的管教方式，因此，在民主型管教下的孩子，較不會涉入網路霸凌及網路受凌。

（三）網路使用及家長中介

學生在家庭的網路媒體使用問題，家長扮演至關重要的角色。家長中介（parental mediation）指的是家長涉入學童與媒體之間的關聯。家長涉入可分為三種類型（Livingstone & Helsper, 2008）：

- 限制中介：限制及控制青少年的上網活動。
- 評估中介：開放討論網路使用，並共訂規則。
- 共同使用：家長主動參與青少年的網路使用，如推薦網站及參與其網路使用。

就前述的高監控相關研究來說，可以推測，若家長採用限制中介來限制青少年上網，應該降低網路霸凌情況。但，事實上，研究結果發現，家長的限制中介與網路霸凌無關，評估中介和青少年的低網路受凌有關（Mesch, 2009; Navarro et al., 2012）。此結果與前述的民主型管教方式的發現其實相當一致，因為評估中介代表著家長會涉入學生的網路使用狀況，而且，能和學生透過討論的方式，一同制定合理規則來規範網路使用，此顯示學生在網路使用上，亦可採取民主型管教法。

（四）對於網路霸凌的家長可行策略

針對網路霸凌的防制，Feinberg與Robey（2009）對家長提出幾項建議：

- 將可上網的電腦放置在家中的公共空間裡。
- 定期和孩子聊聊他們在網路上的活動。
- 和孩子聊網路霸凌行為，並讓他們知道若有受凌情況要立即告訴家長。
- 讓孩子知道，若有安全疑慮時，家長可能會查看他們的網路對話及留言情況。
- 讓孩子知道網路霸凌是會傷人的，而且是不被接受的行為。
- 家長可建立對於健康上網、負責任的網路行為之期待。
- 留意網路受凌的可能癥候，如不願使用電腦及網路。
- 加裝家長可控制的追蹤或過濾軟體。
- 鼓勵主管機關或學校建立防制霸凌的法案或政策。

網路霸凌與家長管教在教育上的啟示

1. 由於大多數的網路霸凌都是在家中發生，家長對學生網路使用的中介角色便具關鍵性。
2. 家長採用威權型管教或放任型管教法，均無法有效防止網路霸凌及受凌，反而會讓學生更易陷入網路霸凌行為。
3. 採用民主型管教法的家長，因為兼顧高支持及高控制，軟硬兼施，不會過度高壓亦不會溺愛放任，這樣的管教方式，能降低學生涉入網路霸凌及受凌的風險。教育工作者可讓家長知悉：民主型管教方式對於降低網路霸凌風險的功能。
4. 採民主型管教法展現於孩子的網路使用上，就可以採用「評估中介」，也就是能與孩子開放討論網路使用並共訂規則，這樣的方式有助於降低孩子涉入高風險網路使用行為的可能性。

九、網路霸凌的因應及介入策略

如何教導學生因應網路霸凌？如何適時介入並提供有效的防制方案？這些都是教育工作者所關注的重點。以下針對給學生的因應策略、對

教師的訓練、對學校政策的建議進行討論。

（一）對學生因應策略的建議

關於網路霸凌受凌者的因應策略，Feinberg與Robey（2009）提出下列建議：

- 不宜進行復仇，因為會讓網路霸凌更為惡化，而且會讓誰是肇始加害者這件事變得更加模糊不清。
- 儘快通知成人，尋求成人協助。
- 冷靜而堅定的告訴網路霸凌者，請他們停止這類行為，並在後續溝通時避免出現激怒或攻擊言語。
- 忽視或封鎖網路霸凌相關訊息。
- 備份或留存網路霸凌相關的紙本證據，並試圖讓對方家長知悉，以制止相關網路霸凌行為再次發生。
- 清理好友名單，以降低被攻擊的可能性。
- 將網路霸凌的證據寄給網頁或網路管理者，尋求移除不當內容。
- 若前述方法無效時，可試圖聯絡警方或律師，以尋求法律上的協助。

（二）對教師訓練的建議

不論是事前預防網路霸凌或發生後的介入制止，都需要第一線教師的力量。然而，教師們卻認為未有足夠的訓練來處理網路霸凌。研究指出，有半數以上職前教師認為師培訓練並沒有培育他們處理網路霸凌，而且他們認為職前教師培訓應包括如何處理網路霸凌（Ryan et al., 2011; Styron et al., 2016; Bridgeforth & Martin, 2016; Yilmaz, 2010）。當這些教師進入教育職場之後，實際面臨網路霸凌事件，在處理上難免會有力不從心之憾。無怪乎他們建議要提供給所有教職員基本的指引及程序，來處理網路霸凌（Styron et al., 2016）。

至於教師訓練可納入什麼樣的內容，或許可參考教師對網路霸凌介入的相關研究。Boulton等人（2014）發現知覺嚴重性、對受凌者的同理、介入效能感，能預測對網路霸凌的介入，達67.2%的解釋變異量。就此而言，在教師訓練上，除了應提供介入方式及處理技巧來提升其介入效能之

外，尚應試圖提升其對網路霸凌的知覺嚴重性以及對受凌者的同理心，如此將可有助於提升其介入意願及介入成效。

（三）對學校政策的建議

若校方沒有整體的方針及政策，將使教師在面對網路霸凌顯得無所適從。因此，大多數的教師們都認為制定學校政策，是處理網路霸凌的有效策略（Ryan et al., 2011; Yilmaz, 2010）。以臺灣現行的作法來說，就是可以制定防制網路霸凌的標準作業程序（SOP）、組成學校防制霸凌委員會、將網路霸凌納入學校校規等。然而，網路霸凌防制政策大多聚焦在網路霸凌者身上，卻未能教導學生如何正確使用數位科技。因此，學校宜鼓勵青少年負責任地使用網路，並讓學生了解網路霸凌的成因（Cassidy et al., 2012）。當網路已成為青少年及學童生活中的一部分，但在學校教育端卻未能提供相對應的網路及資訊教育，那麼在網路上難免就會出現高風險的網路行為及網路霸凌事件。因此，教導學生健康上網，提供資訊倫理相關教育，提升中小學生的網路素養，便是學校可以努力的方向。

在學校實施防制網路霸凌介入方案，也是可行方式。但是，國內外以學生為對象來推動的防制方案相當多元，是否有實際效益呢？國外有學者針對各式防制網路霸凌介入方案成效進行後設分析，他們發現網路霸凌防制方案可區分為三大類，包括同理心訓練、教育活動、培養合作活動。他們共納了24個研究，結果顯示網路霸凌介入方案能有效降低網路霸凌及網路受凌，網路霸凌能降低9%到15%，網路受凌能降低14%到15%。而且，隨機分派實驗組的效果，比準實驗組的效果來得好（Gaffney et al., 2018）。就此而言，以學生為對象的防制網路霸凌介入方案，的確能收到不錯的成效，顯示透過教育的力量的確有助於改善學生涉入網路霸凌的情況。

除了前述的同理心訓練、培養合作活動之外，學校還可以納入哪些有效的策略來防制網路霸凌呢？教師們認為有效的防制網路霸凌策略，可著重在下列面向（Baraldsnes, 2015; Barnes et al., 2012; DeSmet et al., 2016; Pelfrey & Weber, 2015）：

· 給受凌者建議。
· 尋求專業協助。

- 形塑學校文化。
- 提供網路霸凌相關教育。
- 成人監管。

作者對網路霸凌的研究

　　學生及教師在發現及面對校園霸凌時是否會介入，乃是受到知覺嚴重性的影響。若覺得事件很嚴重，就比較願意介入；若覺得事件不嚴重，可能就會不想管。顯見，對於霸凌行為的知覺嚴重性，的確有其研究的必要性。Chen與Cheng（2017）為了進一步了解學生對網路霸凌行為的知覺嚴重性，便進行了以下的研究：

研究目的

　　該研究旨在建構一份新量表，用以測量中小學生對於網路霸凌行為的知覺嚴重度，並進一步探討不同的性別、年級及參與角色間的網路霸凌知覺嚴重性是否有差別。

研究對象及分析方法

　　以707位中小學生為研究對象，這些學生來自臺灣中南部學校，包括：3所國小、3所國中、2所高中職。其中19.4%為國小高年級學生，34.2%為國中學生，46.4%為高中職學生。樣本的年齡分布在10-18歲，平均年齡為14.7歲。在這個樣本中，18.4%的學生沒有手機，56.6%學生有手機但是無法連網，24.2%學生擁有可連網的手機。另外，5%的研究參與者家中沒有電腦可上網，93.6%的學生家中有電腦可上網。

　　作者自編16題的cyberbullying severity scale（CSS）讓學生進行填答，並用Rasch測驗進行信效度驗證。結果顯示16題的CSS具有良好的信效度證據。另外，作者採用Rasch潛在迴歸模式進行分析，以了解不同背景變項對網路霸凌知覺嚴重度的影響效果及組間差異情形。

研究結果

　　16個網路霸凌行為中，冒名留言（impersonation）被認為是最嚴重的行為，其次是公布電話及假訊息、公開受凌相片、公開騷擾、散布謠言；認為最不嚴重的行為是私下傳取笑訊息、惡搞圖片私下傳給我、不讓我參加網路社群、私下傳騷擾訊息。整體而言，公開的網路霸凌行為比私訊網路霸凌行為來得嚴重。

　　關於不同背景研究參與者的知覺嚴重度差異，結果顯示女生的網路霸凌知覺嚴重度高於男生，未涉入網路霸凌學生的知覺嚴重度高於涉入網路霸凌的學生，不同年級對網路霸凌知覺嚴重度沒有關聯。

研究貢獻

1. 先前學界仍缺乏具有足夠信效度的量表，來測量學生對網路霸凌的知覺嚴重度，作者在該研究中建構了一份新的自陳式量表，並提供了信效度驗證的證據，讓學者或實務工作者得以用來蒐集學生對網路霸凌知覺嚴重度的資料。

2. 該研究結果證實了視覺類的網路霸凌行為（如影片、圖片）被認為是最嚴重的網路霸凌；言語類的網路霸凌行為則被認為是較輕微的行為。

3. 該研究進一步發現，不同背景研究參與者的知覺嚴重度有差異。對於網路霸凌防制方案能帶來部分啟示。

校園霸凌改編個案

　　網路是迷人絢麗的，沒有人不深受吸引。在享受便利與無限想像的世界中，總會讓人忘記其中陷阱與危機重重，有人僥倖脫險，有人卻無法脫險而造成無法挽救的遺憾。小彬在班上本來就生性內向害羞，總是靜靜一個人待在座位上，他當然也羨慕班上人氣王小倫，總是被許多同學圍繞著，看見大夥開心打鬧，小彬內心默默期盼有一天能加入小倫朋友群，那該有多好。

當然不是沒機會，有這麼一次機會：

啊！對不起！小倫因為同學打鬧不小心撞到小彬座位，讓小彬掉了一地的課本、筆記、鉛筆盒。

沒關係！小彬小心回答，默默蹲著撿拾起自己的物品，小倫蹲下來幫忙。

小倫撿起一本筆記讚嘆說：哇！你「魔物獵人」的龍畫的真棒，你也在玩魔物系列嗎？

原本低頭不語的小彬抬起頭眼神一亮，微笑地注視小倫。

小倫趕緊從口袋中掏出手機：加一下FB或IG，如何？星期天下午兩點喔。

小彬趕緊找出自己手機回應小倫，心裡開心不已。

唉呀！搞X的！去死！喂！在角落邊的那位，快點攻擊！小倫坐在桌機前盯著螢幕氣急敗壞。

唉！可惡！小倫氣到摔機，心裡生氣，真不該邀請小彬一起加入遊戲，玩遊戲超不順的。

FB上小倫王者之聲留言板出現一段文字：你確定要讓這X男繼續玩下去嗎？以下貼了一組連結網址。小倫疑惑的點選連結，畫面立刻跳到一稱為遊戲霸主網站的貼文：國中屌男玩遊戲其實很假掰！貼文內容繪聲繪影批評國中生網路遊戲的行為，並有一組數字，這組數字是小倫的學號，小倫臉色大變，這貼文下面的留言更是許多攻擊的字眼如2486、校園地精無疑。甚至還有不知何時被偷拍自己上完廁所正在洗手，卻經過修圖的將重要部位打馬賽克，感覺很不雅的醜照，按讚數居然超過2,000人次。怎麼回事？怎麼回事？小倫嚇到立刻關起電腦用手機LINE阿成，阿成是一起長大的好麻吉，但手機一打開，發現LINE留言破百，阿成傳來一張照片，留言：你太誇張了！

案例分析

- 是否有惡意傷害行為：是。攻擊字眼如2486（指白癡、傻子）。
- 是否重複：是。如惡意修圖、攻擊字眼等。
- 是否為網路霸凌：是。

　　該案例中，可能是和小彬玩遊戲時罵得太過分，使得小彬心生不滿而致產生網路霸凌行為。但，事實上，網路霸凌者可能不見得是小彬，也可能是其他同學匿名進行網路攻擊，如愛慕小倫卻得不到他善意回應的某甲。因為網路霸凌的匿名特性，使得難以追查涉案人員。要追查網路霸凌，可由校園霸凌情況著手，因為網路霸凌多數是校園霸凌的延伸，在校被霸凌，在網路上也可能繼續被霸凌，校園霸凌與網路霸凌具有相當高的重疊性。

　　針對該案例的防制建議，就是儘速截圖交給學校或警方處理、請小倫暫時遠離網路、強化同學對網路霸凌行為的知覺（如：惡意修圖轉傳並不是搞笑，乃是網路霸凌）、呼籲同學勿按讚／勿轉發以免也成為網路霸凌者等。

 **參考文獻**

吳佳儀、李明濱、張立人（2015）。網路霸凌之身心反應與防治。**臺灣醫界，58**(6)，9-13。

謝意苹（2013）。網路惡勢力：青少年網路霸凌之多面向探究。**人文與社會科學簡訊，14**(3)，65-71。

Arslan, S., Savaser, S., Hallett, V., & Balci, S. (2012). Cyberbullying among primary school students in Turkey: Self-reported prevalence and associations with home and school life. *Cyberpsychology, Behavior, and Social Networking, 15*, 527-533. doi:10.1089/cyber.2012.0207

Australian Bureau of Statistics (2011). *Children of the digital revolution.* Retrieved from www.abs.gov.au/socialtrends

Baraldsnes, D. (2015). The prevalence of cyberbullying and the views of 5-12 grade pupils and teachers on cyberbullying prevention in Lithuanian schools. *Universal Journal of Educational Research, 3*(12), 949-959. doi:10.13189/ujer.2015.031201

Barlett, C. P. (2017). From theory to practice: Cyberbullying theory and its application to intervention. *Computers in Human Behavior*, *72*, 269-275.

Barlett, C. P., & Gentile, D. A. (2012). Attacking others online: The formation of cyberbullying in late adolescence. *Psychology of Popular Media Culture*, *1*(2), 123-135.

Barlinska, J., Szuster, A., & Winiewski, M. (2013). Cyberbullying among adolescent bystanders: Role of the communication medium, form of violence, and empathy. *Journal of Community and Applied Social Psychology, 23*(1), 37-51. doi:10.1002/casp.2137

Barnes, A., Cross, D., Lester, L., Hearn, L., Epstein, M., & Monks, H. (2012). The invisibility of covert bullying among students: Challenges for school intervention. *Journal of Psychologists and Counsellors in Schools, 22*(2), 206-226. doi:10.1017/jgc.2012.27

Bastiaensens, S., Pabian, S., Vandebosch, H., Poels, K., Van Cleemput, K., DeSmet, A., et al. (2016). From normative influence to social pressure: How relevant others affect whether bystanders join in cyberbullying. *Social Development, 25*(1), 193-211. doi:10.1111/sode.12134

Boulton, M. J., Hardcastle, K., Down, J., Fowles, J., & Simmonds, J. A. (2014). A comparison of preservice teachers' responses to cyber versus traditional bullying scenarios: Similarities and differences and implications for practice. *Journal of Teacher Education, 65*(2), 145-155. doi:10.1177/0022487113511496

Brighi, A., Guarini, A., Melotti, G., Galli, S., & Genta, M. L. (2012). Predictors of victimization across direct bullying, indirect bullying and cyberbullying. *Emotional and Behavioural Difficulties, 17*(3-4), 375-388. doi:10.1080/136 32752.2012.704684

Broadbent, H., Fell, L., Green, P., & Gardner, W. (2013). *Have your Say: Listening to young people about their online rights and responsibilities*. Plymouth, UK: Child net International and UK Safer Internet Centre. Retrieved from http://www.saferInternet.org.uk/research

Brochado, S., Soares, S., & Fraga, S. (2017). A scoping review on studies of cyberbullying prevalence among adolescents. *Trauma, Violence & Abuse*,

18(5), 523-531.doi:10.1177/1524838016641668.

Cassidy, W., Brown, K., & Jackson, M. (2012). 'Under the radar': Educators and cyberbullying in schools. *School Psychology International, 33*(5), 520-532. doi:10.1177/0143034312445245

Cassidy, W., Brown, K., & Jackson, M. (2012). "Making kind cool": Parents' suggestions for preventing cyber bullying and fostering cyber kindness. *Journal of Educational Computing Research, 46*(4), 415-436. doi:10.2190/EC.46.4.f

Chang, F. C., Lee, C. M., Chiu, C. H., Hsi, W. Y., Huang, T. F., & Pan, Y. C. (2013). Relationships among cyberbullying, school bullying, and mental health in Taiwanese adolescents. *Journal of school health, 83*(6), 454-462.

Dehue, F., Bolman, C., & Völlink, T. (2008). Cyberbullying: Youngsters' experiences and parental perception. *Cyberpsychology & Behavior, 11*(2), 217-223. doi:10.1089/cpb.2007.0008

DeSmet, A., Bastiaensens, S., Van Cleemput, K., Poels, K., Vandebosch, H., Cardon, G. et al. (2016). Deciding whether to look after them, to like it, or leave it: A multidimensional analysis of predictors of positive and negative bystander behavior in cyberbullying among adolescents. *Computers in Human Behavior, 57*, 398-415. doi:10.1016/j.chb.2015.12.051

DeSmet, A., Bastiaensens, S., Van Cleemput, K., Poels, K., Vandebosch, H., & De Bourdeaudhuij, I. (2012). Mobilizing bystanders of cyberbullying: An exploratory study into behavioural determinants of defending the victim. *Annual Review of Cybertherapy and Telemedicine, 10*, 58-63.

Fanti, K. A., Demetriou, A. G., & Hawa, V. V. (2012). A longitudinal study of cyberbullying: Examining risk and protective factors. *The European Journal of Developmental Psychology, 9*(2), 168-181. doi:10.1080/17405629.2011.643169

Feinberg, T., & Robey, N. (2009). Cyberbullying: Intervention and prevention strategies. *National Association of School Psychologists, 38*(4), 22-24.

Forsberg, C., Thornberg, R., & Samuelsson, M. (2014). Bystanders to bullying: Fourth-to seventh-grade students' perspectives on their reactions. *Research*

Papers in Education, 29(5), 557-576.

Gaffney, H., Farrington, D. P., Espelage, D. L., & Ttofi, M. M. (2018). Are cyberbullying intervention and prevention programs effective? A systematic and meta-analytical review. *Aggression and Violent Behavior, 45*, p.134-153.

Hinduja, S., & Patchin, J. W. (2010). Bullying, cyberbullying, and suicide. *Archives of Suicide Research, 14*, 206-221. doi:10.1080/13811118.2010.494 133

Huang, Y. Y., & Chou, C. (2013). Revisiting cyberbullying: Perspectives from Taiwanese teachers. *Computers & Education, 63*, 227-239. doi:10.1016/ j.compedu.2012.11.023

Khurana, A., Bleakley, A., Jordan, A. B., & Romer, D. (2015). The protective effects of parental monitoring and internet restriction on adolescents' risk of online harassment. *Journal of Youth and Adolescence, 44*(5), 1039-1047. doi:10.1007/s10964-014-0242-4

Kowalski, R. M. (2008). Cyber bullying: Recognizing and treating victim and aggressor. *Psychiatric Times, 25*(11), 45-47.

Kowalski, R. M., Giumetti, G. W., Schroeder, A. N., & Lattanner, M. R. (2014). Bullying in the digital age: A critical review and meta-analysis of cyberbullying research among youth. *Psychological bulletin, 140*(4), 1073-1137.

Kraft, E. (2011). *Online Bystanders: Are they the key to preventing cyberbullying.*

Li, Q. (2007). New bottle but old wine: A research of cyberbullying in schools. *Computers in Human Behavior, 23*(4), 1777-1791. doi:10.1016/ j.chb.2005.10.005

Livingstone, S., & Helsper, E. J. (2008). Parental mediation of children's internet use. *Journal of Broadcasting and Electronic Media, 52*(4), 581-599.

Livingstone, S., Kirwil, L., Ponte, C., & Staksrud, E. (2014). In their own words: What bothers children online? *European Journal of Communication, 29*, 271-288. doi:10.1177/0267323114521015

Makri-Botsari, E., & Karagianni, G. (2014). Cyberbullying in Greek adolescents: The role of parents. *Procedia - Social and Behavioral Sciences, 116*, 3241-

3253.

Mesch, G. S. (2009). Parental mediation, online activities, and cyberbullying. *Cyberpsychology & Behavior, 12*(4), 387-393. doi:10.1089/cpb.2009.0068.

Modecki, K. L., Minchin, J., Harbaugh, A. G., Guerra, N. G., & Runions, K. C. (2014). Bullying prevalence across contexts: A meta-analysis measuring cyber and traditional bullying. *Journal of Adolescent Health, 55*(5), 602-611. doi:10.1016/j.jadohealth.2014.06.007

Monks, C. P., Mahdavi, J., & Rix, K. (2016). The emergence of cyberbullying in childhood: Parent and teacher perspectives. *Psicología Educativa, 22*(1), 39-48.

Monks, C. P., Ortega, R., Robinson, S., & Worlidge, P. (2009). Cyberbullying among primary school-aged pupils. *Kwartalnik Pedagogiczny, 4*, 167-181.

National Society for the Prevention of Cruelty to Children (NSPCC) (2015). Always there when I need you. *Annual Childline Review*. Retrieved from https://www.nspcc.org.uk/globalassets/documents/annual-reports/childline-annual-review-always-there-2014-2015.pdf

Navarro, R., Serna, C., Martínez, V., & Ruiz-Oliva, R. (2012). The role of Internet use and parental mediation on cyberbullying victimization among Spanish children from rural public schools. *European Journal of Psychology of Education, 28*(3), 725-745. doi:10.1007/s10212-012-0137-2

Obermaier, M., Fawzi, N., & Koch, T. (2016). Bystanding or standing by? How the number of bystanders affects the intention to intervene in cyberbullying. *New Media & Society, 18*(8), 1491-1507.

Olenik-Shemesh, D., Heiman, T., & Eden, S. (2017). Bystanders' behavior in cyberbullying episodes: Active and passive patterns in the context of personal-socio-emotional factors. *Journal of Interpersonal Violence, 32*(1), 23-48.

Pääjärvi, S. (2012). *Media use among 7-11-year-old children and their experiences of media education*. Children's Media Barometer 2011. Retrieved from http://www.mediaeducation.fi/publications

Patterson, L. J., Allan, A., & Cross, D. (2015). Adolescent bystanders' perspectives of aggression in the online versus school environments. *Journal of Adolescence, 49*, 60-67. doi:10.1016/j.adolescence.2016.02.003

Pelfrey, W. V., Jr., & Weber, N. L. (2015). Student and school staff strategies to combat cyberbullying in an urban student population. *Preventing School Failure: Alternative Education for Children and Youth, 59*(4), 227-236. doi: 10.1080/1045988X.2014.924087

Pew Internet & American Life Project (2014). *Internet user demographics.* Retrieved from http://www.pewinternet.org/data-trend/teens/internet-userdemographics/

Ryan, T., Kariuki, M., & Yilmaz, H. (2011). A comparative analysis of cyberbullying perceptions of preservice educators: Canada and Turkey. *The Turkish Online Journal of Educational Technology, 10*, 1-12.

Slonje, R. K., & Smith, P. (2008). Cyberbullying: Another main type of bullying? Personality and social sciences. *Scandinavian Journal of Psychology, 49*(2), 147-154. doi:10.1111/j.1467-9450.2007.00611.x

Song, J., & Oh, I. (2018). Factors influencing bystanders' behavioral reactions in cyberbullying situations. *Computers in Human Behavior, 78*, 273-282.

Sourander, A., Klomek, A. B., Ikonen, M., Lindroos, J., Luntamo, T., Koskelainen, M., ... Helenius, H. (2010). Psychological risk factors associated with cyberbullying among adolescents: A population-based study. *Archives of General Psychiatry, 67*(7), 720-728.

Styron, R. A., Jr., Bonner, J. L., Styron, J. L., Bridgeforth, J., & Martin, C. (2016). Are teacher and principal candidates prepared to address student cyberbullying? *Journal of At-Risk Issues, 19*(1), 19-28.

Van Cleemput, K., Vandebosch, H., & Pabian, S. (2014). Personal characteristics and contextual factors that determine "helping," "joining in," and "doing nothing" when witnessing cyberbullying. *Aggressive Behavior, 40*(5), 383-396. doi:10.1002/ab.21534

Vandebosch, H., & Van Cleemput, K. (2009). Cyberbullying among youngsters: Profiles of bullies and victims. *New Media and Society, 11*, 1349-1371. doi:10.1177/1461444809341263

Waasdorp, T. E., & Bradshaw, C. P. (2015). The overlap between cyberbullying and traditional bullying. *Journal of Adolescent Health, 56,* 483-488. doi:10.1016/j.adohealth.2014.12.002

Willard, N. (2004). *An educator's guide to cyberbullying and cyberthreats.* Retrieved from http://cyberbully.org/docs/cbcteducator.pdf

Willard, N. (2007). *Cyberbullying and cyberthreats effectively managing internet use risks in schools.* Retrieved from www.cforks.org/Downloads/cyber_bullying.pdf

Yilmaz, H. (2010). An examination of preservice Teachers' perceptions about cyberbullying. *Eurasia Journal of Mathematics, Science & Technology Education, 6*(4), 263-270. doi:10.12973/ejmste/75248

Zhou, Z., Tang, H., Tian, Y., Wei, H., Zhang, F., & Morrison, C. M. (2013). Cyberbullying and its risk factors among Chinese high school students. *School Psychology International, 34*(6), 630-647.

第3章. 認識關係霸凌

　　學校對霸凌的重視，多聚焦於**肢體霸凌**及**言語霸凌**，因為肢體霸凌對成人來說較為嚴重，而言語霸凌最為頻繁。相對來說，關係霸凌就較不受成人關注。此外，學校政策多關注在肢體及言語等直接霸凌行為，卻甚少實施相關策略來處理關係霸凌行為，這可能會意外鼓勵學生採用**關係霸凌**，因為採用關係霸凌較不會被學校或老師處罰（Barnes et al., 2012）。由於關係霸凌不但對學生產生不小的危害，且容易被學校或教師所忽視，實有必要對關係霸凌進一步的理解。以下針對關係霸凌的定義與盛行率、關係霸凌的負向影響、關係霸凌的性別及年齡差異等進行探討。由於文獻中會使用關係攻擊、關係霸凌、關係受害、潛隱霸凌等詞彙來敘述相同的行為，因此，以下的文獻分析會併用這些研究結果。

一、關係霸凌的定義與盛行率

　　先以關係攻擊的定義來看，Geiger等人（2004）認為**關係攻擊**是傷害或威脅傷害關係及友誼的行為，包含了排擠、謠言等行為。Murray-Close等人（2016）認為關係攻擊是運用人際關係來當作傷害的手段，故意使人受到傷害的行為，包括惡意謠言、排擠、冷淡對待等。Voulgaridou與Kokkinos（2019）指出，關係霸凌是用謠言、惡意八卦、排擠等口語、非口語方式（忽視、冷淡對待）等行為方式，藉以威脅結束關係，或操弄關係來傷害他人。由此來看，關係攻擊可以說是傷害或威脅傷害關係及友誼的行為，包括謠言、惡意八卦、排擠、冷淡對待等行為。

　　關係攻擊被D. Olwues視為一種霸凌行為，因為霸凌行為要符合惡意傷害行為、勢力失衡、重複等特徵，而勢力失衡下的惡意且重複之言語、肢體、關係攻擊行為，都被視為霸凌（Olweus et al., 2019）。另外，Barnes等人（2012）將**潛隱霸凌**（covert bullying）定義為非肢體、潛

藏、細微的行為，但會傷害自尊及情緒、關係及地位，包括關係攻擊、間接攻擊、社會攻擊，都被稱為潛隱霸凌。筆者認同這兩位學者的觀點，關係霸凌是較為潛隱及細微的一種霸凌行為，包括關係攻擊、間接攻擊、社會攻擊等都可被視為關係霸凌。因此，本文將關係攻擊視為關係霸凌，諸如關係攻擊、間接攻擊、社會攻擊等都是類似的同義詞。

關係霸凌所包括的行為相當多元，Voulgaridou與Kokkinos（2019）分析了89個研究後發現，主要包含友誼操弄、社會排擠、散播謠言等三大類行為，在所有納入的89個研究中，全都納入了散播謠言及社會排擠，其中78個研究包含了友誼操弄。其他的行為還包括了忽視，共有59個研究提及；有53個提及人格貶損；24個研究提及八卦；11個研究包括散布私密；9個研究內含寫及傳惡意紙條；2個研究納入背後說壞話。由此可見，不同研究納入了不同的關係霸凌行為，而最常見的是友誼操弄、社會排擠、散播謠言等三大類關係霸凌行為。

至於關係霸凌的盛行率，一般而言均比肢體霸凌來得高。Barzilay等人（2017）針對歐洲10國的研究，共包含11,110位學生，結果發現肢體受凌的盛行率為9.4%、言語受凌為36.1%、關係受凌則為33%。關於美國及澳洲的情況，Chester等人（2017）引述了研究證據顯示，澳洲研究指出過去幾週被關係霸凌的有16%，美國研究指出有40%的學生在過去兩個月被關係霸凌。其他的研究亦顯示，關係霸凌的盛行率約在一成到三成之間，如Mihalas等人（2012）的研究顯示關係受凌比率約25%；Thomas等人（2016）針對10,273位學生的研究顯示，有14.3%的學生被社會排擠。綜言之，涉入關係霸凌的學生比例，約在一成五到三成之間，而此數據比涉入肢體霸凌的學生來得高。較常見的關係霸凌行為，Mihalas等人（2012）指出分別為惡意論斷、謊話、社會排擠等。

二、關係霸凌的性別及年齡差異

一般都認為女性較容易涉入關係霸凌，認為關係霸凌是女性間的問題。部分研究也證實此傾向，但其他研究則反駁此性別差異。有部分研究顯示女性在涉入關係霸凌上，會顯著高於男性（Carter et al., 2013; Crick et al., 1997; Elsaesser et al., 2013）；相反地，也有研究指出男性會比女

性更常利用關係霸凌（Henington et al., 1998; Kokkinos et al., 2017）。另有研究則指出，關係霸凌並沒有性別上的差異（Prinstein et al., 2001）。

　　關於關係霸凌有性別差異的原因，首先，可能與一般傳統觀點有關。例如：若採用同儕、教師、家長評估的作答方式，則女生關係霸凌問題會比男生來得多（Ojanen et al., 2012; Preddy & Fite, 2012; Risser, 2013），這可能是因為同儕、教師、家長等，是依循著傳統性別觀點來作答，也就是說，若抱持著女生本來就容易關係霸凌的傳統觀點，那麼填答出來的結果自然就會呈現出女生較易涉入關係霸凌。另外，關係霸凌的性別差異可能是由資料蒐集方法的差異所產生，例如：若是採用教師報導，則呈現出來的結果會是女生有較多的關係霸凌；若是採同儕陳報，則呈現出來的結果會是男生有較多的關係霸凌（Kuppens et al., 2008; Weyns et al., 2017）。再者，認為女生較會利用關係霸凌，可能與女生較易在小圈圈內勾心鬥角的刻板印象有關，例如：有研究指出，女生較常用關係攻擊來維持團體中的獨占性（Pronk & Zimmer-Gembeck, 2010），也就是說，女生為了維持團體中的影響力或為了拉攏勢力關係，會利用關係攻擊為手段，來提升或維持自己的地位。

　　然而，若是以後設分析的結果來看，Card等人（2008）回顧了148個研究，結果發現在直接攻擊上有性別差異，男性較傾向使用直接攻擊，但在間接攻擊上就沒有性別差異。換言之，以目前的研究結果來看，並沒有證據顯示女生比較會使用關係霸凌，在關係攻擊上並沒有性別差異。再以關係霸凌對不同性別學生的影響來看，學者針對2014年的HBSC研究，以5,335位英格蘭11-15歲學生為對象進行分析，結果顯示，女生比較會陳報關係霸凌，但，男女生遭受關係霸凌所遭受的創傷結果是沒有差異的（Chester et al., 2017）。綜上而言，目前看來關係霸凌的使用並無性別上的差異，而不同性別的學生在遭受到關係霸凌時所受到的創痛也沒有差異，男女雙方都會深受關係霸凌的不良影響。

　　就年齡而言，研究指出從幼兒階段到大學時期都可見到關係攻擊，而不同時期所採用的關係霸凌或攻擊策略稍有不同，學前幼兒使用的是面對面的關係攻擊，如把耳朵蓋起來、威脅讓對方不能參加生日派對等；到了兒童中期，會使用直接及間接關係攻擊，如散播謠言（間接）、上課時不讓對方參與小組活動（直接）；到了青春期，會涉及異性關係，如搶對方

男朋友來作為報復，或是閨密對男朋友說不好的事以破壞男女朋友關係等（Crick et al., 2002; Splett et al., 2015）。就此來看，不同年齡階段的學生，都可能會採用關係霸凌或關係攻擊行為，雖然所採取的關係霸凌行為可能會受年齡影響而稍有不同，幼兒時期較會用直接式的關係霸凌，隨年齡增長而轉變為較多的間接式關係霸凌，而到了青春期後則較多涉及男女情感的關係霸凌。

　　關於關係霸凌是否會隨著年齡增加而增加，Weyns等人（2017）的縱貫研究證實了這點，他們針對570位（平均7歲）的2年級學生，進行3年的長期研究（觀察2-4年級的發展），用教師評分及同儕提名來測量關係攻擊的情況，分為五個時間點來蒐集資料，研究結果顯示關係攻擊會隨時間而增加。可見，各年齡層都可能會有關係霸凌行為，而關係霸凌似乎有隨年齡增加而增加的情況。至於哪個年齡階段學生是關係霸凌的高風險階段，目前的分析指出，關係攻擊在兒童後期到青少年前期會持續增加，且在青少年期相當穩定，關係攻擊乃是青少年最常見的攻擊行為，也就是說，關係攻擊會在青少年階段達到高峰（Theodore-Oklota et al., 2014; Wright & Wachs, 2019）。另一個研究的分析也得到類似的結論，指出50%學生曾受關係攻擊，而關係攻擊高峰會落在7-8年級（Splett et al., 2015）。然而，亦有研究呈現相反的結果，學者的分析指出，由兒童進入青少年期不見得會增加關係攻擊，可能是兒童到青少年前期，關係攻擊會增加，但到了青少年期，就會減少，而且關係攻擊在青少年後期就變少（Murray-Close et al., 2016）。綜上而論，關係霸凌或攻擊在幼兒階段即會出現，並會隨著年齡而增加，由小學到中學階段會持續增加，而在青少年前期增加到高峰，但到了青少年後期，關係攻擊可能會較為減少。

　　為何關係攻擊會到青少年前期之前持續增加？可由認知及生理改變來進行解釋。首先，要利用關係來進行攻擊，如對同儕製造謠言、破壞友誼等，需要有足夠的社會認知及語言技巧。當孩子長大後，認知及社會技巧隨之提升，可能會由肢體攻擊轉向較為間接的攻擊方式，例如：關係霸凌。目前已知，關係攻擊和高社會認知、欺騙、語言表達及接收能力、心智理論等有關。也就是說，當認知及社會技巧隨著年齡增加時，學生可能會試圖採用關係攻擊行為，以有助於其社會網絡的建立及維持。其次，生理改變的因素也會造成影響，生殖荷爾蒙在競爭配偶時會有促發攻擊行為

的效果，當學生進入青少年階段，生殖荷爾蒙開始增加，學生可能會受此生理發展的影響。另有學者指出，關係攻擊可能是用來擊敗對手的策略，以在競爭性配偶時獲得優勢（Murray-Close et al., 2016）。由前述的認知及生理改變的觀點，即可解釋為何關係霸凌會在青少年階段達到高峰。

三、關係霸凌的負向影響

關係霸凌會對受害者的身心健康帶來不良影響。學者針對5,335位英格蘭11-15歲學生進行研究，結果顯示關係受凌和健康相關的生活品質有負向關聯（Chester et al., 2017）。有研究針對3,444位15歲青少年的受凌及自陳健康狀況進行探討，發現關係受凌和自陳健康有負向關聯，也就是關係受凌愈高則自陳健康狀況愈差，但此關聯在肢體霸凌上並不顯著（Zhang et al., 2019）。由此可見，被關係攻擊的青少年在健康狀況上會較不理想。進一步而言，被關係攻擊的學生在憂鬱及自殺傾向上都會較高，如研究顯示關係受凌能顯著預測學生憂鬱，而且，關係受凌和自殺嘗試行為有關（Barzilay et al., 2017; Mihalas et al., 2012）。

若與其他類型的霸凌相比較，關係霸凌所產生的危害可能更甚。雖然各類型的霸凌都會對心理健康及學業成就造成負向影響，但研究指出，社會排擠和心理不健康有較強的關聯性，而且，被霸凌和低學業成就有關，其中以關係霸凌的影響最大（Thomas et al., 2016; Torres et al., 2019）。就此以觀，被關係攻擊的青少年實際面對著生理、心理及學業上的重大挑戰，並非如部分成人所言：「被排擠沒什麼，不要理它就好。」因此，成人的輕忽，將會對被關係霸凌的青少年帶來更大的挑戰。反之，若成人能即時給予相對應的支持，將能有效緩解青少年的苦痛。如研究指出，知覺教師的支持能調節少數族裔中學生關係受凌及憂鬱之間的關係，尤其是對中度到重度的關係受凌學生（Mihalas et al., 2012）。教師的支持能降低受關係霸凌青少年的憂鬱狀況。

除了關係霸凌的受害者之外，關係霸凌加害者也身受其害。Yen等人（2013）針對5,537位臺灣青少年的研究顯示，言語、關係霸凌的加害者和非加害者相較，有較嚴重的生理病癥及社會焦慮。其他的研究亦顯示，關係霸凌者比肢體霸凌更能預測攜帶武器問題（Dukes et al., 2010）。就此而言，涉入關係霸凌的學生，不論是受害者或加害者，均身受其害。以

關係霸凌加害者來說，也可能會有社會焦慮及生理不舒服的狀況。可能因為加害者以關係霸凌來當作避免被霸凌的手段，擔心被排擠的可能性。

四、關係霸凌之目的

要理解關係霸凌的行為，可能需要先了解關係霸凌之目的，為何學生想要用關係霸凌來攻擊他人？研究顯示，這可能和學生的權力、社會地位及受歡迎度有關。Theodore-Oklota等人（2014）的分析指出，涉入關係攻擊的青少年，會被同儕評為較受歡迎，而且會讓青少年覺得被接受、有主控感、覺得較堅強；Weyns等人（2017）的分析指出，由兒童中期開始，會開始關注同儕接納，會試著採用關係攻擊來增加社會聲望。Catanzaro（2011）的分析亦有類似的觀點，他指出女性會透過排擠他人，而覺得有權力及興奮感，而且，女生可能為了受歡迎或吸引男生注意，而去攻擊團體內的從屬者。van der Ploeg等人（2020）探討國小高年級學童的關係霸凌對社會地位的建立、消滅、維持之影響，他們針對15所荷蘭小學，由2年級開始蒐集連續3年的同儕提名資料，結果發現在高年級，霸凌能提升社會地位，地位的提升變成了霸凌者的獎賞。上述的分析，顯示關係霸凌似乎能提升關係霸凌者的權力感、社會地位及受歡迎度。

其次，關係霸凌可能和幽默及樂趣有關聯。舉例來說，朋友之間可能會互損，透過相互嘲諷或開玩笑來取得樂趣；若是在強欺弱或多欺少的霸凌情境中，霸凌者可能會嘲諷或排擠受凌者並樂在其中。Bowker與Etkin（2014）的研究探討關係攻擊、幽默、受歡迎度的關聯，他們以265位6年級學生為對象，蒐集兩波時間點（T1與T2）的同儕提名資料。結果發現，T1的關係攻擊會經由T1幽默，顯著預測T1、T2的受歡迎度。而且，關係攻擊及幽默的顯著關係，只存在男生、年輕且會用關係攻擊朋友的學生上。就此而言，關係霸凌者可能會覺得霸凌他人很有趣，而且，其他同儕也可能認為霸凌者相當幽默，於是提升了霸凌者受歡迎的程度。

另外，學生會採用關係霸凌，可能是因為這些行為較不會引起教師關注。Thomas等人（2016）的分析指出，社會排擠是霸凌者直接攻擊的替代選項，因為較不會對加害者帶來負向結果，尤其是社會排擠較難被發

現，較不會引發成人的反應。就此而言，肢體霸凌較為嚴重，可能會引起教師的關注及介入，學生為了避免此情形，可能會選擇改採關係霸凌，一方面因為關係霸凌較不容易被發現，二方面是若被發現了也不至於會被教師嚴重處罰。

藉由分析關係霸凌之目的，可得到的教育啟示

1. **強化學生的人際關係技巧**：中小學生可能欠缺足夠的社會關係技巧，為了提升社會地位、受歡迎程度而選擇採用了錯誤的方式——關係霸凌。因此，可以教導學生如何建立及維持人際關係，可由互信、互賴、互助、互惠來著手，而非採用互疑、互詐、互損的錯誤方式。

2. **建立對幽默的正確觀念**：大家都喜歡與幽默的人相處，因為好相處而且充滿歡笑。但若將嘲諷、戲弄、破壞友誼等攻擊他人行為視為幽默，便容易落入霸凌者而不自知。真正的幽默，要以不傷害人為原則。對旁觀者來說，也應學習不要隨著攻擊性、排擠式言語而發笑，以免變相鼓動加害者再次採用類似行為。

3. **教師要重視關係霸凌的傷害**：學生選擇採用關係霸凌的原因之一，是教師較忽略關係霸凌及其傷害性。教師必須要建立正確的觀念，不論是肢體或是關係霸凌，都是霸凌行為，都是必須立即被禁止及處置的行為，不宜輕忽或縱容關係霸凌所帶來的傷害。

五、關係霸凌的涉入者特徵

（一）關係霸凌的加害者

一般多認為會霸凌他人的學生通常較衝動粗魯，然而，關係霸凌涉及到關係的操弄，可能需要較縝密的心思。關係霸凌加害者到底是社會訊息處理過程的缺乏（衝動、較有敵意），或是擁有高層次觀點取替的有技

巧操弄，仍有爭議。有些研究支持關係攻擊需要有高層次認知及觀點取替能力，能知道他人的關係，以及決定如何傷害對方的關係，甚至能在關係霸凌及助人行為之間取得平衡。有一份以120位希臘小學高年級生的實證研究結果顯示，關係攻擊和心智理論（ToM）有負向關聯，女生的低ToM直接和關係攻擊有關（Kokkinos et al., 2016）。關於關係霸凌加害者的敘述，究竟是敵意衝突的關係霸凌加害者，或是伶俐敏覺的關係霸凌加害者，此兩類描述均可散見於學者對關係霸凌加害者的描繪（Geiger et al., 2004; Leff et al., 2014），例如：

- 對模糊情境的敵意歸因。
- 困難的同儕關係、被同儕拒絕或討厭。
- 情緒喚起較困難。
- 內化問題：憂鬱、焦慮、孤立。
- 外化行為問題。
- 邊緣人格、飲食失調。
- 有些被視為是受歡迎的、出鋒頭的、吸引人的，而且是團體領袖。
- 對維持關係有焦慮感，而且對關係喪失很敏感。
- 對親密且獨占關係的過度重視。

就此而言，有部分的關係霸凌加害者可能是被同儕拒絕，而且具有敵意歸因謬誤或邊緣人格的學生；有部分的關係霸凌加害者則可能是受歡迎的團體領袖，由於他們對關係喪失很敏感，若覺得關係不穩定，就可能會採用關係攻擊行為來試著強化關係。他們會排擠可能損害友誼的人，會用攻擊策略來控制或操弄朋友來維持友誼。

（二）關係霸凌的受害者

關係霸凌的受害者學生，可能具有部分容易激怒他人的特性及行為。研究顯示，教師評定的學生攻擊行為和肢體受凌及關係受凌有關，而且，情緒失調與關係受凌上升有關（Giesbrecht et al., 2011）。另一個研究則指出，關係霸凌的受凌者較少被提名為朋友（Sijtsema et al., 2013）。申言之，若攻擊行為較高，且具有情緒失調的問題、較容易被同儕拒絕以致沒有朋友的學生，則較可能成為關係霸凌的受凌者。

　　由於關係霸凌的受凌者沒有什麼朋友，他們會試著交新朋友來改變目前情境。由於關係霸凌的受凌者在交朋友上較困難，則關係霸凌的受凌者會選擇相同處境的人當朋友，關係霸凌的受凌青少年會彼此交朋友，因為他們沒有其他朋友選項（Sijtsema et al., 2013）。

　　進一步來說，關係霸凌的受凌者也可能同時是關係霸凌的加害者。當關係被破壞且不穩固時，他們可能會用類似的攻擊策略來控制或操弄關係以維持友誼。研究結果亦顯示，關係受凌與關係霸凌具有顯著相關（Theodore-Oklota et al., 2014; Voulgaridou & Kokkinos, 2019）。Mathieson等人（2011）發現，關係受凌及關係霸凌具有關聯。

　　就此而言，關係霸凌的受害者基本上是容易被同儕拒絕者，可能具有容易激怒他人、攻擊他人、情緒失調等特徵。由於沒什麼朋友，又怕孤立無援，因此易找其他關係霸凌的受凌者當朋友。為了鞏固自身友誼關係，關係霸凌的受凌者會運用類似的關係攻擊策略來操弄關係，因此關係霸凌的受凌者也可能成為關係霸凌的加害者。

（三）涉入關係霸凌的雙重角色者

　　所謂雙重角色者，就是兼具霸凌者及受凌者身分。在關係霸凌中，亦可見到此現象。研究顯示關係霸凌及關係受凌有顯著關聯（Theodore-Oklota et al., 2014; Voulgaridou & Kokkinos, 2019）。另外，Mathieson等人（2011）針對635位3-5年級學生進行研究，請他們以自陳問卷方式來填寫，變項包括敵意歸因謬誤、對關係挑釁的難過情緒等，另請教師提名及同儕提名有關係攻擊行為的同學，結果顯示在女生樣本中，敵意歸因謬誤和關係攻擊的關係，會受到難過情緒及關係受凌的調節，當難過情緒及關係受凌程度高的時候，敵意歸因謬誤和關係攻擊有關。由此可見，關係霸凌者也可能是關係受凌者，反之亦然。可能因為學生接受到關係類型的攻擊，也會學習著用類似的行為來攻擊他們；或經常排擠及破壞他人友誼的學生，也可能會遭到反擊，也就是被關係霸凌，於是成為了兼具霸凌者及受凌者的雙重角色者。

六、影響關係霸凌的相關變項

了解哪些因素可能影響關係霸凌的產生，對於關係霸凌防制會有積極貢獻。以下針對Murray-Close等人（2016）分析出來的影響關係霸凌相關變項進行說明。

（一）生理因素

針對6歲的雙胞胎進行的研究顯示，社會攻擊和基因只有弱關聯（教師報導的學生社會攻擊僅占20%的解釋變異量；學生陳報的社會攻擊僅占23%的解釋變異量），代表關係攻擊或霸凌和基因僅有小部分相關，但和雙胞胎的環境因素有關。

（二）認知因素

對關係的敵意歸因謬誤（hostile attribution bias）和關係攻擊，有同時關係及持續關係。例如：同儕提名關係攻擊和自陳的關係敵意歸因謬誤（HAB）、難過情緒有正向關聯。另外，關係的敵意歸因謬誤中介了T1（秋天）的暴力電視收視情況及T2（春天）的關係攻擊。可見，將人際關係互動線索做出敵意歸因的認知謬誤，會影響學生的關係攻擊或霸凌行為。這也可以用社會訊息處理論（social information processing, [SIP]）來進行解釋：

- 線索詮釋：有攻擊性的小孩，比較會有敵意歸因謬誤，將他人的動作或回應做出敵意解釋。
- 目標澄清：假定了他人有敵意後，會選擇傷害他人關係來作為目標。
- 回應搜索：從記憶中搜索可能方式或建構新方式。而具有攻擊性的學生的回憶庫當中，有較多的攻擊反應而較少利社會方式回應。
- 決定與行動：有攻擊性的學生會給攻擊行為較多正向的評估。
- 攻擊行為後，會得到同儕的報復：使兒童確認了他們先前的敵意意圖歸因乃屬正確，使得未來相似的社會情境時，他們會自動較快速的處理訊息。

（三）情緒因素

情緒因素可分為失調的負向情緒經驗及低情緒喚起。

- 失調的負向情緒經驗：如挫折、怒氣，會促進反社會行為及攻擊行為。例如：受害者對同儕壓力的怒氣回應，會增進加害者以攻擊來回應受害者的激怒。另外，學前兒童的怒氣和關係攻擊有關。此外，青少年關係攻擊和負向情緒、對挑釁的怒氣回應、無法容忍挫折與怒氣、敵意、無效回應、面對壓力無法管理情緒等有關。

- 低情緒喚起：低畏懼、低同情、低罪惡感等低情緒喚起，是攻擊行為的風險因素。以冷酷無情變項來說，也就是低同情及低罪惡感，被發現和關係攻擊有關。而且，冷酷無情和青少年關係攻擊有關。若是對關係攻擊較有罪惡感者，較不會採用該行為。

（四）社會因素

包括：家長管教類型、家長間衝突、手足關係、同儕關係等，都可能與關係霸凌有關。

- 家長心理控制：附帶條件的家長關愛，會以你不愛我或我不愛你來威脅小孩，即為心理控制。研究發現家長的心理控制能預測兒童關係攻擊。另有後設分析指出，父親的心理控制，而非母親的心理控制，和關係攻擊有關。

- 家長嚴苛管教：父母親的負向管教和關係攻擊有關。敵意且無效的管教，會增加6年內的間接攻擊，包括言語或肢體上的強勢性家長管教，被發現和兒童的關係攻擊有關聯。另外學者指出敵意管教和高肢體攻擊、關係攻擊有關。就此而言，家長的嚴苛管教可能與學生的攻擊行為有明顯關聯。

- 家長溺愛管教：若兒童關係攻擊增加，但父母卻不加管束，會強化兒童的行為。而且，低家長監控及溺愛管教都和青少年關係攻擊有關。後設分析結果也顯示父母親的溺愛管教和男女學生的關係攻擊有關。

- 手足關係：若家長較少情緒支持，則手足間的關係攻擊就會增加。較少時間和父親在一起，也能預測手足間的關係攻擊。反之，

若覺得父母公平對待的話，兒童較不會出現手足間關係攻擊。

- 同儕關係：低社會地位、低同儕偏好、高社會拒絕、低同儕接受等，和學生的關係攻擊有關。低同儕偏好會導致社會技巧不佳的同學聚在一起，這產生惡性循環，和被同儕接受的同學相較，這些被同儕拒絕的同學的社會技巧會愈來愈差，這會導致較高的肢體及關係攻擊。低同儕偏好及低受歡迎度的學生，可能會用關係攻擊來處理負向經驗；然倍受歡迎的學生也可能會採用關係攻擊，因為高社會地位讓他們有權力、有效使用這些行為。

近年來的文獻，也有不少學者探究了與關係攻擊或霸凌的相關變項，例如：種族歧視、家暴、學校連結感、社經地位、與非行同儕（不良少年或壞朋友）的連結等，整理如下：

（一）種族歧視

Wright與Wachs（2019）探討種族歧視和攻擊（自陳及同儕提名的肢體及關係攻擊），以及家長、同儕、教師支持的調節作用。結果發現，種族歧視和各類攻擊有正相關，種族歧視愈高的學生，可能愈會呈現出各種攻擊行為，包括：關係攻擊或關係霸凌。然而，社會支持和各類攻擊有負相關，增加家長、同儕、教師支持，會降低種族歧視和關係攻擊（自陳及同儕提名）的正向關聯。

（二）家暴

Kassis等人（2018）針對5,149位平均14歲的歐洲4國中學生進行研究，其中有23%的參與者曾被家長虐待。比較三組涉入家暴（低、中、高家暴）學生的保護及風險因素，和未涉入家暴學生進行比較。結果顯示，涉入家暴學生，有較高的支持暴力信念、喝酒、吸毒、對老師的言語暴力、教師對學生的言語暴力及關係攻擊行為，並且具較低的自我接受、低情緒控制、低未來樂觀、與家長及教師的負向關係等。就此研究來看，涉入家暴的學生，似會有較高的關係攻擊或關係霸凌行為，其可能原因在於家長作為行為楷模，家長的關係攻擊行為可能會被孩子觀察學習，於是在校也用類似行為來攻擊他人。

（三）學校連結感

Wright與Wachs（2019）的分析指出，低學校連結感及歸屬感，與拉丁青少年的直接及關係攻擊有關。此研究顯示，若學生未培養出對學校的連結感及歸屬感，則較可能會有關係攻擊行為發生。

（四）社經地位

Baker等人（2018）探討社經地位和兒童肢體及關係攻擊的關聯。他們針對89位3-6歲兒童進行研究，請教師提名具攻擊行為的兒童，並請家長提供背景資料。研究結果顯示，低社經兒童在關係攻擊的得分高於高社經兒童。而且，兒童的心智理論得分具有調節效果，在低心智理論得分時，低社經兒童會有高關係攻擊，但在高心智理論得分時，社經地位和關係攻擊沒有關聯。就此研究以觀，低社經可能是學生的高風險因子，低社經家庭背景的學生可能較會有關係攻擊行為。

（五）與非行同儕的連結

Cho與Lee（2018）針對HBSC研究下的14,627位學生進行研究，以羅吉斯迴歸（Logistic regression）來進行分析，結果顯示和非行同儕（不良少年）有關聯者，比較可能成為霸凌者、受凌者、雙重角色者，包括肢體、言語、關係霸凌等。在控制了社會控制變項（家長、同儕、教師依附）後，此關聯仍達顯著。與家長、同儕、教師有高依附關係的學生，比較不會成為霸凌者及雙重角色者，包括：肢體、言語、關係霸凌。就此而言，和非行青少年當朋友者，比較可能出現類似的違犯行為，包括關係霸凌行為；反之，若與家長、同儕、教師有高依附關係，則比較不會淪為關係霸凌的攻擊者及雙重角色者。

與關係攻擊／霸凌有關的變項	教育啟示與建議
對關係的敵意歸因謬誤和關係攻擊有關聯。	• 修正部分學生可能有的敵意歸因謬誤，協助學生正確解讀人際關係線索。
失調的負向情緒經驗，如負向情緒、對挑釁的怒氣回應、無法容忍挫折與怒氣、面對壓力無法管理情緒等，會促進關係攻擊行為。	• 提升學生的情緒管理能力，教導學生面對挫折及怒氣，避免做出衝動式的怒氣回應策略。 • 教師避免採用嚴苛、具情緒性的管教方式，避免學生觀察學習，亦採此策略來解決人際問題。
家長的心理控制、嚴苛管教、溺愛管教和關係攻擊有關。	• 建議家長採用民主式管教，兼採高控制及高支持，避免採用高控制／低支持的權威管教，或是低控制／高支持的溺愛管教。
學生的低社會地位、低同儕偏好、高社會拒絕、低同儕接受等，和關係攻擊有關。	• 提升學生的人際關係技巧，協助改善高風險學生的同儕關係。 • 鼓勵學生參與社團，在相同興趣的基礎上，參與社團有助於擴展朋友圈。
低學校連結感及歸屬感，與關係攻擊有關。	• 改善學校的升學主義風氣，避免因為成績不佳而產生的學校疏離狀況。 • 提升學生學習動機，讓學生樂於在校學習，包括：改善學業、參與社團、正向人際關係、正向師生關係等，都有助於產生正向學校連結。
和非行青少年當朋友者，和關係霸凌有關；與家長、同儕、教師有高依附關係者，較不會涉入關係霸凌。	• 協助學生建立正向人際關係。 • 營造正向師生關係。

七、教師如何處理關係霸凌

（一）教師辨識關係霸凌

　　關係霸凌的攻擊方式，通常是採用潛隱、不明顯的攻擊或排擠方

式，對受害的當事人來說，會損害他們的關係及社會地位，但對於成人或教師來說，可能太過隱密或間接，以致於無法立刻察覺或發現有霸凌事件。這類關係霸凌事件，通常學生都知道，反而成人或老師們不知道，成人大部分要靠學生通報才知道這類霸凌發生。教師未能察覺到的關係霸凌，可能與定義及嚴重度有關，因許多成人不能確定關係霸凌是否為霸凌，或是成人不把關係霸凌納入霸凌定義之內，於是在關係霸凌發生時便可能認定那不算霸凌事件；另一個原因在於與直接霸凌相比較，關係霸凌較不嚴重，因此教師較不會注意到關係霸凌的影響。進一步而言，成人較不會介入關係霸凌，而且也不知道怎麼處理及回應關係霸凌。當學生覺得老師管不好或不想管時，學生被關係霸凌後，會更無力及更不想求助。於是，便可能形成惡性循環。而且，加害者會了解到使用關係霸凌的後果不嚴重，於是更易使用關係霸凌來避免處罰（Barnes et al., 2012; Nelson et al., 2018）。

關於教師辨識關係霸凌的情況，目前研究上仍有分歧。有學者針對234位職前教師的態度、知識、知覺技巧、個人霸凌相關經驗、學校霸凌相關課程等進行研究，結果指出，大多數職前教師能辨識出霸凌事件。針對臺灣中小學教師的研究也顯示，教師能辨識出八成以上的校園霸凌事件（Chen et al., 2017; Lester et al., 2018）。上述結果指出教師及職前教師，大多能辨識出包含肢體、言語、關係等類型的霸凌事件。然而，Chen等人（2018）的研究指出，教師對肢體霸凌的辨識顯著高於關係霸凌，教師對關係霸凌的辨識仍需持續強化。另外，Barnes等人（2012）針對四百多位澳洲的中小學教職員進行研究，結果發現20%的研究參與者認為公開他人祕密、破壞友誼、忽視他人等關係霸凌行為並不算是霸凌。綜言之，教師大多能察覺到霸凌事件的發生，但，仍有部分較潛隱的關係霸凌未被教師覺察。針對肢體或言語等直接霸凌行為，教師能直觀地發覺，但較潛隱的關係霸凌則可能不被注意或是不被認為是霸凌行為，因此，仍需持續提升教師對關係霸凌的關注及辨識情況。

教師對關係霸凌的辨識，與教師的個人經歷有關，Craig等人（2011）的研究顯示，曾涉入霸凌或目睹霸凌者，會對辨識霸凌較為敏感，對於霸凌的辨識及處理也較有信心。尤其是曾經歷過排擠的老師，較可能辨認出並介入此類霸凌。換言之，被關係霸凌、被排擠的老師，較可

能辨識出這類的學生霸凌行為。

（二）影響教師介入關係霸凌的因素

　　影響教師是否介入關係霸凌的因素，可區分教師因素及學生因素。教師因素包括知覺嚴重度、同理心、教師介入自我效能、教師訓練等；學生因素則與難過程度、頻率、激怒他人程度有關。分述如下：

　　首先，要討論的是教師對關係霸凌的知覺嚴重度、同理心。Duy（2013）發現教師的知覺嚴重性能預測對關係霸凌及肢體霸凌的介入，而且，教師的知覺嚴重性及同理心能預測需要介入關係霸凌的程度，此兩變項能解釋72%的變異量。其中，尤其是知覺嚴重性，在預測需要介入關係霸凌程度上有較強的效果。Dedousis-Wallace等人（2014）的研究也有類似的發現，研究結果指出對介入意願最強的預測因子是知覺嚴重性及自我效能，雖然對受凌者的同理心也有顯著效果，但要間接透過知覺嚴重性才會對教師介入意願產生影響。Begotti等人（2017）針對110位職前教師及128位在職教師進行研究，結果顯示，不論是在職或職前教師的知覺嚴重度和同理心，都與教師介入意願有正向關聯。上述研究均揭示了教師對關係霸凌的知覺嚴重度與同理心，能預測教師的介入意願或介入程度；也就是說，若教師覺得關係霸凌太嚴重或是對關係受凌者有較高的同理心，則教師較願意、也較會介入霸凌事件。

　　然而，值得擔憂的是，教師對關係霸凌的知覺嚴重度似有性別差異，女老師覺得關係霸凌較嚴重，而且，和言語及肢體霸凌相較，教師通常覺得關係霸凌較不嚴重（Duy, 2013; Jacobsen & Bauman, 2007）。由於教師通常覺得關係霸凌較不嚴重，因此教師較不會介入關係霸凌。故如何提升教師對關係霸凌的知覺嚴重度，實有其必要性，尤其男教師對關係霸凌的知覺嚴重度比女教師來得低，如何提升男性教師對關係霸凌的知覺嚴重度，實值得進一步思考。一般學校的作法，可能會試圖提升教師對於關係霸凌的認識。然而，研究指出教導老師有關關係霸凌的知識，效果很小（Dedousis-Wallace et al., 2014）。知道更多有關關係霸凌的知識及概念，可能無助於提升教師對關係霸凌的介入。防制關係霸凌的作法，或許可聚焦於提升教師對關係霸凌的知覺嚴重度、同理心，可能效果會比較好。對防制關係霸凌的實證研究也證實此觀點，結果顯示受過防制霸凌

訓練的輔導老師，會認為關係霸凌較嚴重；學校有防制霸凌方案的輔導老師，比較會介入關係霸凌（Jacobsen & Bauman, 2007）。

有關學生因素方面，教師會考量學生的難過程度、受害頻率、激怒他人程度來決定介入情況。研究顯示，在關係霸凌發生時，受害者難過程度與受害頻率最易影響教師介入，至於性別、社經、學業等變項，則對教師介入關係霸凌的影響不大，而且，若受害者沒有激怒他人的話，教師較可能介入關係霸凌（Blain-Arcaro et al., 2012）。然而，值得擔心的是學生通常不願意把關係霸凌告訴教師，於是，教師可能也無從知悉學生被關係霸凌的難過程度與受害頻率。就此而言，提升學生通報關係霸凌及提升教師了解關係霸凌的傷害影響，應有助於改善教師介入關係霸凌的情況。

（三）教師對關係霸凌的處理策略

前述已曾提及關係霸凌對學生身心的不良影響，若教師能適時介入或給予支持，則有助於緩解學生所受的傷害。如Mihalas等人（2012）針對153位中學生的研究顯示，「知覺教師支持」的變項得分，能調節少數族裔中學生關係受凌與憂鬱之間的關係，尤其是中度到重度的關係受凌。也就是說，雖然關係霸凌對學生所造成的心理創痛可能甚鉅，若能付出教師的關懷及支持，則學生較不會出現憂鬱狀況。這也顯示出教師的協助，將對防制關係霸凌具重要意義。

然而，教師對於關係霸凌的處置，似乎仍力有未逮，仍待提升相關知能。Lester等人（2018）針對234位職前教師的態度、知識、知覺技巧、個人霸凌相關經驗、學校霸凌相關課程等進行研究，結果指出大多數職前教師能辨識出霸凌，但，他們覺得目前大學的學經歷難以讓他們有效處理霸凌，覺得缺乏足夠技巧來預防及有效回應霸凌，尤其是關係霸凌及網路霸凌，職前教師希望能對霸凌行為能有更多的理解，以及希望能有更多的課程資源。Barnes等人（2012）的研究指出，有三分之一受試者指出並沒有特別針對關係或網路霸凌等間接霸凌的學校政策，而且，70%受試者認為學校應加強針對處理間接霸凌的訓練。這顯示，對於霸凌手段較細微的關係霸凌及網路霸凌等間接霸凌，教師可能仍缺乏足夠的回應及處理策略，而期待能有更多針對處理間接霸凌的增能培訓課程。

至於教師通常如何處理關係霸凌，Leff等人（2016）就指出班級中

出現較多的直接及關係攻擊行為，和教師較少採用正向的班級經營實務有關。若教師較少採用正向管教或社會情緒學習（social and emotional learning）策略，而較常使用斥責、處罰、威脅、忽略等管教方式，則可能難以降低班級內的關係霸凌情況。但是，就目前實務現場來看，一般教師仍多採用斥責、規訓處罰、忽略不管、或採取威脅處罰的方式，可是這類方式的防制成效仍不佳。例如：Weyns等人（2017）針對兒童關係攻擊的發展和教師行為的關係進行長期研究，針對570位平均7歲的2年級學生，連續3年觀察他們由2年級升到4年級的情況，用教師評分及同儕提名來測量關係攻擊，分別在五個時間點蒐集資料，結果顯示，關係攻擊會隨時間而增加；若教師用較多的稱讚，學生關係攻擊問題行為趨緩；若教師較多斥責，則關係攻擊問題行為增加。另外，不少學者均指出，針對關係霸凌情境，老師最可能採取的方式就是處罰霸凌者（Byers et al., 2011; Power-Elliott & Harris, 2012）。而實證研究結果顯示，處罰在解決霸凌的成效上並不明確，但威脅處罰則會增加間接霸凌（Cross et al., 2009）。Byers等人（2011）的研究指出，部分老師認為非肢體攻擊不嚴重，不會和處理肢體霸凌那樣的方式來回應非肢體霸凌，並認為間接霸凌是成長的一部分，不會有多大的傷害。這類型的教師較可能會對關係霸凌置之不理。也就是說，若教師仍是延用既有管教方法，多採用斥責、處罰、威脅處罰、忽略等管教方式來面對關係霸凌，事實上可能無法改善關係霸凌的情況，甚至可能還會增加關係霸凌的發生。

亦有學者針對教師常用及少用的關係霸凌處理策略進行研究，如Barnes等人（2012）的研究指出，超過半數教師認為全校投入策略能有效防制間接霸凌。教職員最常用的策略，包括沒收電子產品、鼓勵通報、休息時間監控；而教職員最少採用的策略分別是教師訓練及社群諮詢；教職員認為有效防制策略是領導者需承諾投入、清楚的處理霸凌指引、培育防制霸凌的風氣等。Pečjak與Pirc（2015）針對斯洛維尼亞的192位職前教師及70位小學教師進行研究，結果顯示一般教師及職前教師皆對於關係霸凌較欠缺同理心，而且一般教師及職前教師都較容易忽視關係霸凌，一般教師及職前教師對於肢體霸凌及關係霸凌最常使用之防制策略則是同儕間自行解決。就此而言，教師常用的策略可能不見得有效，如讓同儕間自行解決；反之，教師覺得較有效的策略，卻可能極少在校園內被採用，如

教師訓練及社群諮詢、清楚的處理霸凌指引、培育防制霸凌的風氣。故，教師及學校宜多採用有效的策略，而非繼續採用常見策略（如忽略、處罰）來防制關係霸凌。

教師如何處理關係霸凌	教育啟示與建議
教師未能察覺到關係霸凌，可能與認為關係霸凌不算霸凌，或是關係霸凌不嚴重有關。	• 教師宜提升對關係霸凌的認識，包括關係霸凌的定義與其傷害性，以提升對疑似關係霸凌的查察能力。
教師的知覺嚴重性、同理心、自我效能等，能預測介入關係霸凌的程度。	• 提升教師對關係霸凌的知覺嚴重度，有助於提升教師介入。 • 提升教師對關係霸凌的受凌者的同理心，有助於提升教師介入。 • 提升教師對介入關係霸凌的自我效能，有助於提升教師介入。
關係霸凌的受凌者的難過程度與受害頻率最能影響教師介入。	• 提升學生關係霸凌通報率，有助於改善教師介入關係霸凌。 • 提升教師了解關係霸凌的傷害性，有助於改善教師介入關係霸凌。
「知覺教師支持」能調節中學生關係受凌與憂鬱之間的關係。	• 教師應多關心被關係霸凌的學生，強化教師對學生的支持，有助降低關係霸凌的受凌者的情緒困擾。
教師缺乏足夠技巧來預防及有效回應霸凌，尤其是關係霸凌及網路霸凌。	• 透過教師培訓，強化教師對關係霸凌的因應及處理策略。
一般教師及職前教師對於關係霸凌最常使用之策略則是同儕自行解決。	• 多採用有效的策略，如教師訓練及社群諮詢、領導者需承諾投入、清楚的處理霸凌指引、培育防制霸凌的風氣等。

作者對於旁觀者介入之研究

　　第一作者已於科技部計畫提出關係霸凌相關研究，現正執行中。在此先針對旁觀者介入之質性研究（Chen et al., 2016）進行說明。

研究目的

　　該研究目的在了解中學生介入校園霸凌與否的決定因素，並進一步探討旁觀者介入校園霸凌的行為歷程。

研究方法

　　研究參與者是南臺灣的中學生，來自6所國中，包括6位7年級學生、14位8年級學生及4位9級學生，共計24位，平均年齡為13.9歲。資料蒐集方式是請教師先發放參與角色問卷（Participant Role Questionnaire），請學生提名班上的挺身者（defender）及旁觀者（outsider），接著依班級內得分高低進行排序，邀請挺身者得分及旁觀者得分最高的學生進行訪談。選擇針對挺身者及旁觀者進行研究，是因為這兩個角色分別代表願意介入霸凌及不願意介入霸凌的典型，有助於探討是否願意介入的影響因素。研究資料以紮根理論法進行分析。

研究結果

　　旁觀者在目睹校園霸凌事件後，決定是否介入的歷程似可區分為四個階段：個人評估（personal assessment）、選擇介入策略（selection of sefending strategies）、被霸凌者質疑（being interrogated by bullies）、重新評估（reassessment）。學生在個人評估階段，會考量知覺嚴重度（是否嚴重）、責任感（有正義感或與我無關）、情感因素（同情、討厭或害怕）、受害者特徵（無辜的或挑釁的）、彼此關係（是否為朋友）、其他因素（班級氣氛、自我效能）等來決定是否介入。選擇挺身介入策略會依嚴重性及關係而異，若是不嚴重，學生會自己試著處理；若是太嚴重會報告師長。若和霸凌者是朋友或不怕被排擠，會試著出面制止霸凌者，若和霸凌者不是朋友或害怕被排擠，可能會採私下安輔受凌者。在出面協助後，會被霸凌者質疑：為什麼要出面幫他？這時挺身者會重新評估，來決定接下來是否會持續介入或選擇旁觀。

研究貢獻

　　該研究提出旁觀者介入的四個歷程，乃是學界首見，對理解及鼓勵旁觀者介入霸凌能帶來貢獻。其次，該研究發現學生會考量知覺嚴重度、責任感、情感因素、受害者特徵、彼此關係、其他因素等來決定是否介入或旁觀，教育實務界可針對這個考量因素來強化之，如提升學生對霸凌的知覺嚴重性、提升學生面對霸凌的自我效能、提升學生的同理心等，以提升學生介入霸凌之意願。

校園霸凌改編個案

　　小裕說：老師！沒有人跟我交換改考卷。

　　老師不悅：左右交換改呀！怎麼回事？旁邊同學是誰？

　　班長：老師，小裕是自己一個人坐。

　　老師恍然大悟：那麼只要不要拿自己的考卷就好，有誰要跟小裕交換考卷的？

　　全班漠然不語。

　　老師嘆息走到小裕位置，拿起小裕考卷：再問一次，有人自願嗎？如果沒人自願我只好指定喔！

　　老師問：小益？小芳？小薇？小致？……或者小張？

　　小張搖頭。

　　老師不悅：既然這樣，我指定。

　　老師皺眉：那，小張就你吧！

　　小張非常驚訝，全班都知道他最討厭小裕，老師居然還這樣指定他！

　　社會課進行分組討論。

　　老師！沒有人想跟我一組，小裕苦著一張臉說。

　　老師疑惑問：怎會這樣？

　　老師：這樣好了！我看小晴你們那組才三個人，就讓小裕加入你們這組。

這時小晴三人忍不住哀吼：老師！不要啦～他很機車！我們不要跟他一組啦！

老師不悅：不可以這樣說同學，你們這組人少，就這樣！

小晴惡狠狠地瞪著小裕，並小聲地說：等一下討論時，你要是敢說半句話，你給我試試看。

案例分析
- 是否有惡意傷害行為：不確定。但沒人願意與他同一組是事實。
- 是否有勢力失衡：是。全班多人對一。
- 是否重複：是。發生數次。
- 是否為校園霸凌：不確定。

以該案例來看，有可能是關係霸凌。因為沒人願意改他的考卷，也沒人願意與他同一組。初步看來是有被排擠的現象，但也有可能是單純人際關係不好。因此，這裡需要區分人際關係不佳與關係霸凌的差異。人際關係不好如字面所示，可能是人際技巧差、或是因個性問題不喜與他人互動，如陰沉寡言的孩子，人際關係差，沒什麼人想跟他說話，但也沒有人會攻擊他，頂多就是互動少、保持距離，這就是人際關係不佳，而非關係霸凌。若是關係霸凌的情境，當事人的人際關係一定不佳，伴隨著其他攻擊行為，如言語霸凌：走開啦！垃圾離我遠一點！也可能併同肢體霸凌，如推翻個人物品，以驅離對方。簡言之，人際關係不佳並不一定就是關係霸凌，關係霸凌一定是人際關係不佳，而且會有排擠、忽略等情事，也可能伴隨著破壞友誼、或其他的言語、肢體霸凌行為。

 參考文獻

Baker, E. R., Jensen, C. J., Moeyaert, M., & Bordoff, S. (2018). Socioeconomic status and early childhood aggression: Moderation by theory of mind for relational, but not physical, aggression. *Early Child Development and Care*, 1-15.

Barnes, A., Cross, D., Lester, L., Hearn, L., Epstein, M., & Monks, H. (2012). The invisibility of covert bullying among students: Challenges for school intervention. *Journal of Psychologists and Counsellors in Schools, 22*(2), 206-226.

Bowker, J. C., & Etkin, R. G. (2014). Does humor explain why relationally aggressive adolescents are popular? *Journal of Youth and Adolescence, 43*(8), 1322-1332.

Carter, J., Berman, S. L., Marsee, M. A., & Weems, C. F. (2013). Identity exploration, commitment, and existential anxiety as predictors of the forms and functions of aggression. *Identity, 13*, 348-367.

Catanzaro, M. F. (2011). Indirect aggression, bullying and female teen victimization: A literature review. *Pastoral Care in Education, 29*(2), 83-101.

Chen, L.-M., Chang, Y.-C., & Cheng, Y. -Y. (2016). Choosing to be a defender or an outsider in a school bullying incident: Determining factors and the defending process. *School Psychology International, 37*(3), 289-302. doi:10.1177/0143034316632282

Chen, L. M., Sung, Y. H., & Cheng, W. (2017). How to enhance teachers' bullying identification: A comparison among providing a training program, a written definition, and a definition with a checklist of bullying characteristics. *The Asia-Pacific Education Researcher, 26*(6), 351-359.

Chen, L. M., Wang, L. C., & Sung, Y. H. (2018). Teachers' recognition of school bullying according to background variables and type of bullying. *Journal of Educational, Cultural and Psychological Studies, 18*, 147-163.

Chester, K. L., Spencer, N. H., Whiting, L., & Brooks, F. M. (2017). Association between experiencing relational bullying and adolescent health related quality of life. *Journal of School Health, 87*(11), 865-872.

Craig, K., Bell, D., & Leschied, A. (2011). Pre-service teachers' knowledge and attitudes regarding school-based bullying. *Canadian Journal of Education,*

34(2), 21-33.

Crick, N. R., Casas, J. F., & Mosher, M. (1997). Relational and overt aggression in preschool. *Developmental Psychology, 33*, 579-588. doi:10.1037/0012-1649.33.4.579

Crick, N. R., Casas, J. F., & Nelson, D. A. (2002). Toward a more comprehensive understanding of peer maltreatment: Studies of relational victimization. *Current Directions in Psychological Science, 11*(3), 98-101.

Cross, D., Shaw, T., Hearn, L., Epstein, M., Monks, H., Lester, L., & Thomas, L. (2009). *Australian Covert Bullying Prevalence Study (ACBPS)*. Canberra, Australia: Department of Education, Employment and Work Relations.

Dedousis-Wallace, A., Shute, S., Varlow, M., Murrihy, R., & Kidman, T. (2014). Predictors of teacher intervention in indirect bullying at school and outcome of a professional development presentation for teachers. *Educational Psychology, 34*(7), 862-875.

Elsaesser, C., Gorman-Smith, D., & Henry, D. (2013). The role of the school environment in relational aggression and victimization. *Journal of Youth and Adolescence, 42*, 235-249.

Geiger, T. C., Zimmer-Gembeck, M. J., & Crick, N. R. (2004). The science of relational aggression. In *Girls and Aggression* (pp. 27-40). Springer, Boston, MA.

Geisler, F. M., & Weber, H. (2010). Harm that does not hurt: Humour in coping with self-threat. *Motivation and Emotion, 34*, 446-456.

Giesbrecht, G. F., Leadbeater, B. J., & MacDonald, S. W. (2011). Child and context characteristics in trajectories of physical and relational victimization among early elementary school children. *Development and Psychopathology, 23*(1), 239-252.

Henington, C., Hughes, J. N., Cavell, T. A., & Thompson, B. (1998). The role of relational aggression in identifying aggressive boys and girls. *Journal of School Psychology, 36*, 457-477. doi:10.1016/S0022-4405(98)00015-6

Jacobsen, K. E., & Bauman, S. (2007). Bullying in schools: School counselors' responses to three types of bullying incidents. *Professional School

Counseling, 11(1), doi:10.1177/2156759X0701100101

Kokkinos, C. M., Karagianni, K., & Voulgaridou, I. (2017). Relational aggression, big five and hostile attribution bias in Adolescents. *Journal of Applied Developmental Psychology, 52*, 101-113.

Kokkinos, C. M., Voulgaridou, I., Mandrali, M., & Parousidou, C. (2016). Interactive links between relational aggression, theory of mind, and moral disengagement among early adolescents. *Psychology in the Schools, 53*(3), 253-269.

Kuppens, S., Grietens, H., Onghena, P., Michiels, D., & Subramanian, S. V. (2008). Individual and classroom variables associated with relational aggression in elementary-school aged children: A multilevel analysis. *Journal of School Psychology, 46*, 639-660. http://dx.doi.org/10.1016/j.jsp.2008.06.005.

Leff, S. S., Waasdorp, T. E., & Paskewich, B. S. (2016). The broader impact of friend to friend (F2F) effects on teacher-student relationships, prosocial behaviors, and relationally and physically aggressive behaviors. *Behavior Modification, 40*(4), 589-610.

Leff, S. S., Waasdorp, T. E., Waanders, C., & Paskewich, B. S. (2014). Better understanding and intervening to prevent relational aggression. In *Handbook of School Mental Health* (pp. 171-182). Springer, Boston, MA.

Lester, L., Waters, S., Pearce, N., Spears, B., & Falconer, S. (2018). Pre-service teachers: Knowledge, attitudes and their perceived skills in addressing student bullying. *Australian Journal of Teacher Education (Online), 43*(8), 30.

Mathieson, L. C., Murray-Close, D., Crick, N. R., Woods, K. E., Zimmer-Gembeck, M., Geiger, T. C., & Morales, J. R. (2011). Hostile intent attributions and relational aggression: The moderating roles of emotional sensitivity, gender, and victimization. *Journal of Abnormal Child Psychology, 39*(7), 977-987.

Mihalas, S. T., Witherspoon, R. G., Harper, M. E., & Sovran, B. A. (2012). The moderating effect of teacher support on depression and relational victimization in minority middle school students. *International Journal of Whole Schooling, 8*(1), 40-62.

Moffitt, T. E. (1993). Adolescence-limited and life-course-persistent antisocial behavior: A developmental taxonomy. *Psychological Review, 100*, 674-701.

Murray-Close, D., Nelson, D. A., Ostrov, J. M., Casas, J. F., & Crick, N. R. (2016). Relational aggression: A developmental psychopathology perspective. In D. Cicchetti & D. J. Cohen (eds.). *Developmental Psychopathology: Risk, Resilience and Intervention* (3rd ed., pp. 660-722). John Wiley & Sons.

Nelson, H. J., Burns, S. K., Kendall, G. E., & Schonert-Reichl, K. A. (2018). The factors that influence and protect against power imbalance in covert bullying among preadolescent children at school: A thematic analysis. *The Journal of School Nursing, 34*(4), 281-291.

Ojanen, T., Findley, D., & Fuller, S. (2012). Physical and relational aggression in early adolescence: Associations with narcissism, temperament, and social goals. *Aggressive Behavior, 38*, 99-107.

Olweus, D., Limber, S. P., & Breivik, K. (2019). Addressing specific forms of bullying: A large-scale evaluation of the olweus bullying prevention program. *International Journal of Bullying Prevention, 1*(1), 70-84.

Pečjak, S., & Pirc, T. (2015). Predictors and forms of intervention in peer bullying: Pre-service teachers vs. teachers. *New Educational Review, 39*(1), 264-276.

Preddy, T. M., & Fite, P. J. (2012). Differential associations between relational and overt aggression and children's psychosocial adjustment. *Journal of Psychopathology and Behavioral Assessment, 34*, 182-190.

Prinstein, M. J., Boergers, J., & Vernberg, E. M. (2001). Overt and relational aggression in adolescents: Social-psychological adjustment of aggressors and victims. *Journal of Clinical Child Psychology, 30*, 479-491. doi:10.1207/S15374424JCCP3004_05

Pronk, R. E., & Zimmer-Gembeck, M. J. (2010). It's "mean," but what does it mean to adolescents? Relational aggression described by victims, aggressors, and their peers. *Journal of Adolescent Research, 25*, 175-204. doi:10.1177/0743558409350504

Risser, S. D. (2013). Relational aggression and academic performance in elementary school. *Psychology in the Schools, 50*, 13-26.

Sijtsema, J. J., Rambaran, A. J., & Ojanen, T. J. (2013). Overt and relational victimization and adolescent friendships: Selection, de-selection, and social influence. *Social Influence, 8*(2-3), 177-195.

Splett, J. D., Maras, M. A., & Brooks, C. M. (2015). GIRLSS: A randomized, pilot study of a multisystemic, school-based intervention to reduce relational aggression. *Journal of Child and Family Studies, 24*(8), 2250-2261.

Theodore-Oklota, C., Orsillo, S. M., Lee, J. K., & Vernig, P. M. (2014). A pilot of an acceptance-based risk reduction program for relational aggression for adolescents. *Journal of Contextual Behavioral Science, 3*(2), 109-116.

Thomas, H. J., Chan, G. C., Scott, J. G., Connor, J. P., Kelly, A. B., & Williams, J. (2016). Association of different forms of bullying victimisation with adolescents' psychological distress and reduced emotional wellbeing. *Australian & New Zealand Journal of Psychiatry, 50*(4), 371-379.

Torres, C. E., D'Alessio, S. J., & Stolzenberg, L. (2019). The effect of social, verbal, physical, and cyberbullying victimization on academic performance. *Victims & Offenders, 15*(2), 1-21. doi:10.1080/15564886.2019.1681571

van der Ploeg, R., Steglich, C., & Veenstra, R. (2020). The way bullying works: How new ties facilitate the mutual reinforcement of status and bullying in elementary schools. *Social Networks, 60*, 71-82.

Voulgaridou, I., & Kokkinos, C. M. (2019). Measuring relational aggression in children and adolescents: A systematic review of the available instruments. *Aggression and Violent Behavior, 46*, 82-97.

Weyns, T., Verschueren, K., Leflot, G., Onghena, P., Wouters, S., & Colpin, H. (2017). The role of teacher behavior in children's relational aggression development: A five-wave longitudinal study. *Journal of School Psychology, 64*, 17-27.

Wright, M. F., & Wachs, S. (2019). Does social support moderate the relationship between racial discrimination and aggression among Latinx adolescents? A longitudinal study. *Journal of Adolescence, 73*, 85-94.

第4章 認識教師霸凌

校園中常見的霸凌行為,雖然大多發生在學生同儕之間,但,教師對學生的霸凌行為,則是早已存在校園,但容易被忽略的現象。教師霸凌行為之所以容易被忽略,可能普遍認為那是教師管教的範疇,頂多用管教過嚴或管教過當來稱之,或在「嚴師出高徒」的信念之下,使得教師霸凌的現象易受忽略。本章重點在探討教師霸凌的概念、影響與成因,包括教師霸凌的定義、教師霸凌的盛行率、易被教師霸凌的對象、被教師霸凌後的學生反應、學生被教師霸凌的負向影響、教師對暴力管教的看法等。

一、教師霸凌的定義

本章所指的教師霸凌,指的是教師霸凌學生的不當行為,教師是加害者,學生則是受害者。與教師霸凌有關的詞彙相當多,在文獻上曾被提及的相關詞彙包括:心理虐待(psychological abuse)、言語虐待(verbal abuse)、情緒虐待(emotional abuse or emotional maltreatment)、體罰(corporal punishment)、肢體虐待(physical maltreatment)、教師攻擊(teacher aggression)、老師不當行為(teacher misbehavior)等。以下先針對這些類似詞彙進行說明與分析:

- Hyman與Perone(1998)認為心理虐待包含了一系列的言語攻擊行為,如諷刺、嘲笑、謾罵、貶損、可能會激怒或疏離學生的言語等;或是讓學生面對歧視及偏見、情緒忽略、讓學生處在不安的環境中等。心理虐待包括了言語虐待及非言語虐待,都可能會造成學生心理受創或不適。

- Hyman與Snook(1999)將情緒虐待(emotional abuse)定義為「造成兒童心理傷害的任何規訓或意圖式的行為」。這個定義相當廣義,因為不論行為意圖為何、不論是不是為了規訓學生,只要是

造成學生心理傷害的行為，就可視為情緒虐待。

- Nearchou（2017）認為情緒虐待（emotional maltreatment）是「會對學生的功能運作或調適，造成認知、情緒、社會、身體上不良後果之言語及非言語行為。」該定義重視的是對學生的身心或社會關係造成不良後果的行為，而且，不論是言語虐待或非言語虐待都算。言語虐待行為可能包括使用諷刺、嘲笑或詆毀言論、大吼大叫、謾罵、侮辱、嘲笑學生的外表或殘疾、對孩子的家庭做出負面評價等；非言語虐待可能包括忽視學生、指派不當的家庭作業等行為。

- Brendgen等人（2007）認為言語虐待是心理虐待的部分概念，例如：嘲笑、戲弄、辱罵、吼罵、負向比較、威脅等行為。

- Lee（2015）指出教師的肢體虐待（physical maltreatment）是指「涉及肢體力量且傷害學生的任何教師行為，不論肢體力量的大小，也不論教師是否意圖造成學生身體傷害。」在該定義之下，教師因為學生課業表現不佳打學生屁股或捏學生臉頰，意圖警惕學生，也算是肢體虐待，不論所涉及的肢體力量是小至捏臉頰或大至打屁股，不論教師意圖是否為了警惕學生或傷害學生，事實上都會造成學生不同程度的身體傷害，因此，都算是肢體虐待行為。

- Hyman與Perone（1998）把體罰界定為有意施加痛苦或監禁來作為懲罰，其他相關作為包括維持固定姿勢、超量練習、暴露在痛苦環境中。舉例來說，半蹲20分鐘就是維持固定姿勢，蛙跳200下就是超量練習，在烈日下罰站半小時就是暴露在痛苦環境中。就此而言，體罰就是施加身體痛苦的管教行為，不論是否以訓練學生耐力或體能為藉口，都改變不了讓學生的生理承受痛楚的事實。

- Montuoro與Lewis（2018）認為教師攻擊是指意圖傷害學生的任何攻擊行為，包括對學生的言語或非言語攻擊。

- Van Morrow（1991）認為教師不當行為就是對學生造成重大影響或負向經驗的教師行為，例如：負向批評、讓學生尷尬、羞辱等。

前述詞彙所敘述的行為意義都極為相似，「心理虐待」或「情緒虐待」所指涉的都是造成學生心理受創或社會貶損的言語及非言語虐待行為。此外，教師也有可能透過肢體虐待行為而使學生的生理受創。本研究

選擇用「教師霸凌」一詞，來統攝教師的情緒虐待及肢體虐待行為。

　　再由其他學者對教師霸凌的界定來看，Twemlow等人（2006）認為教師霸凌是教師利用自身權力進行處罰、利用、操弄、貶低學生，且超出正當管教範疇。由於教師本身就擁有管教及輔導學生的權力，基於自身權責來管教學生並不算教師霸凌。但，若是以處罰學生為藉口，濫用自身權力來進行不當管教，超出了正當管教的範疇，這就算是教師霸凌。Datta等人（2017）將教師霸凌定義為：在學校的教師或其他成人，透過重複地不當處罰或不當批評來霸凌學生，超越正常管教範疇。Datta等人的定義，亦強調於教師的不當處罰已超脫正常管教範疇，另外，該定義亦提及了重複性的概念，代表教師的不當處罰或管教乃是重複施予特定學生上。Pottinger與Stair（2009）提及教師霸凌涉及故意的濫用權力，長期的並以公開的方式施予霸凌行為。他們對教師霸凌的看法涉及了蓄意、濫用權力、長期、公開等特徵。綜合前述學者的看法，本文試圖將教師霸凌定義為「**對學生的認知、情緒、社會關係或身體上造成不良後果之重複式情緒虐待及肢體虐待行為。**」教師霸凌行為具有下列特徵：

1. **重複**：教師霸凌行為乃是公開且重複發生，持續了一段時間。以筆者曾進行的焦點座談為例，教師們建議以每月2次以上作為重複的標準。

2. **虐待行為**：以情緒虐待及肢體虐待行為來進行管教。

    • 情緒虐待：包括言語及非言語虐待，言語虐待行為諸如言語侮辱及吼罵學生，使用粗俗的語言羞辱學生並給予負面標籤，或詛咒、恐嚇、諷刺、嘲笑、謾罵、詆毀、貶損、負向比較學生。非言語虐待例如：讓學生面對歧視及偏見、情緒忽略、讓學生處在不安的環境中、趕出教室、指派不當的家庭作業、以家庭作業為懲罰、以連坐法處罰全班來造成該生心理壓力、對同學欺凌該生視而不見、丟學生的作業或考卷、整天或數天禁止下課等。

    • 肢體虐待：以捏、打、推、踢、撞、拍等方式來傷害學生，強抓住學生（grabbing）、大力搖晃學生（shaking）、禁止上廁所、限制午餐數量或時間，或是讓學生維持固定姿勢、超量練習、暴露在痛苦環境中等體罰行為，都屬於肢體虐待行為。

3. **傷害結果**：教師霸凌行為會對學生的認知、學業、情緒、社會關係或身體上造成不良後果。

綜言之，教師霸凌涉及情緒虐待、心理虐待、言語虐待、肢體虐待、體罰等行為。關於教師霸凌與教師攻擊的差異，在於教師霸凌屬於教師攻擊行為之一，因為都是會造成學生傷害的情緒或肢體攻擊行為。不同的是，教師霸凌行為會重複發生，而教師攻擊行為可能僅單次發生（如盛怒之下打了學生的肚子一拳）。第二個差異，以臺灣來看，教師霸凌行為會比教師攻擊行為來得嚴重，例如：同樣是言語羞辱，教師罵學生：「你真笨，教這麼多次都不會，要不要去看醫生啊？」這樣的羞辱可能會被視為教師情緒／言語攻擊；若教師罵學生：「你真笨，教這麼多次都不會，你是不是全家都智障？全家都該去看醫生了！」這樣的羞辱可能會被視為教師情緒／言語霸凌。第三個差異，教師攻擊可能包含性攻擊行為，但本文並未將性霸凌納入教師霸凌的範疇中，因為在臺灣的情境中，性霸凌需要性平會來特別處理，和校園霸凌、教師霸凌行為的處置並不相同，因此未將性霸凌納入教師霸凌的行為之一。另外，教師霸凌行為亦屬於廣義的教師不當行為之一，因為都會對學生造成重大影響或負向經驗，不同的是，教師不當行為可能是針對全班學生，如班級整潔比賽不佳而羞辱全班，或是丟全班的作業及考卷，學生們的不及格考卷被踩在腳下等；而教師霸凌多針對特定學生，例如：成績及品行不佳的學生、上課會干擾教學的學生等。簡言之，教師霸凌屬於廣義的教師攻擊或教師不當行為，但不同的是，教師霸凌會重複發生、行為較嚴重、會針對特定學生。

關於教師霸凌與體罰的差異，在《教師法施行細則》第8條中已有對體罰的定義：「本法所稱體罰，指教師於教育過程中，基於處罰之目的，親自、責令學生自己或責令第三者對學生身體施加強制力，或責令學生採取特定身體動作，使學生身體客觀上受到痛苦或身心受到侵害之行為。」該體罰的定義有幾項特徵：1.基於處罰之目的而為之；2.親自、責令學生自己或責令第三者而為之；3.包括對身體施加強制力或責令學生採取特定身體動作等行為；4.使學生身體客觀上受到痛苦或身心受到侵害。就此以觀，體罰和肢體攻擊似乎較為接近，因為都會對學生的身體造成傷害或不適。依前述的體罰定義及特徵來和教師霸凌進行比較，可以發現有幾點相同之處：1.體罰及教師霸凌，都會使學生的身心受創或不適；2.體罰是教

師親自、責令學生自己或責令第三者而為之，教師霸凌則多半是教師個人為之（如教師肢體虐待、教師言語虐待），但也有可能責令學生自己或責令第三者而為之（如教師禁止該學生下課、教師與學生一起排擠及攻擊受害者、教師命令全班孤立受害者）；3.體罰及教師霸凌都會採取肢體攻擊，或是對身體施加強制力或責令學生採取特定身體動作等行為。體罰及教師霸凌有幾點差異：1.體罰是基於處罰之目的而為之，教師霸凌則不見得有教育目的，有些會霸凌學生的教師是基於教育目的，有些則是基於個人目的（如討厭學生、想逼學生轉學），但個人目的乃是內隱於教師個人心中的想法，實難以透過教師之口而探究其真意，因為教師可能都會說：我是為了學生好；2.體罰屬於肢體攻擊，教師霸凌則包括肢體攻擊／虐待及情緒攻擊／虐待；3.體罰不見得會重複為之，體罰可能只會出現一次，但教師霸凌則是會重複發生。4.體罰大多是造成學生身體受創（如蛙跳致使橫紋肌溶解），心理受創則次之；教師霸凌所可能造成的侵害則相當多，包括心理、社會關係或生理傷害等，教師霸凌主要是造成學生情緒及社會關係受創居多，生理傷害次之。

ぬ 表4-1　體罰及教師霸凌的同異比較

	體罰	教師霸凌
相同點	• 教師親自、責令學生自己或責令第三者而為之。 • 都會採取肢體攻擊或是責令學生採取特定身體動作。 • 都會使學生的身心受創或不適。	
相異處	體罰基於處罰之目的而為之。	教師霸凌不見得有教育目的，或是以教育目的為藉口。
	體罰屬於肢體攻擊。	教師霸凌則包括肢體攻擊／虐待及情緒攻擊／虐待。
	體罰可能單次或重複為之。	教師霸凌行為會重複發生。
	體罰主要造成身體受創，心理受創次之。	教師霸凌會造成學生心理及社會關係受創，生理受創次之。

關於教師霸凌與校園霸凌的差異，以本文分析出的教師霸凌定義及特徵來與校園霸凌的三特徵進行比較，可發現相呼應之處，見表4-2。首

先，校園霸凌的霸凌者及霸凌教師，都是屬於權勢較高的一方，不同的是，教師乃是有管教權的成人，在地位、身材、權勢上原本就高於學生，師生間原本就存在著勢力失衡的情況，差別在於霸凌教師會濫用自身權力，以管教之名，行傷害學生之實，超出了正當管教的範疇。其次，校園霸凌及教師霸凌都會重複發生，校園霸凌的判斷標準是每個月發生2-3次以上；教師霸凌亦具有重複特徵，若僅發生一次，可能屬於教師攻擊行為或教師不當管教，若是針對特定學生進行重複式的情緒或肢體虐待行為，超過2次以上，則可能就是教師霸凌行為。第三，校園霸凌乃是蓄意的攻擊行為，教師霸凌亦屬於傷害學生的攻擊行為，不同的是，教師霸凌難以用意圖來判斷，因為被教師霸凌者，多屬於易和教師發生衝突的高風險學生，教師的意圖可能是為了糾正及管教學生，但卻採用了不當的虐待行為，並造成了學生身心或人際損害的結果。因此，教師霸凌難以用意圖來判斷，僅能用教師採用的情緒虐待、肢體虐待行為及其傷害結果來判斷。

表4-2　校園霸凌與教師霸凌的特徵要件對照表

	校園霸凌的特徵要件	教師霸凌的特徵要件
權力／勢力情況	勢力失衡	
頻率／次數	重複	重複
行為或意圖	具惡意的傷害行為	僅能以虐待行為傷害結果來判斷

教師霸凌的判定在實務上相當困難，主要有下列幾點：

1. **事件發生的脈絡難釐清**：由於被教師霸凌者，通常是高風險學生或是與教師起衝突的學生，師生可能都會有怪罪受害者傾向，認為受害學生要負起責任。

2. **師生言語表達程度有落差**：在釐清事件成因及脈絡時，教師能以自身優秀的表達能力來為自己辯護，但受害學生或旁觀學生的表達能力有限，可能會造成雙方的說法落差，致使難以拼湊出全貌。

3. **以管教為藉口的正當性**：教師以負起管教學生的責任，為了學生

好、為了糾正學生的不當行為，而進行的管教行為，容易獲得校方及家長的接受，而具有正當性。但，以管教之名而行傷害學生之實，即屬於濫用權力。惟，濫用權力卻在「以管教為名」、「為了學生好」的說法下被漠視。

4. **重複發生難證實**：教師霸凌事件的蒐證，可能僅取得單次事證，要讓學生或家長證明有重複發生，有實際上的難度。

對疑似教師霸凌事件的判斷建議

1. **學生的不當行為並不是教師霸凌的正當化藉口**：正如同校園霸凌，當我們向學生宣導：不能因為對方有身心障礙、外觀缺陷、自目行為等，而去欺負他／她。相同的，教師也不能因為學生不聽課、過動、干擾教學行為、與教師口角衝突等，而去欺壓或攻擊學生。糾正學生的不當行為並不能作為教師霸凌的正當化藉口。在合情合理的狀況下，糾正學生的不當行為，這是合理管教的範疇；在不合情、不合理的狀況下，試圖以暴制暴，或是以情緒虐待來讓學生改變，這並不是合理管教，這是教師霸凌行為。

2. **先將教師調離原班，蒐集雙方及第三方說法**：要釐清事件成因及脈絡時，除了蒐集教師端及受害學生端的說法之外，還要取得第三方：旁觀學生的說法。但，疑似霸凌教師若仍在該班授課，學生可能迫於成績壓力或害怕被教師報復，而不敢據實以告。因此，宜先將疑似霸凌教師調離原班，再蒐集雙方說法。至於第三方說法，有文獻曾建議蒐集四位以上學生的說法，避免因為討厭受害學生而形成不利的證詞。藉由雙方及第三方的說法，試圖釐清事件的成因脈絡，亦能釐清情緒虐待或肢體虐待行為的發生頻率及次數。

3. **不以教師意圖，而以行為及其傷害結果來判定**：不論教師是善意或惡意，若以管教之名，則教師的意圖均容易被誤歸為善意。因此，不能以教師意圖來判定，而宜以傷害行為及傷害結果來判定。若教師確實出現情緒虐待行為或肢體虐待行為，而且，該行為致使學生產生認知、情緒、社會或身體上的不良後果，即可能屬於教師霸凌。

4. 可佐以其他教師觀點及學生傷害結果來綜合判定：教師霸凌事件的最大爭議，在於該行為是否屬於合理管教。可依據《教師法》、《教師法施行細則》、《處理高級中等以下學校不適任教師應行注意事項》、「校園霸凌事件處理流程圖」等來進行判定。由於教師霸凌涉及情緒虐待及肢體虐待，符合《處理高級中等以下學校不適任教師應行注意事項》中的霸凌概念，亦符合《教師法》第14條中的「體罰或霸凌學生，造成其身心嚴重侵害。」因此，可透過「校園霸凌事件處理流程圖」，由學校組成調查小組進行查證。另外，在教育現場發生疑似教師霸凌事件時，有部分學校會選擇召開「校園事件處理會議」（簡稱校事會議）來進行調查及確認。經與教育部校安科承辦人員確認後，疑似教師霸凌案原則上是依《校園霸凌防制準則》，組成校園霸凌因應小組來進行調查及確認。不論是校事會議調查小組或是校園霸凌調查小組，都有其他教師代表在場，可由其他學者專家觀點、法規觀點、學生傷害結果來綜合判斷是否屬於合理管教或教師霸凌。教師的管教行為是否合理或過當，基本上教師同儕都具備能力判斷其行為是否逾矩，惟目前仍無法排除教師們會出於學校同事情誼而做出有利於霸凌教師的判斷考量。目前不論是校事會議成員或校園霸凌因應小組會議成員，校長及教師均占半數以上，但在事件確認後所需召開的教評會，其成員應依《教師法》第9條規定，校內教師不得超過半數，或可達成某種程度的勢力平衡。

二、教師霸凌的盛行率

　　教師霸凌的發生機率到底如何？這個答案會依不同國家、不同填答者、不同截點而異。先就教師自陳的研究來看，Twemlow等人（2006）針對美國小學老師的研究指出，有45%的教師坦承在他們教職生涯當中，至少曾經霸凌過一位學生。這個數據相當驚人，代表有近半數的教師坦承曾經霸凌過自己的學生。非洲的研究則更為驚人，Hecker等人（2018）針對坦尚尼亞的教師進行研究，結果發現有99%的老師表示過去一年中有

肢體和情緒暴力行為。可能因為體罰行為在非洲相當常見，使得調查數據結果偏高。再就中國及澳洲的比較研究來看，Riley等人（2012）針對75位中國河北的教師及192位澳洲老師進行研究，結果顯示有49%的中國教師及59%澳洲教師說有時候會使用暴力管教，另外，9%的中國教師及13%的澳洲教師則反應經常會採取暴力管教。代表約有一成左右的教師會經常使用暴力管教，而約有一半的教師會使用暴力管教。從上述的教師自陳研究來看，雖然不同國家地區的數據落差相當大，但看起來不論是較為先進的美澳國家，或是被稱為第三世界的非洲國家，都有教師攻擊學生或教師霸凌的情況存在，而且，華人教師可能約有一成左右經常使用暴力管教，此數據著實令人擔憂。

　　再就學生自陳的研究來談。首先，學生自陳曾被教師情緒虐待及肢體虐待，並不在少數。以位於地中海的塞浦勒斯來看，有學者針對1,339位4-6年級小學生進行研究，請學生在五點量尺中（never = 1, rarely = 2, usually = 3, often = 4, always = 5）進行勾選，只要在29個虐待行為中有任一題勾選第2點（rarely）以上，就算是被虐待。結果顯示，三分之一的小學生（33.1%）自陳被情緒虐待，有十分之一學生（9.6%）說曾被肢體虐待（Theoklitou et al., 2012）。就以色列的研究來看，4-6年級的小學生中，有29%的學生提及至少經歷過一種情感虐待（Benbenishty et al., 2002）。另一個以色列的全國調查研究顯示，1-6年級的小學生（N = 15,000），有高達20%到25%的學生被情緒虐待，他們曾經在學校被學校工作人員騷擾或貶低（Benbenishty et al., 2003）。在馬來西亞，有一個研究針對3,509名10-12歲的學齡兒童進行調查，以了解他們是否曾被家長或教師虐待，結果發現有25.8%的學童勾選了有時候會被教師肢體虐待（Ahmed et al., 2015）。在韓國，有研究針對1,777名7-9年級韓國學生進行調查，請學生在四點頻率量尺（0 = 從來沒有，1 = 一次，2 = 兩次，3 = 三次或以上）進行勾選，只要學生勾選1次以上的選項，即算是受到虐待。結果顯示，過去一年內，18.2%的學生曾遭受過教師情緒虐待，24.3%的學生曾遭受過教師肢體虐待（Lee, 2015）。在臺灣，研究顯示有26.9%的學生自陳在上學期間至少曾被教師虐待過1次，其中以肢體虐待最多（21.6%），揍、打、罵為最常見的肢體虐待方式（21.2%），其次是羞辱或取笑（8.3%）、咒罵（7.7%）、性評論或開黃色玩笑（4.8%）

等（Chen & Wei, 2011）。由前述的情緒虐待及肢體虐待的研究來分析，可以得知不論是歐盟成員國的塞浦勒斯，或是位處東亞的韓國，都有教師對學生的情緒虐待及肢體虐待行為。上述研究的截點多採曾經發生過1次就算霸凌，或是很少發生也算，以這樣的截點來看，學生自陳被教師情緒虐待及肢體虐待的盛行率約在二到三成之間。

如果設定了不同的截點，對於教師霸凌盛行率也有相對應的影響。Datta等人（2017）以美國56,508位7-8年級學生為研究對象，請學生填寫自陳量表，詢問在過去一年內是否曾被同儕霸凌或被教師霸凌，以每個禮拜被霸凌1次為研究截點，只要每個禮拜被霸凌1次以上，就算是被霸凌，並以此將學生分為四組：未曾被霸凌組、被教師霸凌組、被同儕霸凌組、同時被教師及同儕霸凌組。結果顯示，有87.2%的學生屬於未曾被霸凌組、1.9%的學生是被教師霸凌組、9.3%的學生是被同儕霸凌組、1.5%的學生是同時被教師及同儕霸凌組。Banzon-Librojo等人（2017）針對菲律賓一所公立學校內的401位高中學生進行研究，詢問在過去六個月內是否曾經歷某種型式的教師嚴苛管教，結果發現33%的學生曾有類似經歷，另外，有19%和11%的學生在過去六個月中至少每週1次曾遭受言語和關係欺凌。Olweus在1996年針對2,400名挪威學生進行研究，探討教師對學生的言語虐待情況，他所採用的截點較為嚴格，言語虐待必須每月至少發生2次，並且班級中至少有4名學生提及，才算是被教師言語虐待。結果顯示，當使用非常嚴格的截點：每班4位學生同意時，有1.67%的學生是被老師言語虐待的受害者。當只以一位學生同意為截點時，則受害學生的比例上升到5.2%（引自Brendgen et al., 2007）。上述三個研究，採用每週1次以上或是每個月2次以上為截點，結果顯示教師霸凌的比例大概在2%到19%之間。

綜言之，針對教師霸凌盛行率的調查，多是用自陳式的調查方式，包括教師自陳或學生自陳問卷調查。而調查期間的設定（如：過去半年或一年）、截點的設定（如：1次以上就算、每週1次以上、每個月2次以上）等，都會影響教師霸凌的盛行率。整體來看，若截點設定為1次以上就算，則被教師情緒虐待及肢體虐待的盛行率約在二到三成之間；若截點設定為每週1次以上或是每個月2次以上就算，則被教師霸凌的比例大概落在2%到19%之間。

三、易被教師霸凌的對象

　　容易遭受教師霸凌的學生，通常都是高風險的學生（at-risk students），以下針對易被教師霸凌的學生行為或特徵進行分析。首先，家庭社經背景與教師虐待有關，通常少數族群及低收入家庭學生被教師霸凌的風險較高（Hyman & Perone, 1998）。Lee（2015）的研究也顯示，家庭經濟狀況會有影響，低社經家庭的學生更可能受到教師虐待。可能因為低社經家庭較無法提供適合的品行教育及社會化歷程，而且也較無暇顧及學生的課業。家庭功能不彰使得出身低社經家庭的學生要面對更多的經濟、課業、行為、情緒上的挑戰，而容易引起教師關注，並試圖規訓其不合宜的言行。在屢勸不聽或管教無效的情況下，家庭又無法發揮合宜的陪伴或管教，教師可能會採用更為嚴厲的管教行為，甚至是教師霸凌行為來進行規訓及管教。

　　其次，師生間有不良的互動關係，在師生衝突下可能使得學生易成為教師霸凌之標的。Chen與Wei（2011）的研究發現，師生互動不佳者較易受教師虐待。Lee（2015）的研究亦發現，和老師關係差較容易被老師虐待，而且，師生關係不佳是教師虐待研究中最具預測性的因素。作者推測，可能因為師生衝突發生後，讓教師產生怒氣或厭惡情緒，不論是帶來怒氣或是厭惡感而進行管教，均可能讓教師容易產生失控的管教行為，而形成教師霸凌。

　　具有行為問題或是注意力問題的學生，也比較容易成為教師霸凌的對象。Brendgen等人（2006）針對加拿大399位學童進行研究，將學生區為為低風險學生及高風險學生兩組，高風險組的學生就是具有較高水平的反社會行為和注意力不集中的問題。研究結果發現，低風險組學生有3%受到老師的言語虐待，高風險組學生則有15.3%受到老師的言語虐待。研究結果指出高水平的反社會行為和注意力不集中問題的學生，顯著增加了學生被教師言語虐待之可能性。另外，Chen與Wei（2011）的研究發現教師與高風險學童相處時，高風險學生較易受到教師虐待。簡言之，若學生在上課時不專注，會有干擾上課、騷擾同學、破壞公物等反社會行為，且又結交壞朋友，這些高風險學生，較容易成為教師霸凌之標的。

　　最後，不同性別學生在面對教師霸凌的風險上，亦存在著顯著的差

異，許多研究都指出男學生比較容易被教師霸凌。Lee（2015）的文獻分析指出，男學生比女學生更容易受到教師體罰或情緒虐待，他的實證研究結果亦發現相同結果。Theoklitou等人（2012）對塞浦勒斯小學生的研究亦證實，男生較容易被各種教師虐待行為所攻擊。Brendgen等人（2006）對加拿大學童的研究結果，顯示女孩反覆遭受老師言語虐待的可能性明顯低於男孩。在臺灣，男學生更有可能成為教師情緒虐待、肢體虐待和性虐待的目標（Chen & Wei, 2011）。

　　就此而言，反社會行為和注意力問題較高的男生、出身低社經家庭、與壞朋友成群結黨，而且經常與教師產生衝突，這些高風險學生受到教師霸凌的可能性相對較高。作者認為，反社會行為和注意力問題較高的學生原本就比較容易與教師產生衝突。

由易受教師霸凌的對象可得的教育啟示

- 若要察覺哪些學生被教師霸凌，可由易與教師發生衝突的學生著手，因為師生衝突或師生關係不佳是預測教師虐待的最強因素。
- 在教育現場內，若是察覺到班級教師與學生有嚴重且持續的師生衝突時，其他教師、家長、行政人員宜適時介入調解，以免讓師生衝突持續惡化為教師霸凌行為。可由教務處、領航教師、班級經營績優教師或專家教師對教師提供協助，改善師生溝通能力及班級經營能力，以緩解師生之間的衝突狀況。
- 高風險學生就是容易被教師霸凌的學生，如何改善高風險學生的學習及行為狀況，可能是改善師生關係及降低教師霸凌的契機。但是，高風險學生的家庭功能可能不彰，主要仍寄託於學校教育來引導高風險學生向上、向善。當教師產生霸凌行為時，若寄望該教師來改善高風險學生的學習及行為狀況，可能陳義過高。初步可以由輔導室或其他專家教師提供協助，改善學生的身心及行為狀況，以避免霸凌教師與學生再次發生衝突。
- 一般認為發生嚴重師生衝突或教師霸凌事件時，最好將學生轉班、轉校。但是，作者曾知悉一位疑似霸凌教師，以高壓、欺凌方式來

對待班上的高風險學生，班上陸續有2-3位學生轉班、轉校。當問題學生都轉出後，教室又回復到教師可以全面掌控的局面，如未來又遇到相似學生，而並未改變該教師問題，則霸凌問題又將再度出現。因此，轉班、轉校乃是不得已的下下策，最重要的仍是要改善這些老師的班級經營能力及師生溝通技巧，以及改善高風險學生的言行、情緒及學業狀況，才是降低師生衝突的良方。

四、被教師霸凌後的學生反應

被教師霸凌後，學生可能會有以下的反應（Geiger, 2017; Krugman & Krugman, 1984; Shumba, 2002）：

（一）不知道自己被虐待或被霸凌

大多數學生被虐待時，不知道自己正被虐待。學生可能會接受老師的說法：嚴格管教是為了你好。對於教師霸凌行為，學生也可能會接受那只是嚴格管教的一部分，而不會有過多的反應。

（二）保持沉默

知悉自己是被虐待的學生，有可能不敢跟父母講。學生會認為跟父母說是沒用的，是幼稚的行為，甚至會害自己被轉學。另外，尊重教師權威以及清楚地知道不服從的後果，例如：霸凌老師有權把學生交給校長、讓他們被停學或被退學，這都會讓學生選擇保持沉默，不願意向父母或校長報告受虐待或被霸凌的事件。

（三）選擇忽略

對於教師的過度貶抑或羞辱，例如：「豬都比你聰明」、「怎麼教都教不會，你沒救了」、「狗還會聽話，你連狗都不如」等惡意言語虐待，學生可能會選擇忽略，不再理會老師對自己能力的評價。

（四）爆發衝突與對抗

為了對抗教師的壓制、嘲弄和公開侮辱，學生可能會忍受不住而爆發衝突，並與霸凌教師直接口頭違抗或嗆聲，這可能導致學生被記過或被通知家長。

在霸凌教師的管教下，學生屬於弱勢的一方。若教師濫用權力，對學生進行肢體攻擊或情緒虐待時，學生可選擇的反應不多，可能會接受、忽略、保持沉默或起而對抗。但，不論選擇的是消極的忽略與沉默，或是積極的對抗，受虐的學生仍然屬於不利的一方，因為選擇忽略與沉默的反應，學生必須承擔這些消極忍受所帶來的身心受創後果；選擇積極對抗或嗆聲，卻可能讓自己遭受更令人難堪的虐待、或被記過或被迫轉學。

作者建議，被教師霸凌的學生，可以選擇向家長、其他教師反應或向教育局處通報。然而，校內是否有完整的機制來處理學生通報的教師霸凌事件？教育局處是否也具有完整的機制來處理學生通報的教師霸凌事件？這都會影響學生陳報的意願。

五、學生被教師霸凌的負向影響

被教師霸凌，包括肢體虐待及情緒虐待，均會對學生的認知、心理與情緒、行為、人際、學業、師生互動、成年後各層面帶來負向影響（Banzon-Librojo et al., 2017; Brendgen et al., 2006; Brendgen et al., 2007; Datta et al., 2017; Dubanoski et al., 1983; Hein et al., 2015; Hyman & Perone, 1998; Krugman & Krugman, 1984; McEachern et al., 2008; Riley et al., 2012; Roache & Lewis, 2011; Shumba, 2002;Weyns et al., 2017），敘述如下：

　　1.在生理方面，被教師霸凌的學生會……

- 哭泣
- 頭痛
- 胃痛
- 做噩夢
- 睡眠障礙

2.在心理及情緒方面，被教師霸凌的學生會……

- **傷害自尊**：教師的威脅行為和對學生的言語虐待，會損害學生的自尊。

- **降低自我價值**：被教師情緒虐待，可能降低兒童的自我價值和信心。

- **負向自我認知**：被教師情緒虐待的學生，會產生負向的自我認知。

- **憂鬱傾向**：被教師情緒虐待的學生會有較多的憂鬱情況。

- **創傷後壓力癥候**：被教師嚴重不當管教者，有1%到2%的學生會嚴重到產生創傷後壓力癥候。

3.在行為方面，被教師霸凌的學生會有……

- **犯罪行為**：老師的言語虐待與體罰，與學生的犯罪行為顯著相關。

- **問題行為與反社會行為**：女生童年時期受教師的言語虐待與學生行為問題呈正相關。老師的言語虐待及體罰，與學生的反社會行為有正向相關。

- **會有攻擊行為**：被教師體罰的學生，可能會對老師暴力相向或破壞物品等。

- **關係攻擊行為**：長期研究顯示，若教師自陳在2年級就開始經常斥責學生，則班上學生在關係攻擊問題行為在未來3年內加速增長。

- **霸凌行為**：學生在教師的高控制行為下（例如：負面關注和恐嚇），會感到內在心理需求受挫，進而能預測學生的憤怒，再影響到學生的欺凌行為。

- **被同儕霸凌**：被教師嚴苛管教的學生，可以預測出較高的霸凌受害情形。

4.在人際方面，被教師霸凌的學生會……

- **人際不佳**：受到情緒虐待的兒童容易在兒童自由遊戲中被排擠，還會表現退縮行為，缺乏朋友與幽默感。

- **傷害人際關係的形成**：教師的情緒虐待，會對學生的人際信任、人際關係和表達情感等都產生不利的影響。

- **社交障礙**：被教師情緒虐待的學生，在班級以外的社交場合下表現較差。

5.在學業表現方面，被教師霸凌的學生會⋯⋯

- **學業不佳**：老師的言語虐待與青春期早期的學業困難有顯著相關。老師的言語虐待與自我認知的學業能力呈負相關。而且，若和未曾被霸凌的學生比較，同時被教師霸凌與被同儕霸凌的學生，在學業表現上較差。

- **輟學或不繼續升學**：受教師的言語虐待會降低女生完成高中學歷的可能性，增加高中職中輟率。

- **低學業參與度**：上學動機降低，課堂參與度不佳，成績降低，以及負面的師生互動。

- **擔心學校表現**：被教師情緒虐待的學生，會過度擔心學校表現。

- **拒學**：被教師情緒虐待的學生，會產生拒學的狀況。

- **容易分心**：較嚴重的教師攻擊行為會導致學生分心情況惡化。而且，管教方式若融合處罰、攻擊及敵意行為，將使學生的不當行為及分心狀況更加惡化。

- **曠課或裝病**：被教師體罰的學生，比較容易出現曠課、裝病、拖延。

6.在師生互動方面，被教師霸凌的學生會⋯⋯

- **叛逆與高對抗性**：變得叛逆和挑戰教師，或者對其他學生表現出衝動的攻擊行為，例如：打架。

- **厭惡學校及憎恨老師**：學生可能容易出現對學校焦慮和恐懼的反應，會對教師有恐懼和憎恨情感，不太尊重老師。

7.在成年之後，被教師霸凌的學生會有⋯⋯

- **情緒問題**：受教師的言語虐待的女孩，成年後的情緒問題也比男孩多。

- **暴力及家暴**：學童時期遭受攻擊，成年後較有可能成為罪犯，對性伴侶較為暴力，比較容易對自己的小孩採用暴力行為。

六、教師對暴力管教的看法

教師為何會採用暴力管教或教師霸凌行為，可能與教師對暴力管教、體罰與情緒虐待的看法有關（Dubanoski et al.,1983; Feinstein &

Mwahombela, 2010; Flannery et al., 2004; Krugman & Krugman, 1984; Mweru, 2010; Shumba, 2002; Suryaningrat et al., 2020; Twemlow et al., 2006），以下針對教師們的看法進行探討。

（一）暴力處罰是處理不適當行為的唯一方法

在非洲，教師認為暴力處罰是處理不適當行為的唯一方法，而且，去除暴力處罰等於是除去了所有的管教方式。也就是說，教師可能習慣了暴力管教或教師霸凌行為，並認為那是可用來處理學生問題的唯一管教行為，而缺乏對其他有效管教策略的認識。

（二）教師相信體罰或暴力管教是最有效的管教法

肯亞在2001年通過兒童法案，保護兒童不受各種暴力及虐待的侵犯，然而，教育現場的教師仍會採用暴力或虐待行為來進行管教。研究者針對肯亞42位小學教師進行座談，結果發現，老師知道禁止體罰的法律規定，但老師相信這是最有效的管教方式，而為了學生好，老師們還是會使用體罰。就此而言，在法律禁止體罰的前提下，教師明知不可為而為之，其背後的原因在於教師相信這是最有效的管教方式，在為了學生好的說法之下，管教目的遂成為不當管教或體罰的藉口。

（三）教師認為言語或情緒虐待是可接受的作法

針對203位中學教師及293位家長所進行的研究顯示，教師及家長都認為和肢體攻擊相比，言語攻擊是較可被接受的作法。申言之，若教師知道法律禁止體罰，將採較能被接受的言語攻擊方式。

（四）對於體罰的迷思

教師可能對體罰存在著部分的迷思，讓教師願意選擇體罰。

1. 誤認體罰可建立品格：有些老師認為藉由體罰可建立學生品格及認知發展。但事實上並非如此。反之，稱讚及溫暖，才能促進學生道德發展，而體罰會阻礙學生的品格及認知發展。
2. 誤認體罰可能教導尊重：若想教導學生尊重他人，那麼體罰是不

適合的管教法。因為，體罰是教學生應害怕老師，而不是尊重老師。

3. 誤認有些學生只懂得體罰：有些老師認為對某些學生來說，體罰是唯一有效的方法。尤其是對於貧窮、年幼、少數族裔的男生。然而，所有的學生都應該在良好的師生關係下學習，而不是在害怕的環境下進行無效的學習。事實上，有些老師只知道用體罰來進行管教。

4. 誤認少了體罰會增加問題行為的發生：有些老師認為沒了體罰，學生會變得狂野不受控及更具干擾性。而，研究顯示禁止體罰的學校並沒有出現這樣的狀況。因此，消除體罰不等於消除了所有的教師管教方法。

（五）為了彰顯權威及追求效率

Devine於1996年的著作中指出，有些教師會利用低俗的街頭文化方式來管教，例如：粗暴言語（tough language）、罵髒話、恐嚇威脅、粗暴行為、強硬姿態等來彰顯自身的權威。而且，這樣的行為卻可能被某些學童、教師、校長讚揚為一種有效率的教學作為。教師採用暴力管教或體罰可能是為了樹立自身權威形象，以利控制班級秩序；另外，可能是為了追求「效率」而採用粗暴或近乎虐待的管教法，這與上述的老師相信這是最有效的管教方式相呼應，因為能立即遏止學生問題行為。然而，有效率不見得有長期效益，因為學生問題行為可能在教師霸凌行為下被立即遏止，但學生問題行為並未有效處理，之後仍有再犯的可能性或更形嚴重。

（六）教師不清楚自己採用的是虐待或霸凌行為

大多數學生被虐待時，並不知道自己正被虐待，有些施虐者也不知道自己正在施虐。也就是說，部分教師可能不清楚自己的管教行為已構成霸凌或虐待行為。

由前述教師對暴力管教、體罰及虐待行為的看法歸結在教育上的啟示

- 若有些教師不清楚自己的管教行為已構成霸凌，則可藉由提升教師對管教策略的認識來著手，協助教師區分出教師霸凌行為與教師管教行為的差異，提升教師對自身管教行為的知覺。當教師意識到自己先前的管教行為可能是霸凌行為時，教師便會終止這類行為，以避免持續傷害學生。

- 若教師認為暴力處罰或虐待是處理學生不當行為的唯一方法，這代表著教師缺乏有效的班級經營能力，缺乏其他的管教學生策略。這部分可藉由教師增能訓練來著手，讓教師接受在職訓練，學習有效的班級經營策略及其他教師的班級經營策略。讓教師在面對學生不當行為時，有更多的管教策略可選用。

- 若教師相信暴力管教有效且有用，那麼，教師必須要重新思考：效率不見得等於效果。教師通常是以有效、效果導向來採用多元管教策略，會採用哪些他們覺得有效的策略（Papatheodorou, 2000）。在教師的管教策略中，體罰／怒吼／羞辱，有53%成功率；威脅則有27%成功率（Tulley & Chiu, 1995）。當這些教師霸凌行為取得部分效果時（雖然僅有半數的成功率），教師便誤以為有效而繼續採用這些不當策略；若是無效，可能會歸納為不夠凶所以無效，那麼下次便會採行更凶狠的手段來管教學生，如此惡性循環下便成為教師霸凌。教師應該要知道，事實上用體罰，或是用處罰來處理攻擊／違抗行為等較嚴重的學生行為是比較無效的；雖然嚴重處罰法被認為無效，但有時候仍會被用來處理學生行為問題（Little & Akin Little, 2008; Papatheodorou, 2000; Smart & Igo, 2010）。也就是說，體罰及情緒虐待式的管教法並無實證上的效果，但這些暴力管教行為或霸凌行為可能會取得部分成效，因此造成教師誤信而繼續採用。但是，暫時有效的「效率」，並不能取得問題行為改善的「效果」。教師宜清楚的認識到：體罰、嚴重處罰、羞辱等都被認為是無效的管教策略，教師應選擇其他更有效的方式來取代之。

七、教師霸凌的成因

除了前述的教師個人看法之外，其他的文化、社區、家長、學校、教師個人等因素，亦可能促使教師霸凌的發生，以下逐一探討之（Atiles et al., 2017; Chen & Wei, 2011; Hecker et al., 2018; Kilimci, 2009; Riley & Brew, 2010; Riley et al., 2012; Shen et al., 2009; Twemlow et al., 2006）。

（一）文化因素

在儒家文化下，尊師重道乃是校園常規，教師的地位及權力在東方文化中相對較高。自孔夫子時代以來，中國社會接受了師生之間的準父母關係，將教師視為最高權威，教師會認為管教學生就是在代替父母進行教養，就像父母會懲罰頑皮的孩子一樣，因此，管教學生的方式較具有控制的意味。

（二）社區因素

和中、高社經地區的學校相比，低社經的社區或是暴力犯罪較多的社區，學生的不當行為也會相對較多。低社經地區的學校校長都指出，體罰在該區是唯一有效的方法，所以，有需要時會訴諸暴力。

（三）家長因素

低社經地區學校的校長認為學校採用暴力管教的理由，是因為家長也會使用體罰，而且，包括家長及學生都期望學校使用體罰。也就是說，家長本身的體罰行為及家長期待，會都影響學校及教師是否會採用體罰或暴力管教來教導學生。

（四）學校因素

1. **校長的接受與漠視**：在學校中，校長的看法具有相當主導性的影響力。Devine於1996年指出，在美國的學校校長對於教師霸凌學生的情況其實並非不知情，甚至被部分校長讚揚為一種有效率的教學作為，有些校長的作法則是避免將較弱勢的學生安置於該霸凌老師班上。也就是說，校長的接受及漠視，讓教師霸凌行為在

校園中繼續存在。

2. **班級人數過多**：學校班級人數過多，學生衝突也相對較多，對教師來說會形成教學及管教上的壓力，可能會為了追求效率及回應自身壓力，而選擇採用暴力管教或教師霸凌行為。

（五）教師個人因素

1. **教師壓力**：針對坦尚尼亞老師的研究顯示，知覺壓力能預測教師的情緒暴力管教、肢體暴力管教。也就是說，教師個人的壓力及倦怠，和暴力攻擊行為增加有關。

2. **個人特質**：觀察霸凌學生的教師，多數特質為失去熱忱、訓練不足、嫉妒聰明學生。

3. **教師被學生霸凌**：教師被學生霸凌與教師霸凌學生之間，有顯著的正向關聯。但是，只有相關無法做出因果關係的推論，因此無法斷定是被學生霸凌而促使教師霸凌，或是教師霸凌行為促使學生也會霸凌老師。

4. **就學時曾涉入霸凌**：是否曾經有涉入霸凌的經驗與是否曾霸凌學生，兩者之間具有顯著的正向關聯。代表教師過去在就學時的霸凌經驗，可能會促使教師霸凌學生行為。

5. **曾被父母體罰**：能預測教師使用體罰的最強因子，就是教師自己過去曾被父母體罰的經驗。當求學時被體罰，卻能順利成長並當上老師，會讓教師認為這套暴力管教或體罰方式是有效的，於是可能選擇繼續採用該方式，而形成暴力的再製。

6. **專業形象及面子問題**：在中國，若學生出現紀律問題，可能會威脅教師的專業身分，老師會失去面子。因此，教師可能為了維持專業形象及個人面子問題，而選擇採用暴力管教或教師霸凌行為，來掌控班級秩序。

7. **教師外在歸因與教師依附**：有研究討探了233位教師採用攻擊管教的理由，包括教師外在歸因、教師依附、覺得有效等。教師外在歸因指的是教師認為：學生要為教師的攻擊行為負起責任，因為學生是麻煩製造者；教師依附是指教師想和學生產生連結，與教師在青少年階段和其上位教師或照顧者的關係有關；不安全依附

的老師較可能採取不當行為，因為這些老師較可能將學生的不當行為解釋為「拒絕」，而這些老師也沒有足夠的情緒資源來處理關係上的困擾。結果顯示，有42%教師以教師外在歸因來解釋自己的攻擊管教、34%教師以覺得有效來解釋、33%教師以教師依附來解釋自己的攻擊管教行為。

教育啟示

　　從教師霸凌的成因來談教師霸凌的防制，會有部分的限制，因為像教師曾被父母體罰、就學時曾涉入霸凌、班級人數過多、學校位於低社經社區等因素，通常都無法改變。以下針對有調整改變可能性的地方，來進行教育啟示的討論。

1. **對儒家文化的再詮釋**：儒家文化下的教師具有較崇高的地位及權威，但，儒家也相當重視對晚輩的照顧，如《論語》〈禮運大同篇〉：「故人不獨親其親，不獨子其子，使老有所終，壯有所用，幼有所長。」教師宜自我提醒及相互勉勵，要不獨子其子，要讓孩子幼有所長，要能對下以慈，要以教育愛來進行合情合理的正向管教，不宜採體罰或情緒虐待等教師霸凌行為，來扼殺孩子學習成長。

2. **以正向管教來回應家長期待**：部分家長可能習慣體罰孩子，也授權及認同教師使用體罰。但，《教育基本法》已明文規定禁止體罰。因此，教師不宜以家長期待為藉口來進行違法的體罰或教師霸凌行為。家長所期待的是孩子能夠持續的向上、向善、向學，而教師霸凌對學生帶來的負向影響，卻與讓學生向上、向善、向學的目標背道而馳。教師宜清楚的認識到，採用正向管教才能真正促使學生向上、向善與向學。

3. **建立不打不虐小孩的校園文化**：校長的漠視與接受，會讓教師霸凌行為持續發生。校長是建構校園文化的關鍵角色，建立不打不虐學生的校園文化。在關愛與尊重的環境中成長的學生，才會學習到如何關愛及尊重他人。

4. **師培及實習階段需更加重視班級經營能力的培育**：多數師培課程，僅讓師培生修習必修兩學分的班級經營，部分師培大學甚至將班級經營列爲選修。這都代表師培生在師資培育階段所受的班級經營訓練不夠充分，使得初任教師進入教育現場後，對學生不當行爲、干擾教學行爲感到頭痛，教師壓力自然倍增。由於教師壓力能預測教師的暴力管教，如何降低教師在班級經營上的壓力便相當重要。師培階段或許可考量將班級經營列爲四學分（理論兩學分、實務兩學分），或是增加期中實習，讓師培生及早進入班級現場學習班級經營技巧。

5. **重視在職教師的班級經營研習**：霸凌教師的個人特質之一就是訓練不足，而且，缺乏正向管教能力的教師爲了維持專業形象及個人面子問題，可能就會選擇有效率卻沒效果的體罰及教師霸凌。因此，提升在職教師的班級經營能力，採工作坊的方式讓教師彼此研討、相互學習，讓教師在面對學生不當行爲時能有更多的班級經營技巧可選擇及運用，如此亦能有效降低教師的教學壓力。

6. **依循教師霸凌的處理及解聘程序**：部分教師的確不適合待在教育現場，基於保護學生的立場，學校在疑似事件發生後，宜依循教師霸凌的處理及解聘程序，讓不適任的霸凌教師離開校園，讓更多有教育熱忱的新進教師進入學校來引領學生。

校園霸凌改編個案

　　學生疑似被教師言語攻擊及排擠，已屬情緒虐待。家長不捨，打電話至市政府進行申訴。市政府通令校方進行調查，督學也進校了解狀況，校方委由教務主任進行了解，約談教師當事人，教師回應只是求好心切，都是爲了學生好而管的比較嚴格，並說之後會調整管教方式。校方亦請專輔教師進行疑似霸凌教師會談，惟疑似霸凌教師認爲自己教學及管教方法受到質疑，遂與專輔教師鬧翻。教務主任依先前談話內容，完成書面報告，回覆市府，市府再回覆家長。對教師並無

其他處置，教師管教及虐待行為亦無明顯改善。希望教師能參與教師專業成長研習，惟該名教師參與的研習多是簽完名即離開，或是在研習時玩手機及改作業，參與研習效果不彰。

問題分析

- 市政府業務負責人員淪為公文書稿傳遞中心，負責要求學校提供報告，並轉知家長。
- 教務主任平時業務繁忙，面對此一突發事件，便緊急向教師當事人詢問及會談，並提醒教師當事人要注意管教方式。惟，僅詢問教師一方的說法，並接受了教師嚴教嚴管是為學生好的說法。自始至終都未有機會入班，因此無法了解教師的教學及管教方式出了什麼問題。
- 校方雖請教務主任協談，也請專輔教師進行會談。惟教務主任多著重在了解事情成因脈絡，以儘速完成調查報告，對教師教學及管教不當之處，並無提供額外協助，僅能善意提醒教師多加注意。專輔教師亦無立場，對疑似霸凌教師提出教學及管教策略建議。
- 礙於同事情誼，校方並無法進行教室觀察或錄影，無法了解教室內的管教及教學出了什麼問題。
- 疑似霸凌教師與受害學生仍在同一班，教師當事人已如驚弓之鳥，改採更隱匿方式進行欺凌，或以報復心態對受害學生進行更嚴格欺凌，學生受害情況並無明顯改善，僅能轉學以求自保。

案例分析

- 是否有惡意傷害行為：是。例如：被教師言語攻擊及排擠。
- 是否重複：是。例如：陸續被教師言語攻擊及排擠等不同行為所欺凌。
- 是否為教師霸凌：是。

　　該改編案例屬於學校處置不佳的案例，但也突顯了教師霸凌案例的難以處置之處。校方期待的是有公權力能介入，使違犯教師必須要做出改變；而市府期待的是校方必須積極介入，協助違犯教師進行改

變。由於目前有「校園事件處理會議」（簡稱校事會議）可處理教師體罰案例，有《校園霸凌防制準則》可處理教師霸凌案例。現行的最佳做法，就是依循法規來進行判定及執行後續的輔導改善措施。若校內教師礙於同事情誼，不便或無法進行教學／管教上的協助及指導，或可求助教師專業審查會（專審會），請校外專家來協助教師改善教學／管教不力的狀況。

 參考文獻

Ahmed, A., Wan-Yuen, C., Marret, M. J., Guat-Sim, C., Othman, S., & Chinna, K. (2015). Child maltreatment experience among primary school children: A large scale survey in Selangor State, Malaysia. *PLoS One*, *10*(3), e0119449. https://journals.plos.org/plosone/article?id=10.1371/journal.pone.0119449

Atiles, J. T., Gresham, T. M., & Washburn, I. (2017). Values and beliefs regarding discipline practices: How school culture impacts teacher responses to student misbehavior. *Educational Research Quarterly, 40*(3), 3-24.

Banzon-Librojo, L. A., Garabiles, M. R., & Alampay, P. L. (2017). Relations between harsh discipline from teachers, perceived teacher support, and bullying victimization among high school students. *Journal of Adolescence, 57*, 18-22.

Benbenishty, R., Astor, R. A., & Zeira, A. (2003). School violence in Israel: Findings of a national survey. *Social Work, 48*(4), 471-483. http://dx.doi. org/10.1093/sw/48.4.471

Benbenishty, R., Zeira, A., Astor, R. A., & Khoury-Kassabri, M. (2002). Maltreatment of primary school students by educational staff in Israel. *Child Abuse & Neglect, 26*(12), 1291-1309.

Brendgen, M., Wanner, B., & Vitaro, F. (2006). Verbal abuse by the teacher and child adjustment from kindergarten through grade 6. *Pediatrics, 117*(5), 1585-1598.

Brendgen, M., Wanner, B., Vitaro, F., Bukowski, W. M., & Tremblay, R. E. (2007). Verbal abuse by the teacher during childhood and academic, behavioral, and emotional adjustment in young adulthood. *Journal of Educational Psychology*, *99*(1), 26-38. https://doi.org/10.1037/0022-0663.99.1.26

Chen, J. K., & Wei, H. S. (2011). Student victimization by teachers in Taiwan: Prevalence and associations. *Child Abuse & Neglect*, *35*(5), 382-390.

Datta, P., Cornell, D., & Huang, F. (2017). The toxicity of bullying by teachers and other school staff. *School Psychology Review*, *46*(4), 335-348.

Dubanoski, R. A., Inaba, M., & Gerkewicz, K. (1983). Corporal punishment in schools: Myths, problems and alternatives. *Child Abuse & Neglect*, *7*(3), 271-278.

Feinstein, S., & Mwahombela, L. (2010). Corporal punishment in Tanzania's schools. *International Review of Education, 56*, 399-410. http://dx.doi.org/10.1007/s11159-010-9169-5.

Flannery, D. J., Wester, K. L., & Singer, M. I. (2004). Impact of exposure to violence in school on child and adolescent mental health and behavior. *Journal of Community Psychology, 32*(5), 559-573. http://dx.doi.org/10.1002/jcop.20019.

Geiger, B. (2017). Sixth graders in Israel recount their experience of verbal abuse by teachers in the classroom. *Child Abuse & Neglect*, *63*, 95-105. doi:10.1016/j.chiabu.2016.11.019

Hecker, T., Goessmann, K., Nkuba, M., & Hermenau, K. (2018). Teachers' stress intensifies violent disciplining in Tanzanian secondary schools. *Child Abuse & Neglect, 76*, 173-183.

Hein, V., Koka, A., & Hagger, M. S. (2015). Relationships between perceived teachers' controlling behaviour, psychological need thwarting, anger and bullying behaviour in high-school students. *Journal of Adolescence, 42*, 103-114.

Hyman, I. A., & Perone, D. C. (1998). The other side of school violence: Educator policies and practices that may contribute to student misbehavior.

Journal of School Psychology, *36*(1), 7-27.

Hyman, I. A., & Snook, P. A. (1999). *Dangerous schools: What we can do about the physical and emotional abuse of our children.* San Francisco: Jossey-Bass.

Kilimci, S. (2009). Teachers' perceptions on corporal punishment as a method of discipline in elementary schools. *Journal of International Social Research*, *2*(8), 242-251.

Krugman, R. D., & Krugman, M. K. (1984). Emotional abuse in the classroom. *American Journal of Diseases of Children*, *138*(3), 284-286.

Lee, J. H. (2015). Prevalence and predictors of self-reported student maltreatment by teachers in South Korea. *Child Abuse & Neglect*, *46*, 113-120.

Little, S. G., & Akin Little, A. (2008). Psychology's contributions to classroom management. *Psychology in the Schools*, *45*(3), 227-234.

McEachern, A. G., Aluede, O., & Kenny, M. C. (2008). Emotional abuse in the classroom: Implications and interventions for counselors. *Journal of Counseling & Development*, *86*(1), 3-10.

Montuoro, P., & Lewis, R. (2018). Personal responsibility and behavioral disengagement in innocent bystanders during classroom management events: The moderating effect of teacher aggressive tendencies. *The Journal of Educational Research*, *111*(4), 439-445.

Mweru, M. (2010). Why are Kenyan teachers still using corporal punishment eight years after a ban on corporal punishment? *Child Abuse Review, 19*(4), 248-258.

Nearchou, F. (2017). Resilience following emotional abuse by teachers: Insights from a cross-sectional study with Greek students. *Child Abuse & Neglect, 78*, 96-106. doi:10.1016/j.chiabu.2017.10.012

Papatheodorou, T. (2000). Management approaches employed by teachers to deal with children's behaviour problems in nursery classes. *School Psychology International*, *21*(4), 415-440.

Pottinger, A. M., & Stair, A. G. (2009). Bullying of students by teachers and peers and its effect on the psychological well-being of students in Jamaican schools. *Journal of School Violence, 8*(4), 312-327.

Riley, P., & Brew, C. (2010). Why did you do that? Teachers explain the use of legal aggression in the classroom. *Teaching and Teacher Education, 26*(4), 957-964.

Riley, P., Lewis, R., & Wang, B. (2012). Investigating teachers' explanations for aggressive classroom discipline strategies in China and Australia. *Educational Psychology, 32*(3), 389-403.

Roache, J. E., & Lewis, R. (2011). The carrot, the stick, or the relationship: What are the effective disciplinary strategies? *European Journal of Teacher Education, 34*(2), 233-248.

Shen, J., Zhang, N., Zhang, C., Caldarella, P., Richardson, M. J., & Shatzer, R. H. (2009). Chinese elementary school teachers' perceptions of students' classroom behaviour problems. *Educational Psychology, 29*(2), 187-201.

Shumba, A. (2002). The nature, extent and effects of emotional abuse on primary school pupils by teachers in Zimbabwe. *Child Abuse & Neglect, 26*(8), 783-791.

Smart, J. B., & Igo, L. B. (2010). A grounded theory of behavior management strategy selection, implementation, and perceived effectiveness reported by first-year elementary teachers. *The Elementary School Journal, 110*(4), 567-584.

Suryaningrat, R. D., Mangunsong, F. M., & Riantoputra, C. D. (2020). Teachers' aggressive behaviors: What is considered acceptable and why? *Heliyon, 6*(10), e05082. https://doi.org/10.1016/j.heliyon.2020.e05082

Theoklitou, D., Kabitsis, N., & Kabitsi, A. (2012). Physical and emotional abuse of primary school children by teachers. *Child Abuse & Neglect, 36*(1), 64-70.

Tulley, M., & Chiu, L. H. (1995). Student teachers and classroom discipline. *The Journal of Educational Research, 88*(3), 164-171.

Twemlow, S. W., Fonagy, P., Sacco, F. C., & Brethour Jr, J. R. (2006). Teachers who bully students: A hidden trauma. *International Journal of Social Psychiatry, 52*(3), 187-198.

Van Morrow, L. (1991). Teachers' descriptions of experiences with their own teachers that made a significant impact on their lives. *Education, 112*, 96-103.

Weyns, T., Verschueren, K., Leflot, G., Onghena, P., Wouters, S., & Colpin, H. (2017). The role of teacher behavior in children's relational aggression development: A five-wave longitudinal study. *Journal of School Psychology, 64*, 17-27.

第二部分

實證研究篇

第5章 教師霸凌的盛行率

一、前言

　　教師霸凌行為（師對生）會對學生身心造成嚴重的不良影響。至於教師霸凌行為究竟多常見？盛行率為何？有多少比例的老師會採用這樣的虐待行為？最常用的教師霸凌行為是什麼？這些數據，將會影響到有多少比率的學生正身處於被教師霸凌的險境中。上一章已針對國際上教師霸凌盛行率進行文獻分析，若以教師自陳的數據來看，約有一成的教師自陳會經常使用暴力管教；若是以學生自陳的數據來看，學生自陳被教師情緒虐待及肢體虐待的盛行率約在二到三成之間。然而，臺灣中小學的自陳教師霸凌盛行率，及不同背景變項間的教師霸凌行為是否有差異，以及教師過去在求學階段的受凌經驗及被處罰經驗是否能顯著預測教師霸凌行為，目前仍不清楚，仍待進一步探討。簡言之，前章在分析教師霸凌的相關文獻，以期能對教師霸凌相關概念能有深入認識；本章則是蒐集實證資料進行分析，以了解臺灣的教師霸凌盛行率及其影響因素。

　　教師霸凌行為的發生，可能與教師對該管教行為的辨識程度有關。若教師認為這些霸凌行為只是較嚴屬的管教，那麼，教師將可能繼續使用這些霸凌行為而不自知。因此，了解教師對霸凌行為的辨識情況，實有必要性。另外，教師霸凌行為的採用，可能與教師認知這些行為的有效性有關；換言之，就是覺得這些行為有效而選擇繼續使用它，若教師認為這些霸凌行為有效，則可能會持續延用。因此，了解教師對使用這些霸凌行為來管教的有效性知覺，亦相當重要。就此而言，教師霸凌行為可能會受到教師霸凌行為辨識情況及教師用霸凌來管教的有效性知覺的影響。因此，本研究目的旨在透過實證資料的分析，探討下列議題：

　　1. 了解臺灣中小學的自陳教師霸凌盛行率及最常見的教師霸凌行為。

2. 了解不同背景變項間（性別、職稱、教育階段）的教師霸凌行為差異情況。

3. 了解教師在求學階段的同儕受凌經驗及被處罰經驗，對教師霸凌行為得分的預測情況。

4. 了解教師霸凌行為辨識情況及教師用霸凌來管教的有效性知覺，對教師霸凌行為的預測狀況。

二、研究方法

（一）研究參與者

研究資料乃是「教師自陳霸凌行為之研究」的一部分。研究場域為臺灣北、中、南10個縣市30所學校，包含國小、國中及高中職教師共604位。其中包括163位男教師（27%）及390位女教師（64.6%），其餘51位（8.4%）未填性別。研究參與者年齡介於23-58歲之間，平均年齡為40.22歲（$SD = 7.04$）。教學年資介於1-36年之間，教師的平均教學年資14.49年（$SD = 7.33$），包括324位導師（53.6%）、123位科任老師（20.4%）、59位組長（9.8%）、25位主任（4.1%）、5位輔導老師（0.8%）及66位未填（11.3%）。國小教師共192位（31.8%）、國中教師共186位（30.8%）、高中職教師為134位（22.2%）及92位未填（15.2%）。另外，本研究尚蒐集了教師求學時期的受凌經驗，包括學生時期曾被同學欺凌、學生時期曾被老師惡意言語攻擊、學生時期曾被老師體罰、學生時期被家長體罰等，選項包括從來沒有、1-2次、每月2-3次、每週1次、每週數次等。

（二）研究工具

1. 教師霸凌行為自陳量表

依前章對於教師霸凌的定義，本研究認為教師霸凌是「對學生的認知、情緒、社會關係或身體上造成不良後果之重複式情緒虐待及肢體虐待行為。」在此定義之下，涉及兩類教師虐待行為：肢體虐待及情緒虐待。因此，針對此兩類行為找尋合適的工具進行測量。

　　肢體虐待是採用嚴厲管教量表（Harsh teacher discipline scale; Banzon-Librojo et al., 2017），該量表包括11題教師攻擊行為，其中包括9題肢體攻擊及2題言語攻擊。採兩點式量尺，請學生評估在過去六個月是否被教師攻擊。會選擇此量表，是因為該量表敘述的肢體攻擊行為與教師肢體霸凌行為範疇相一致。本研究僅採用該量表所敘述的肢體類題目，排除言語類題型，因為言語虐待已包含於下述的情緒虐待題目之中，並改由教師進行自陳填答，採用四點量尺（從來沒有、1-2次、每個月2-3次、每週1次以上），請教師自我評估在過去六個月中採用這些管教行為的頻率。

　　情緒虐待是由教師情緒虐待量表（Emotional abuse by teachers, [EAS]; Nearchou, 2018）來進行測量，該量表包含了9題教師情緒虐待行為，原量表採用四點量尺（0代表從來沒有、1代表發生1次、2代表發生2-3次、3代表發生4次以上）並由學生進行自陳填答，該量表的內部一致性信度為.70，經結構分析模式分析結果，其CFI、GFI及AFGI分別為.91、.96及.94，RMSEA為.05。本研究採納該量表所敘述的情緒虐待行為，改由教師進行自陳填答，採用四點量尺（從來沒有、1-2次、每個月2-3次、每週1次以上），請教師自我評估在過去六個月中採用這些管教行為的頻率。

　　另外，本研究另納入9題教師正向管教行為，例如：「因為學生表現良好而給予獎勵」與「因為班上表現良好而鼓勵讚美學生」，並於施測時告知是為了了解教師自陳管教行為，以鼓勵教師誠實作答。然而，正向管教題並未列入分析。

　　本研究以Rasch技術來檢視修編量表的信效度證據，由於教師霸凌具有肢體虐待及情緒虐待等兩個類別，因此採用多向度Rasch分析，而且該量表乃是四點選項的量尺，因此採用部分給分模式（partial credit model, [PCM]）進行分析。分析結果顯示，18題的教師霸凌可適配於多向度Rasch PCM模式，infit MNSQ介於0.87到1.25之間，符合infit MNSQ宜介於0.70到1.30之間的標準，顯示模式與資料適配良好。試題分離信度為.95，該樣本能良好地將試題難度進行區隔。各試題的區辨值介於.28到.50之間，多數題均高於.3，僅有一題：要求學生跪在地上或不平坦的東西上，介於臨界值。18題的內部一致性信度為.70。肢體虐待分量表

的內部一致性信度為.70，修正的項目總相關（item-total correlation）介於.29到.60之間；情緒虐待分量表的內部一致性信度為.66，修正的項目總相關介於.31到.41之間。這些證據顯示，教師霸凌自陳量表具有還不錯的信效度證據。

2. 教師霸凌行為辨識量表

教師霸凌行為的辨識情況，主要在測量教師將霸凌或虐待行為誤認為合理管教行為的程度，若誤判程度愈高，代表教師將霸凌或虐待行為視同為合理管教行為。問卷的編製採用了Krugman與Krugman（1984）、Twemlow等人（2006）所敘述的霸凌或虐待行為，共編製了7題負向行為（指定大量回家作業、連坐法處罰、叫同學遠離及孤立特定學生、嘲弄諷刺特定學生、允許同學們騷擾和貶低特定學生、以粗暴舉止來回應學生不當行為發揮以其人之道還治其人之身的效果、雖然同學們違犯類似規定但只給予特定學生較嚴重的處罰）及5題合理管教行為（指定暫時特定位置、保管學生物品、調整學生座位、愛校勞動服務、反省悔過書）。為確認所納入的行為均屬於教師霸凌或虐待行為，邀請10位中小學老師對這些行為進行評估，結果發現有四項行為（叫同學遠離及孤立特定學生、嘲弄諷刺特定學生、允許同學們騷擾和貶低特定學生、採粗暴舉止以其人之道還治其人之身）被9位以上的老師認定是教師霸凌行為，其他三項行為（指定大量回家作業、連坐法處罰、給予特定學生較嚴重的處罰）則僅有4-5位老師認為是教師霸凌行為。因此，本研究僅選擇採用4題負向行為及5題合理管教行為。量表內容在詢問教師對不同管教行為的看法，為兩點式選項，請教師閱讀完行為敘述後，在「合理管教」、「不當管教」中擇一勾選。由於目標在測量將教師霸凌誤判為合理管教的程度，量表的計分方式僅納入負向行為4題，只要在負向行為題中勾選為合理管教即得1分，最高得分為4分，得分愈高代表愈會將教師霸凌或虐待行為誤認為合理管教行為。其餘三類，包括：將教師霸凌視為不當管教、將合理管教視為合理管教、將合理管教視為不當管教等，均非本研究關注之焦點，因此不納入計分及分析。

本研究以Rasch技術來檢視修編量表的信效度證據，由於該量表具有負向行為及合理管教等兩個類別，因此採用多向度Rasch分析；由於該量表乃是兩分選項的量尺，因此採用二分題模式進行分析。分析結果顯示

可適配於兩向度模式，infit MNSQ介於0.77到1.15之間，符合infit MNSQ宜介於0.70到1.30之間的標準，顯示模式與資料適配良好。試題分離信度為.97，該樣本能良好地將試題難度進行區隔。各試題的區辨值介於.50到.71之間，均高於.3。負向行為分量表的內部一致性信度為.77，修正的項目總相關（item-total correlation）介於.55到.68之間；合理管教分量表的內部一致性信度為.79，修正的項目總相關介於.45到.67之間。這些證據顯示，該辨識自陳量表具有還不錯的信效度證據。

3. 教師霸凌行為有效性知覺量表

知覺有效性的試題與前述的霸凌行為辨識試題相同，兩者的差異僅在於選項不同。請老師們填答對這些管教行為有效性的看法，採四點選項，分別為：非常無效、無效、有效、非常有效。得分愈高代表認為這些教師的正向或負向管教方式愈有效。本研究以Rasch技術來檢視修編量表的信效度證據，由於該量表具有負向行為及合理管教等兩個類別，因此採用多向度Rasch分析。由於該量表乃是四點選項的量尺，因此採用部分給分模式（PCM）進行分析。分析結果顯示可適配於兩向度模式，infit MNSQ介於0.86到1.14之間，符合infit MNSQ宜介於0.70到1.30之間的標準，顯示模式與資料適配良好。試題分離信度為.98，該樣本能良好地將試題難度進行區隔。各試題的區辨值介於.43到.66之間，均高於.3。負向行為分量表的內部一致性信度為.76，修正的項目總相關（item-total correlation）介於.50到.65之間；合理管教分量表的內部一致性信度為.78，修正的項目總相關介於.46到.59之間。這些證據顯示，該知覺有效性自陳量表具有還不錯的信效度證據。

（三）研究程序

問卷於2018年5月進行施測。首先，由研究者聯絡各校的學校代理人，取得同意後，由學校代理人依施測說明進行施測，尋找願意參與研究的教師進行問卷發放及說明。每位教師在填答之前，會先閱讀資訊說明書，內容包括研究目的、研究成果的可能貢獻、問卷填答的自願參與原則、匿名及保密原則、研究參與者的可能收獲（改善校園實務、提供反思），所有參與者都會獲得一枝中性筆作為參與研究的小禮物。問卷填答

的時間約15分鐘，由教師選擇有空的時間進行個別填寫，填答後彌封並
交由學校代理人，再統一寄回給研究者。。

（四）分析方法

　　關於教師霸凌行為盛行率，是以勾選人數占所有研究參與者的百分比
來呈現。所填答的時間區間為過去六個月以來的教師管教行為，分析的截
點為任何一個肢體虐待行為或情緒虐待行為題上，勾選1-2次以上，或是
勾選每個月2-3次以上來計算。選擇以兩個截點來呈現，是因為國外文獻
有以一次以上來計算，也有以複數行為選項來計算，因此，本研究選擇以
兩個截點來呈現分析結果。

　　關於不同背景變項的教師在教師霸凌行為得分的差異，則是將教師在
肢體虐待題及情緒虐待題的填答得分進行平均，再以t檢定或ANOVA來進
行平均數差異考驗，以了解不同背景變項（性別、教育階段、職別）的教
師在教師霸凌行為上的可能差異。

　　問卷另蒐集了教師的年齡、教學年資、學生時期曾遭受教師體罰、學
生時期曾遭受教師惡意言語攻擊、學生時期曾遭受同學霸凌、學生時期曾
遭受家長體罰等資料（均為五點選項，包括從來沒有、1-2次、每個月2-3
次、每週1次、每週數次）。採相關及多元迴歸法來進行分析，以了解學
生時期被家長及教師體罰、同儕受凌的得分對當前教師霸凌行為的關聯。
關於教師霸凌誤判情況及知覺霸凌有效性對教師霸凌行為的預測狀況，則
選擇採用多元迴歸來進行分析。

三、研究結果

（一）自陳教師霸凌盛行率及最常見的教師霸凌行為

　　先就半年內1-2次以上為截點來進行分析。結果顯示，此樣本中有
71.7%教師曾以一種以上的情緒或肢體虐待行為來攻擊學生。再就各教師
霸凌行為的比例來看，見表5-1。就肢體虐待來看，沒收學生物品而不歸
還、以剝奪學生所需要的東西作為懲罰（例如：不准吃午餐）、捏學生身
體或是拉學生的頭髮等最為常見，至於強迫學生吞下或喝下令人噁心或危

險的東西、要求學生跪在地上或不平坦的東西上、要求學生持重物作為懲罰（如舉椅子、提水桶）等則較為少用。就情緒虐待來看，忽略學生、在進行遊戲或活動時故意最後挑某些學生、因為學生沒辦法正確回答問題或完成練習題而處罰他們等是最常見的情緒虐待行為，至於罵學生很笨或白癡讓學生感到難過、說學生家人的壞話、在全班面前用讓學生難過的方式來羞辱某位學生等則是較為少見的情緒虐待行為。

✍ 表5-1　半年內曾有1-2次霸凌行為的教師比例

行為	比例（%）
捏學生身體或是拉學生的頭髮	8.3
打學生耳光、或用手／物品打學生	6.3
沒收學生物品而不歸還	10.6
以剝奪學生所需要的東西作為懲罰（例如：不准吃午餐）	8.4
揍學生或勒住學生	1.3
要求學生持重物作為懲罰（如舉椅子、提水桶）	1.0
鎖在密閉空間裡或綁在椅子或其他物體上	1.2
要求學生跪在地上或不平坦的東西上	0.8
強迫學生吞下或喝下令人噁心或危險的東西	0.7
因為學生沒辦法正確回答問題或完成練習題而處罰他們	19.9
在全班面前用讓學生難過的方式來羞辱某位學生	7.3
開學生外表的玩笑	13.4
威脅要打學生	7.9
忽略學生	48.0
在進行遊戲或活動時，故意最後挑某些學生	31.1
在學生需要幫助的時候拒絕他們	10.6
說學生家人的壞話	6.3
罵學生很笨或白癡，讓學生感到難過	4.0

　　再以每個月2-3次以上為截點，分析結果顯示，此樣本中有20.4%教師曾以一種以上的情緒或肢體虐待行為來攻擊學生。再就各教師霸凌行為的比例來看，見表5-2。就肢體虐待來看，以剝奪學生所需要的東西作為懲罰（例如：不准吃午餐）、打學生耳光、用手／物品打學生、沒收學生物品而不歸還等最為常見，至於強迫學生吞下或喝下令人噁心或危險的東西、要求學生跪在地上或不平坦的東西上、揍學生或勒住學生等則較為少用。就情緒虐待來看，在進行遊戲或活動時故意最後挑某些學生、忽略

✂ 表5-2　每個月2-3次以上霸凌行為的教師比例

行為	比例（%）
捏學生身體或是拉學生的頭髮	0.7
打學生耳光、或用手／物品打學生	0.8
沒收學生物品而不歸還	0.8
以剝奪學生所需要的東西作為懲罰（例如：不准吃午餐）	1.2
揍學生或勒住學生	0.5
要求學生持重物作為懲罰（如舉椅子、提水桶）	0.5
鎖在密閉空間裡或綁在椅子或其他物體上	0.8
要求學生跪在地上或不平坦的東西上	0.5
強迫學生吞下或喝下令人噁心或危險的東西	0.3
因為學生沒辦法正確回答問題或完成練習題而處罰他們	4.3
在全班面前用讓學生難過的方式來羞辱某位學生	0.2
開學生外表的玩笑	0.7
威脅要打學生	0.3
忽略學生	7.8
在進行遊戲或活動時，故意最後挑某些學生	8.1
在學生需要幫助的時候拒絕他們	0.5
說學生家人的壞話	0.5
罵學生很笨或白痴，讓學生感到難過	0.3

學生、開學生外表的玩笑等是最常見的情緒虐待行為，至於在全班面前用讓學生難過的方式來羞辱某位學生、罵學生很笨或白癡讓學生感到難過、說學生家人的壞話等則是較為少見的情緒虐待行為。

（二）不同背景變項間的教師霸凌行為

就性別來看，不同性別的教師，在肢體虐待的得分並無性別上的顯著差異（$t = 0.138, p > .05$）；不同性別的教師，在情緒虐待的得分並無性別上的顯著差異（$t = -0.026, p > .05$）；就整體的教師霸凌而言，不同性別的教師，在教師霸凌的得分並無性別上的顯著差異（$t = 0.041, p > .05$）。就此而言，不同性別的教師在肢體虐待、情緒虐待、教師霸凌得分上並無差異，並不存在著男教師比女教師更會霸凌學生的狀況，也不存在著女教師比男教師更會霸凌學生的狀況。

就教育階段來看，不同教育階段的教師，在肢體虐待的得分具有統計上的顯著差異（$F = 4.205, p < .05$, Eta值$=.016$），高中職教師在肢體虐待的得分（$M = 1.02$）顯著低於國中（$M = 1.06$）及小學（$M = 1.06$）教師；不同教育階段的教師，在情緒虐待的得分具有統計上的顯著差異（$F = 13.790, p < .05$, Eta值$=.051$），國小教師在情緒虐待的得分（$M = 1.25$）顯著高於國中（$M = 1.18$）及高中職（$M = 1.12$）教師；就教師霸凌整體來看，不同教育階段的教師，在教師霸凌的得分具有統計上的顯著差異（$F = 11.254, p < .05$, Eta值$=.042$），高中職教師在教師霸凌的得分（$M = 1.07$）顯著低於國中（$M = 1.12$）及小學（$M = 1.16$）教師。

就職別來看，不同職別的教師，在肢體虐待的得分並無職別上的顯著差異（$F = 0.312, p > .05$）；不同職別的教師，在情緒虐待的得分並無職別上的顯著差異（$F = 0.245, p > .05$）；就整體的教師霸凌而言，不同職別的教師，在教師霸凌的得分並無職別上的顯著差異（$F = 0.226, p > .05$）。就此而言，不同職別的教師在肢體虐待、情緒虐待、教師霸凌得分上並無差異，並不存在著導師比科任老師更會霸凌學生的狀況。

就年齡及教學年資來看，年齡和教學年資與肢體虐待的相關分別是.03及.05，相關非常低，顯示年齡和教學年資與肢體虐待的關聯不大，並不存在著年齡愈高或年資愈大則愈易發生肢體虐待的情況；年齡和教學

年資與情緒虐待的相關分別是-.02及.02，相關非常低，顯示年齡和教學年資與情緒虐待的關聯不大，並不存在著年齡愈高或年資愈大則愈易發生情緒虐待的情況；就整體的教師霸凌而言，年齡和教學年資與教師霸凌的相關分別是.00及.03，顯示年齡和教學年資與教師霸凌的關聯不大，並不存在著年齡愈高或年資愈大則愈易出現教師霸凌的情況。綜言之，不論是肢體虐待、情緒虐待或整體教師霸凌，均和年齡及年資的關聯不大。

（三）求學階段的受凌經驗及教師霸凌行為

求學階段的受凌經驗共有四類：學生時期曾被同學欺凌、學生時期曾被老師惡意言語攻擊、學生時期曾被老師體罰、學生時期曾被家長體罰。先就肢體虐待來看，四類受凌經驗與肢體虐待的相關分別是：學生時期曾被同學欺凌（$r = .05$）、學生時期曾被老師惡意言語攻擊（$r = .07$）、學生時期曾被老師體罰（$r = -.04$）、學生時期曾被家長體罰（$r = -.03$），顯示四類求學階段的受凌經驗與教師肢體虐待的關聯不大。

就情緒虐待來看，四類受凌經驗與情緒虐待的相關分別是：學生時期曾被同學欺凌（$r = .09$）、學生時期曾被老師惡意言語攻擊（$r = .07$）、學生時期曾被老師體罰（$r = .13$）、學生時期曾被家長體罰（$r = .11$），顯示四類求學階段的受凌經驗與教師情緒虐待的關聯不大；進一步採多元迴歸的同時進入法進行分析，結果顯示四類受凌經驗對模式整體解釋力為2%，而且此迴歸效果達顯著水準（$F = 3.70, p < .05$），針對個別自變項來看，四類受凌經驗的β值分別是：學生時期曾被同學欺凌（$\beta = .07, t = 1.5, p > .05$）、學生時期曾被老師惡意言語攻擊（$\beta = .01, t = 0.2, p > .05$）、學生時期曾被老師體罰（$\beta = .08, t = 1.7, p > .05$）、學生時期曾被家長體罰（$\beta = .06, t = 1.4, p > .05$），均未達統計上的顯著水準，顯示四類求學階段的受凌經驗與教師情緒虐待的關聯不大。

就整體教師霸凌來看，四類受凌經驗與教師霸凌的相關分別是：學生時期曾被同學欺凌（$r = .09$）、學生時期曾被老師惡意言語攻擊（$r = .08$）、學生時期曾被老師體罰（$r = .07$）、學生時期曾被家長體罰（$r = .07$），顯示四類求學階段的受凌經驗與教師霸凌的關聯不大；採多元迴歸的同時進入法進行分析，結果顯示四類受凌經驗對模式整體解釋力為

1%，而且此迴歸效果未達顯著水準（$F = 1.98, p > .05$），顯示四類求學階段的受凌經驗無法預測教師霸凌行為。

（四）辨識誤判情況及知覺有效性對教師霸凌行為的影響

自變項有兩個，一是將教師霸凌誤判為合理管教的程度，二是對教師霸凌行為的知覺有效性，依變項則是整體教師霸凌行為得分。以多元迴歸的同時進入法進行分析，結果顯示誤判情況及知覺有效性對模式整體解釋力為9.6%，而且此迴歸效果達顯著水準（$F = 20.73, p < .05$），針對個別自變項來看，兩個自變項的β值分別是：將教師霸凌誤判為合理管教（$\beta = .20, t = 3.9, p < .05$）、對教師霸凌行為的知覺有效性（$\beta = .19, t = 3.67, p < .05$），均達統計上的顯著水準，顯示教師將教師霸凌誤判為合理管教，以及對教師霸凌的知覺有效性的確能顯著預測整體教師霸凌得分。

若僅以教師肢體虐待得分來作為依變項，以多元迴歸的同時進入法進行分析，結果顯示誤判情況及知覺有效性對模式整體解釋力為3.4%，而且此迴歸效果達顯著水準（$F = 6.77, p < .05$），針對個別自變項來看，兩個自變項的β值分別是：將教師霸凌誤判為合理管教（$\beta = .13, t = 2.50, p < .05$）、對教師霸凌行為的知覺有效性（$\beta = .09, t = 1.79, p > .05$），僅誤判情況能顯著地預測肢體虐待得分，顯示教師將教師霸凌誤判為合理管教的確能顯著預測教師肢體虐待得分，至於對教師霸凌的知覺有效性則無法預測教師的肢體虐待得分。

若僅以教師情緒虐待得分來作為依變項，以多元迴歸的同時進入法進行分析，結果顯示誤判情況及知覺有效性對模式整體解釋力為10.2%，而且此迴歸效果達顯著水準（$F = 22.17, p < .05$），針對個別自變項來看，兩個自變項的β值分別是：將教師霸凌誤判為合理管教（$\beta = .20, t = 3.88, p < .05$）、對教師霸凌行為的知覺有效性（$\beta = .20, t = 3.95, p < .05$），均達統計上的顯著水準，顯示教師將教師霸凌誤判為合理管教、對教師霸凌的知覺有效性的確能顯著預測教師情緒虐待得分。

四、結論

1.教師霸凌盛行率：若以半年內1-2次以上為截點，此樣本中有

71.7%教師曾以一種以上的情緒或肢體虐待行為來攻擊學生；若以每個月2-3次以上為截點，此樣本中有20.4%教師曾以一種以上的情緒或肢體虐待行為來攻擊學生。

2. 常用的教師霸凌行為：若以半年內1-2次以上為截點，沒收學生物品而不歸還、以剝奪學生所需要的東西作為懲罰（例如：不准吃午餐）、捏學生身體或是拉學生的頭髮等肢體虐待行為最為常見；忽略學生、在進行遊戲或活動時故意最後挑某些學生、因為學生沒辦法正確回答問題或完成練習題而處罰他們等，是最常見的情緒虐待行為。若以每個月2-3次以上為截點，以剝奪學生所需要的東西作為懲罰（例如：不准吃午餐）、打學生耳光或用手／物品打學生、沒收學生物品而不歸還等，是最為常見的肢體虐待行為；在進行遊戲或活動時故意最後挑某些學生、忽略學生、開學生外表的玩笑等，是最常見的情緒虐待行為。

3. 性別與教師霸凌：不同性別的教師在肢體虐待、情緒虐待、教師霸凌得分上並無差異。

4. 教育階段與教師霸凌：高中職教師在肢體虐待的得分顯著低於國中及小學教師；國小教師在情緒虐待的得分顯著高於國中及高中職教師；高中職教師在教師霸凌的得分顯著低於國中及小學教師。

5. 職別與教師霸凌：不同職別的教師在肢體虐待、情緒虐待、教師霸凌得分上並無差異。

6. 年齡與教師霸凌：不論是肢體虐待、情緒虐待或整體教師霸凌，均和年齡的關聯不大。

7. 教學年資及教師霸凌：不論是肢體虐待、情緒虐待或整體教師霸凌，均和教學年資的關聯不大。

8. 求學階段的受凌經驗與教師霸凌：四類求學階段的受凌經驗與教師肢體虐待、情緒虐待、整體教師霸凌行為的關聯不大。

9. 教師將教師霸凌誤判為合理管教、對教師霸凌的知覺有效性的確能顯著預測整體教師霸凌得分。換言之，若教師將這些霸凌行為誤認為只是一般的管教措施，而且，覺得這些霸凌行為能有效管理學生秩序，則愈可能採用較多的教師霸凌行為。

五、建議

1. 約有二成教師自陳每個月會重複施行教師霸凌行為2-3次以上，這可能和教師混淆了合理管教行為及教師霸凌行為有關。若教師將這些教師霸凌行為都誤認為合理且有效的管教行為，那麼，教師自然會在班級中持續採用這類攻擊行為。因此，宜釐清教師對合理管教及不合理管教的看法，讓教師清楚的知道部分行為已構成教師霸凌，不宜採用這些行為來進行管教。

2. 性別、職別、年齡、教學年資和教師霸凌無關，一般多認為男教師較可能會用肢體虐待、女教師較可能會採用情緒虐待；或是認為較老的老師比較可能會霸凌學生。但本研究結果發現，教師霸凌和性別、職別、年齡、教學年資等的關聯不大。因此，建議在防制教師霸凌時，可針對一般教師進行整體宣導，不需針對特定年齡、特定性別、特定職別的老師進行防制宣導。

3. 小學及國中階段有較高的教師肢體虐待行為，另外，小學階段有較高的教師情緒虐待行為。可見，小學階段可能是教師霸凌的防制重點階段。可能因為小學階段的學生身材及言語溝通能力都與教師有明顯差異，在力量及勢力明顯失衡的情況下，似乎較容易出現教師濫用權力而霸凌學生的情況。因此，宜針對小學教師進行更多的教師霸凌防制研習活動，讓小學老師知曉自己的部分管教行為可能已越過紅線。

4. 求學階段的受凌經驗與教師霸凌無關，一般多認為可能童年常被體罰或常被惡意言語攻擊，在觀察學習之下，而影響了自己成為老師之後亦採用這些行為。但，本研究結果則不支持此項看法。因此，建議在防制教師霸凌時，可針對一般教師進行整體宣導，不需針對求學階段有受凌經驗老師進行特定防制宣導。

5. 教師將教師霸凌誤判為合理管教、對教師霸凌的知覺有效性的確會影響教師霸凌情況，如何改善教師的教師霸凌行為的認識，實有其重要性。首要之處，就是要提升教師對教師霸凌行為及合理管教行為的區辨及認識，並非所有的管教行為都能被接受，並非認為有效的管教行為就可以採用，教師宜釐清部分管教行為實為

教師霸凌，縱使這些教師霸凌行為對學生秩序的管理可能暫時有效，但亦不可忽視其對學生所帶來的可能傷害。若教師能清楚的知悉部分管教行為乃屬於教師霸凌，而且，亦能清楚地知道教師霸凌所可能帶來的傷害，相信應能降低校園間的教師霸凌情況。

校園霸凌改編個案

班上疑似有學生霸凌學生的情況，教師曾制止卻無效，加害學生怪罪於受凌者，認為是受凌者太白目、太髒。學生霸凌行為仍持續，教師亦覺得受害學生有性格或習慣上的問題，開始糾正受害學生，惟並無明顯改善。教師認為受害學生屢勸不聽，開始用更嚴格的言語來攻擊及威脅受害學生，要求全班學生不要理會受害學生，並指派受害學生到角落獨立座位進行孤立。班上同學都知道老師盯上這個同學，也意識到老師不喜歡這個同學，同儕霸凌的情況變得更加嚴重。受害學生於是要面對教師及同儕們的雙重攻擊及排擠。科任教師知道該班學生有被同儕霸凌及被教師攻擊的問題，提醒疑似霸凌教師，惟情況仍無明顯改善。科任教師及其他教師礙於同事情誼，不方便再說什麼，無法介入也無法提供其他協助。校方知道該班有管教上的問題，礙於同事情誼，不好意思直接介入，僅能透過其他教師同儕的善意提醒，惟成效不彰。

問題分析

• 受害學生是有問題行為的高風險學生，學生及教師都有怪罪受害者傾向，透過攻擊及排擠行為，希望能糾正或制裁受害學生。師生可能覺得自己用嚴格行為來引導受害學生改善，惟，忽略了這些行為已構成師生攻擊及師生聯合霸凌行為。

• 教師雖有制止加害者，但制止無效。其後遂變成默許或忽略學生同儕間的霸凌行為。

• 教師試圖糾正受害學生的性格及習慣，成效不佳。開始有怪罪受害學生的傾向，並開始用嚴屬言語攻擊、漫罵、威脅、排擠、孤立受

害學生，以此來糾正學生。教師並不覺得自己在霸凌或虐待學生，認為自己只是嚴格管教。

案例分析

- 是否有惡意傷害行爲：是。如言語威脅受害學生，要求全班學生不要理會受害學生。
- 是否重複：是。如不同攻擊與排擠行爲陸續發生。
- 是否爲教師霸凌：是。

　　該案件應屬於校園霸凌及教師霸凌的複合案例。受害學生被霸凌，但教師制止無效後忽略之。隨後，嚴格管教卻惡化爲教師霸凌。此案例宜儘速依《校園霸凌防制準則》來進行調查及處置，包括校園霸凌及教師霸凌均應處理之。

 # 參考文獻

Banzon-Librojo, L. A., Garabiles, M. R., & Alampay, L. P. (2017). Relations between harsh discipline from teachers, perceived teacher support, and bullying victimization among high school students. *Journal of Adolescence, 57*, 18-22. doi:10.1016/j.adolescence.2017.03.001

Nearchou, F. (2018). Resilience following emotional abuse by teachers: Insights from a cross-sectional study with Greek students. *Child Abuse & Neglect, 78*, 96-106.doi:10.1016/j.chiabu.2017.10.012

Krugman, R. D., & Krugman, M. K. (1984). Emotional abuse in the classroom. *American Journal of Diseases of Children, 138*(3), 284-286.

Twemlow, S. W., Fonagy, P., Sacco, F. C., & Brethour Jr, J. R. (2006). Teachers who bully students: A hidden trauma. *International Journal of Social Psychiatry, 52*(3), 187-198.

教師如何辨識校園霸凌的質性探究

一、研究動機

　　霸凌事件的調查舉報，一般是透過學生自陳量表進行通報、或由受害學生主動告訴成人、或同儕通報、或教師進行觀察等方式。然而，如僅靠受害學生主動陳報，在實務上卻是相當困難的，因為受害學生可能畏怕加害者的權勢而不敢告訴其他人、或怕說了之後自己的處境會更糟、或認為說了也沒有用、或不想讓別人擔心等（鄭英耀、黃正鵠，2010; Oliver & Candappa, 2007）。至於同儕通報，旁觀學生也可能因為害怕被當成告密者而遭到汙名化，被其他同學拒絕或被霸凌者報復，而不願介入協助或告訴成人（Wilson-Simmons et al., 2006），這可能使得學生知悉霸凌事件卻不見得會通報。當受凌者不願說、旁觀者不想說的情況下，如何善用教師查察的力量，可能是防制校園霸凌的重點。

　　雖然大多數教師都認為應負責任去處理學生霸凌事件，而且，約有八成教師自認為自己有能力辨識出霸凌事件，對於處理霸凌事件也相當有信心（Bauman & Hurley, 2005; Beran, 2005）。然而，教師對校園霸凌的覺察情形，似乎並非如想像中高，教師可能不見得均知悉學生被霸凌的狀況。例如：Bradshaw等人（2007）指出，國小、國中、高中的行政人員低估學生涉入霸凌的情況，尤其是低估經常受凌者與經常霸凌者的學生比例。Wienke-Totura等人（2009）的研究顯示，許多自陳受凌的中學生，卻未被教師辨識出來。Oldenburg等人（2016）的研究指出，只有四分之一自陳受凌者被教師辨識出來，顯示教師提名和學生自陳的一致性很低。換言之，教師似乎並不能完全掌控班級學生的受凌狀況，並低估學生受凌狀況的傾向。

　　前述教師低估學生受凌的情形，可能與教師對霸凌的定義或是教師辨識校園霸凌的困境有關。先就教師對霸凌的定義來說，教師對霸凌的界

定似乎與學術上的定義並不一致（Oldenburg et al., 2016），以學術上常用的界定校園霸凌三大要件：惡意傷害行為、勢力失衡、重複性來看，研究指出不到5%教師能完整說出此三大定義特徵（Byers et al., 2011）。另外，教師能知道霸凌具有勢力失衡、惡意的特徵，但較少談到重複性特徵（Cheng et al., 2011; Migliaccio, 2015）。在師培生中亦可見到此情況，多半不清楚霸凌定義，多認為霸凌是惡意的傷害行為，包括肢體、言語、網路霸凌，較少提及重複及勢力失衡之特徵（Raven & Jurkiewicz, 2014）。就此而言，雖然學術上對校園霸凌有相當明確的定義，許多防制霸凌政策亦採用學界的定義來進行測量及查察，但是，教師對校園霸凌的定義卻不見得與學術上的定義一致，這表示教師在辨識校園霸凌事件時可能會出現困難。

再就教師辨識校園霸凌的困境來談，教師認為學生的不良行為是教師壓力的來源，而且老師難以同時負荷課程壓力及處理霸凌事件，教師常難以區分正常行為及霸凌行為，不知道如何反應（Mishna et al., 2005）。Allen（2015）研究指出，對教職員來說，最主要的問題就是如何決定問題行為事件是否為霸凌。學校內所發生的事件，有些老師會認為是霸凌，有些老師則認為是騷擾。陳利銘等人的研究指出，教師對校園霸凌辨識仍有**誤判**的情形發生，教師能辨識出八成的校園霸凌事件，但仍有二成案例遭到誤判（Chen et al., 2017）。就此觀之，學生衝突行為的樣態相當多元，教師在教學及管教的雙重壓力下，常難以區辨衝突行為及霸凌行為，可能由此而產生低估或誤判校園霸凌的情況。

若要求教師能及時介入校園霸凌，需仰賴於教師能正確辨識出校園霸凌案件。因此，需清楚了解教師如何辨識校園霸凌、依什麼準則來辨識校園霸凌、受哪些因素影響了其對事件的判定，將有助於提升教師對校園霸凌的判定及介入情形。目前已知，教師會依據知覺傷害性、是否在玩／幽默、交互性、彼此關係來區分是否是取笑或霸凌，其中是否在玩／幽默、交互性、彼此關係等互具關聯性，可用來區分雙方是否勢力失衡（Smith et al., 2009）。鄭英耀等人則發現臺灣中學師生會依據意圖、雙方勢力情形、行為、傷害結果來界定考量，若是惡意、雙方勢力失衡、有不適切的言語或肢體行為，使當事人感到不舒服或是受傷害，就算是霸凌而非玩笑（Cheng et al., 2011）。至於是否有其他未知因素，可能會影響教師對校

園霸凌的辨識，則仍待更多研究探討，此即研究動機之一。

其次，前述研究在目的及方法仍與本研究有不同之處。例如：Smith等人（2009）僅聚焦於言語的嘲弄奚落，尚未能針對關係類別或肢體類別的霸凌行為來進行釐清及區辨。鄭英耀等人（2011）的研究主要聚焦於探究臺灣中學師生對校園霸凌的定義，該研究雖綜合了師生觀點進行分析，卻也無法獨立顯示出教師觀點；另外，該研究僅聚焦於分析「你覺得什麼是霸凌？」該問題，尚未能進一步探討教師是否會受到霸凌界定之外的其他因素影響。Oldenburg等人（2016）雖然用質性訪談來探討教師對霸凌的定義，然而，該研究聚焦於參與防制霸凌方案學校的教師，詢問的是教師對學術上定義的了解程度，並非探討教師個人對霸凌的看法。關於教師如何透過個人經驗來界定及辨識校園霸凌事件，以及有哪些因素會影響教師辨識霸凌，仍待研究進一步探究，此為研究動機之二。

Latané與Darley（1970）提出了旁觀者在緊急事件時的介入模式，具有五大歷程要素，包括注意事件發生、詮釋為緊急事件、判斷自身責任、決定介入方式、實際介入。在其理論中，旁觀者在面對模糊情境時，會給予不同的主觀詮釋，包括過去經驗、人格、當下心情、個人信念（如知覺嚴重性），以及其他旁觀者的反應等，都會影響個體對模糊情境緊急狀況的判斷，並進而影響後續的介入行為。然而，該理論聚焦於緊急事件，不同於校園霸凌中重複的攻擊行為，目前仍不清楚這些因素是否也會影響教師對模糊霸凌情境的判定，至於是否有其他理論未提及的因素也會產生影響，仍待進一步釐清，此為研究動機之三。

本研究目的在透過質性研究，探討教師對疑似霸凌事件如何進行詮釋，以試圖找出教師辨識校園霸凌事件的判斷標準，並進一步探究有哪些因素會影響教師對校園霸凌事件的辨識。研究問題如下：教師在辨識校園事件時，會依據哪些判準或準則來判斷是否屬於校園霸凌事件？教師在釐清疑似校園霸凌事件時，會受到哪些因素影響其個人的判斷？

二、文獻探討

一般人對校園霸凌的界定與學術上的界定並不相同，一般人對霸凌的界定較為模糊並具概括性。研究顯示部分教師並不清楚校園霸凌的

定義，甚至在學校接受過1年的防制霸凌方案後，仍舊不清楚霸凌定義（Oldenburg et al., 2016）。縱使教師清楚校園霸凌的定義，在判斷上仍有困難，因為在複雜的社會或學校脈絡中，傳統的霸凌定義對老師來說可能不適用，把既有的霸凌定義運用到學生衝突或攻擊事件來進行判斷，對老師無疑是一種挑戰；若無學校支持，協助教師們了解及運用霸凌定義，則教師會採用對於霸凌的刻板印象，以個人自身經驗來解讀相關霸凌事件，例如：認為霸凌者是具有攻擊性的邊緣人（Allen, 2015; Migliaccio, 2015）。就此而言，教師對霸凌的看法和學術上的霸凌定義並不相同，而且，教師在運用既有定義來判斷霸凌事件上有其困難，仍可能依據個人經驗來辨識校園霸凌事件。

　　針對教師的個人經驗而言，教師可能會依據不同的標準來進行判斷，包括：惡意、攻擊行為、勢力失衡、重複、傷害結果等，但，各研究顯示出來的判斷依據則不相同。Horton等人（2015）針對越南教師及學生進行研究，發現不能把霸凌簡化為攻擊行為及攻擊意圖而已，越南師生會提到多種惡意行為及其傷害結果。Cheng等人（2011）針對臺灣中學師生的研究發現，師生把霸凌定義為：在勢力失衡的情況下，對身體、心理、財物、權利造成損害的惡意攻擊行為，包括：惡意、攻擊行為、傷害結果、勢力失衡等要件。前述研究顯示，教師及青少年似乎會把霸凌視為造成損害的惡意攻擊行為。雖然這兩個研究均針對師生進行研究，無法獨立分別出教師觀點，但亦提供了教師判斷的相關證據。

　　目前已知，教師在定義校園霸凌上有其困難性，很少教師（約5%）能完整提出校園霸凌的定義要件（Byers et al., 2011; Lee, 2006）。教師似乎較著重於特定行為特徵，例如：勢力失衡、攻擊行為等，而較忽略重複性，例如：Hazler等人（2001）針對教師與諮商師是否能區分霸凌及衝突事件進行研究，結果發現，83%肢體衝突／非霸凌場景被誤認為霸凌事件，顯示肢體衝突容易被誤判為霸凌，另外，多數人較少提及重複性。其他研究亦有相同發現，指出教師較著重於勢力失衡及惡意傷害行為，較忽略重複性（Mishna et al., 2005; Mishna et al., 2006）。其他研究則指出，教師對霸凌行為的界定各有偏重，例如：Allen（2015）指出，教師較看重的是傷害結果及勢力失衡，當模糊情境中包含傷害結果及勢力失衡時，教師及學生均普遍認為那是霸凌行為。Bauman與Del Rio（2005）則指

出，76%職前教師認為霸凌會造成生理或心理傷害，39%受試者認為霸凌
具有傷害意圖，然只有6%的人提到霸凌是重複行為及28%的人提及霸凌
包括勢力不對等。Naylor等人（2006）指出有70%教師會提及勢力失衡的
概念，但只有25%教師會提及傷害意圖。綜言之，有研究顯示教師判斷是
否為霸凌事件會著重於勢力失衡及攻擊行為，亦有研究指出教師重視的是
勢力失衡及傷害結果，而多數研究皆顯示教師較忽略重複性。

　　Smith等人（2009）以質性研究方法探討教師如何區分嬉鬧取笑及霸
凌，結果指出教師會考量傷害程度、是否在玩、互動性，以及彼此關係等
來進行判斷，其中，是否在玩、互動性、彼此關係都被用來判斷雙方勢力
失衡狀況；若不像在玩、單方面而無互動性、關係交惡，就可能易被視為
勢力失衡。在學生互動歷程中，縱使是友誼關係，有玩樂性質，亦可能出
現霸凌行為。有研究指出，約有一成的霸凌者及受凌者認為彼此具朋友關
係（Wei & Jonson-Reid, 2011），因此，教師如何判斷學生的互動關係，
實可能影響其辨識情況。至於是否有其他判斷標準會影響教師辨識校園霸
凌，本研究保持開放態度。

　　綜上，由於研究多提及教師會依勢力失衡、傷害意圖、攻擊行為、
傷害結果來辨識校園霸凌。因此，本研究假設教師視霸凌行為是在勢力失
衡的狀態下，對受害學生造成損害的惡意攻擊行為，教師可能會依勢力失
衡、攻擊行為、傷害意圖、傷害結果來判定模糊情境是否為校園霸凌事
件。至於是否有其他判斷標準會影響教師的辨識，例如：是否在玩與互動
性，則待探討，本研究對此保持開放態度。

三、研究方法

（一）研究對象

　　本研究採取目的抽樣（purposeful sampling）來選取研究參與者，而
非採用選取具代表性樣本的量化研究取樣方式，因為質性研究在意的是研
究參與者是否具有適切的經驗及能力、能否適切回答研究問題（Ravitch
& Carl, 2016）。本研究設定了幾項規準，來進行目的性抽樣的取樣，包
括教學年資3年以上、擔任導師1年以上、現任班級導師等。教學年資3年

以上，代表教師對中小學教育現場有足夠的熟悉度，對師生互動及學生可能的衝突事件有足夠的理解；擔任導師1年以上，代表已歷練過導師職務及班級經營管理事務，對師生互動及學生衝突事件能進行個人經驗的判斷；現任班級導師，代表目前仍有帶班，對班級事務及學生互動現況有充分的理解。

參與焦點座談的參與者共有65位導師，其中24位來自國小、22位來自國中、19位來自高中職。邀請不同教育階段的教育人員，是因為中小學的霸凌盛行率並不一致，而且，各教育階段常見的霸凌類別亦不相同（Chen & Cheng, 2013; 陳利銘、鄭英耀，2016），因此教師所需處置的霸凌事件也不盡相同。邀請不同教育階段的教師進行座談，有助於理解不同教育階段的教師在面對各類疑似霸凌事件時，如何進行判斷及辨識。研究參與者的平均年齡為40.16歲，平均教學年資為14.6年；其中有13位具有大學學歷、49位具有碩士學歷、3位具有博士學歷；有3位擔任學校的霸凌防制委員會的成員，其他62位則否；有60位曾處理班上霸凌事件，5位則沒有經驗；有12位在自身求學階段曾有受凌經驗，其他53位則否。在研究中後段，為了進行理論抽樣，又額外邀請2位國小、2位高中、2位國中導師分別進行三場座談，這6位導師的平均年齡為42.5歲，平均教學年資為16.5年。因此，研究參與者共計有71位中小學教師。

（二）資料蒐集方式

資料蒐集方式選擇以焦點團體座談為主，因為訪談過程涉及團體成員間的互動交流，對話的流動性能激發思考與促進多元觀點的釐清（Ravitch & Carl, 2016）。由於學生衝突或攻擊行為在各校或各班間都可觀察到類似的情境脈絡，例如：出言挑釁引發同學的不滿與攻擊、衛生習慣不佳而引人厭惡等，採用焦點團體座談可讓教師針對常見的衝突行為進行討論，由導師的觀點出發，來釐清何種情境屬於一般衝突情境、何種情境才屬於霸凌情境。老師之間也可以針對彼此的觀點進行辯證與釐清。採用焦點團體座談不但有助於蒐集教師對判斷霸凌行為的不同標準，亦可透過討論來釐清教師們所重視的判斷標準及影響因素。

焦點團體座談分為兩個部分來進行：首先是訪談大綱引導對談，研究

者依據訪談大綱的問題引導研究參與者發言及討論，目的在透過教師個人經驗的回顧以引出教師對辨識霸凌的判斷依據。研究初期的訪談大綱如下所示：

1. 衝突事件vs.欺負行為
   - 如何界定及區分衝突事件及欺負行為，以何標準來判斷某事件已惡化為欺負行為？
   - 是否有學生衝突事件會持續惡化，致使變為欺負行為？請舉例說明其發展過程（例如：人際關係不佳、私下作為……）。
   - 教師在辨識疑似欺負行為時，會衡量哪些因素，來確認是否為欺負行為？

2. 欺負vs.相關概念的區辨
   - 如何區分學生嬉鬧與學生欺負行為？
   - 如何區分開玩笑與言語欺負？
   - 如何區分人際關係不佳與關係欺負？
   - 如何區分打鬧與肢體欺負？

3. 教師對校園欺負的辨識，可能會受到哪些因素影響，而做出不同的詮釋？（例如：受害者容易激怒他人等）

4. 教師對衝突事件的處置，與對欺負行為的處置，是否會有不同？有何不同？

5. 在辨識衝突事件與欺負行為時，對教師而言最困擾的事為何？

在焦點團體座談的過程中，逐漸浮現出新概念，本研究採用見實編碼（in vivo coding）的方式，將之納入新訪談大綱之中來進行釐清。在研究中期，訪談大網除了原有的問題之外，亦新增了以下的問題：

1. 有教師提及「準霸凌」，就是快變成霸凌了，要持續關注。什麼狀況可以被稱為「準霸凌」，請舉例說明。「準霸凌」和「霸凌」差別為何？

2. 有教師提及遊走法律邊緣的「騷擾」（如：藏作業）。請舉例說明學生會如何「騷擾」學生。「騷擾」和「霸凌」有何不同？

3. 小團體內的同儕嬉鬧與小團體內欺負行為，如何區分？

4. 為了友誼而依附在小團體內，但偶爾／常被欺負。這算是霸凌嗎？教師通常如何處理？

5. 遊走不同團體間的邊緣分子，會被攻擊（如：班內有兩個意見領袖，為了群體勢力會想拉攏及增加成員）。這是同儕衝突事件或霸凌事件？教師會如何區辨及處理？

6. 師生對欺負及霸凌的看法不一致：如「教師說是、學生說不是」；「教師說不是，學生說是」，你認為為何有這些差異？差異為何？請舉例說明。

7. 因為當事人自己做不好而被嗆，會不會影響教師對霸凌的判斷？請舉例說明。

焦點團體座談的第二部分是疑似霸凌事件的討論，研究者準備疑似霸凌的模糊情境16題（含肢體、言語、網路、關係情境），供研究參與者討論是否可將這些情境判定為校園霸凌事件，從中理解教師們將情境判定為霸凌或非霸凌事件的理由及依據。疑似霸凌的模糊情境範例如下：「A生想要參加學校的圍棋社，但社長卻說，依照規定，入社的傳統包含了需要被關在櫃子裡15分鐘，及被打頭10下，以進行忍受與定力的訓練，造成A生頭暈送保健室。」

（三）研究程序

本研究會先徵求學校代理人同意後，再進入校園進行研究。接著，請學校代理人推薦班級導師，在取得導師同意後，於約定的空堂時間至學校教室或會議室進行焦點團體座談。在進入正式訪談前，會簡述研究目的，並說明參與者的個人權益，包括出席者專家諮詢費、所有訪談資料均保密、姓名及校名皆會匿名處理、所有資料轉錄為逐字稿時會經當事人確認與修正、有問題可隨時提問、若有不舒服或不願作答的情況可選擇不回答、可選擇隨時終止訪談、告知部分逐字稿內容會在論文中被引用以作為支持性資料等，並徵求當事人的同意後開始錄音。訪談過程中，研究者重視當事人的發言及提問，並以專注態度積極聆聽，讓當事人知道自己的發言內容具重要價值，因為所提供的資料將有助於研究者更了解教師如何判定及辨識校園霸凌事件、有助於改善校園霸凌的狀況，而且，參與者在訪談中的所有發言及提問，將有助於當事人更了解自己的觀點（Ravitch & Carl, 2016）。

接著，依訪談大綱內的問題來進行提問，訪談時的詢問順序會保持彈性，依當事人的回應狀況來加以調整。在訪談過程中，研究者可能會依理論敏覺性來提出其他開放性問題。訪談結束前，會留下研究者的聯絡方式，若對研究與訪談有任何疑義可再與研究者進一步聯絡。訪談過程中，研究者會進行筆記，記錄訪談中所浮現的任何想法與疑問，以利後續問題的提出及資料分析。訪談結束後，研究者會儘快記錄下當時來不及記下的想法與概念，包括特殊案例與問題、概念類別及理論架構等。由於訪談與分析是同步進行，理論筆記有助於探究設定資料分析方向、精鍊類別、建立類別之間的關聯（Birks & Mills, 2015）。所有筆記資料會納入資料分析，一來可激盪分析時的思維，二來可協助組織零碎的資料，三來可協助當事人在分析時的反身性自我檢視。

每次訪談結束後，會請受過訓練的研究助理將錄音檔轉謄為逐字稿，並請研究助理簽署保密協議書，包括不可揭露或與他人討論當事人資訊或發言內容等。研究者會負責聆聽錄音檔並檢視逐字稿的正確性。逐字稿完成後，會郵寄給研究參與者，請其檢視並確認轉錄資料的正確性。所有的錄音及文字資料，將交由研究者妥善保管，密件處理收置於特定資料夾中，不讓外人有接觸資料的機會，亦不會將錄音及文字資料外流（Ravitch & Carl, 2016; Sutton & Austin, 2015）。

（四）資料分析

本研究選擇以紮根理論法（grounded theory method）進行資料分析（Birks & Mills, 2015; Strauss & Corbin, 1998），選擇以Straussian式的紮根理論法進行分析的優點，在於研究方法具有系統性的資料編碼及分析程序，可讓研究者在茫茫的資料大海中不致迷失；其次，透過派典（paradigm）來分析脈絡、行動、結果之間的關聯，有助於統整教室情境脈絡、學生或教師行動、教師辨識或判定結果等的關聯。第三，紮根理論法重視由紮根資料中所浮現出的概念，有助於尋找出文獻中未指涉的影響因素。因此，紮根理論法適合作為本研究的資料分析法。本研究採用ATLAS.ti軟體來作為資料分析的工具，主要用於資料的編碼、搜尋、建立類別、進行筆記及擷取案例等。至於實際的分析，則依靠研究者的思

維，並運用筆記檢視、紙筆圖示、故事線撰寫、資料回顧等方式來協助研究者的思考與分析，以促成概念性層次的類別關聯、統整、精鍊。

（五）研究品質

本研究會採用多元方式來確保研究品質，包括質性研究常用的檢核法：三角校正法、同儕檢視（peer debriefers）、參與者檢視（member checks）、反身性等（Ravitch & Carl, 2016），以及適合紮根理論法的統整評估法：研究者的專業知能、研究方法的一致性等（Birks & Mills, 2015）。

本研究採用的是資料來源的三角校正：蒐集不同地區（臺灣北部及南部）的學校教師、不同教育階段（國小、國中、高中職）的學校教師之觀點。其次，研究過程中會邀集研究同儕進行討論並提供建議，同儕檢視邀請多位專家，包括：質性研究者、校園霸凌研究者等，針對資料蒐集、分析方法、詮釋結果等面向提供意見與建議。同儕檢視所提供的疑問及建議如下：雙重角色者易讓教師誤判、學生可能會為了友誼而否認自己遭受霸凌、在澄清階段有可能會找同事諮詢、依第三方說法來澄清時可能會遇到第三方說法不一的情況。研究者依這些疑問及建議，來思考及調整分析方向與結果。本研究另會採用**參與者檢視**，除了請參與者檢視逐字稿轉錄檔是否正確之外，更會提供初步分析結果及詮釋內容給研究參與者，請他們提供對分析結果的任何想法或感覺，以協助研究者確認是否理解研究參與者的回應，或反應出理解研究參與者的程度。研究參與者在檢視後，均表示同意而未有其他補充意見。關於**反身性**，由於研究者難免帶著個人價值觀、立場及偏見來進行分析，如何保持自律的主觀性便相當重要，透過反身性的檢視，可以有系統的、批判性的管理自身的偏見與詮釋，唯有透過系統性的、自律的檢視自身對研究所可能產生的影響，方可能得到可信的、良好的結果。本研究透過反省札記、同儕檢視等（Berger, 2015），在研究過程中，不斷反思研究者個人對於資料蒐集、分析、詮釋的影響。

至於紮根理論法的統整評估法（Birks & Mills, 2015），本研究會揭露研究者所受的專業訓練及個人經驗，針對研究者對紮根理論法的熟悉度、對學術寫作的能力技巧等提供相關證據，例如：研究者曾開設教育所

博士班的紮根理論法研究課程，並曾以紮根理論法分析並發表至SSCI期刊，此即研究者專業知能之佐證。關於研究方法的一致性，本研究會針對研究者的立場、研究目的及紮根理論法的適切性（已於「資料分析」進行說明）、紮根理論法的詮釋度等，提供相關的說明及證據，例如：本人為校園霸凌研究者，但對現場實務的理解稍弱，因此會將研究參與者視為實務專家，並從研究參與者身上學習；關於紮根理論法的詮釋度，同儕檢視及參與者檢視的結果，均認為分析出來的理論架構，的確能解釋教師辨識校園霸凌的實際情況。

四、研究結果

（一）教師對霸凌的定義

教師對霸凌的定義，會影響如何辨識。因此，在了解教師對霸凌的辨識之前，要先探討教師對霸凌的定義。教師認為霸凌具有**蓄意**、**攻擊行為**、**傷害結果**、**勢力失衡**、**重複性**的特徵。這顯示教師觀點與教育部對霸凌定義的觀點，相當地一致，這可能與教育部及學校密集不斷地對霸凌定義進行宣導有關。另外，教師對霸凌的觀點，也與Olweus（1993）所界定的霸凌三大特徵：惡意傷害行為、勢力失衡、重複性等相符。

針對蓄意、攻擊行為、傷害結果來談，教師認為欺負或霸凌行為一定是故意為之，是針對某人的故意行為，而且，這樣惡意行為相當多元，如撞、打、拍、踢、丟作業、藏鞋子、踢書包、排擠、破壞友誼等。而這些攻擊行為，會對受害者造成傷害，雖然加害者常宣稱只是在玩，但教師會以受害者的表情、語氣、情緒狀況來判斷其受傷害情形，並以受害者的傷害感受為主要判斷依據。

> 「他會開始落單了，很明顯就會針對他了，自然而然就不會有他的存在，譬如說分組了，分組最明顯了。」
> 「拍頭、撞他，然後拍他的屁股、踢書包、拍肩膀這樣。」
> 「或者說……真的會覺得不舒服，那他通常會私底下的來講或者私底下問。或者是說我可能我自己覺得說……也許他說沒

有，但是我覺得可能還是有，那我可能會聯繫家長說孩子有沒
有回去反應說他在學校有什麼樣的狀況或同學有什麼樣的言語
行為造成他的不舒服。」

「被霸凌那一方的人，我們不管被定義叫什麼名詞，就是感覺
不舒服的人，感受的強度啦，就比如說他是恐懼、哭泣。」

「就可能我們比較會依據，那個當事者的反應……如果他笑笑
的、然後很開朗的，對，可是如果他面有表情的，雖然他說是
在開玩笑，可是他表情很怪異，我就覺得有問題。」

針對勢力失衡，教師常提到全班攻擊特定人，或是強欺弱的情況，也
就是強勢的一方去欺負弱勢的一方。關於重複性，教師提到這類欺凌行為
一定會重複發生，而且，因為相當難阻止，學生講了也不聽，所以才會重
複出現這樣的攻擊行為，也才會成為霸凌事件。

「我打你，你也打我，我鬧你，你也鬧我啊，這樣就打鬧啊。
那肢體霸凌就是，我就單方向的，就是欺負你了這樣，啊，你
只能被我欺負這樣子，啊，或者是讓同學笑，就是單向跟雙向
的區別。」

「因為我覺得通常霸凌是有一邊比較強勢、有一邊比較弱勢，
那如果是衝突的話就是兩邊不會差很多。」

「通常就是欺負的話我覺得是說，如果是霸凌行為我覺得是重
複的，像有的孩子是覺得好玩，那以我們班上的情況來講，像
我們班上真的是二對一這樣去玩，那太過分，或者就是有把人
家鎖到廁所，我們班是有這種狀況。那當下的處理方式就是，
因為他是第一次還沒有到重複，那後來就問被霸凌那個孩子他
是有沒有怎麼樣，他說我沒有怎樣怎樣，我覺得就是在玩的感
覺，就是我覺得說就是，他還沒有到就是剛剛你提到的惡化為
欺負行為，因為我們現在還在看，還在觀察這樣。」

「我覺得可以觀察說他們這樣不平等的對待是不是有持續一段
很長的時間，或者很明顯的，就是非常明顯的。還有就是說，
他們是同儕之間的事，因為他們至少會有平等互惠尊重的一種

互動關係，那如果是像剛剛講的那種欺負行為，他是比較長期，一種比較沒有辦法達到那種互惠的那種情形。」

（二）教師辨識校園霸凌的三階段歷程

教師在辨識校園霸凌時，會經歷**覺察期、澄清期、辨識期**等三階段，請見表6-1。

表6-1　教師辨識校園霸凌的三階段

覺察期	澄清期	辨識期
告狀與求助	當事人說法	依霸凌特徵來辨識
表情有異	第三方說法	考量成因
人際關係不佳與厭惡	雙方說法	考量朋友關係
全班嘲弄／帶頭者針對	重複觀察	考量反擊情形
持續重複		考量嚴重程度

在覺察期，教師會覺察發現到學生有不對勁的情況，主要的覺察管道有：1.旁觀者告狀：當旁觀者看不下去，或是家長知道不對勁後，通知老師，教師知悉有事件發生並準備後續處理程序。2.受害者求助：當受害者忍受不了，會向老師求助（例如：寫週記），希望教師能協助制止其傷害行為。3.教師觀察：教師觀察受害者，發現表情及語氣有異，教師即會開始關注；4.其他的教師觀察還包括觀察到學生有人際關係不佳的情況、觀察到某一群學生開始厭惡某人、觀察到全班嘲弄特定對象、觀察到有帶頭者開始攻擊、觀察到類似事件發生數次等。

「被霸凌的那個人他有感覺到被欺負，所以他才來跟我講嘛，那我就是當下做一個處理這樣，因為以我們來講，真的很過分的就是重複，然後是針對某一個人。」
「家長也是透過孩子啊，如果孩子都沒有講的話其實家長也很難知道。除非說家長敏銳度高，我的孩子怎麼變這樣？他們會

主動找老師，反而對我們是一種幫助，因為這個事件我們才看得到。」

「因為我覺得他們寫週記，有時候週記上面已經有寫出來的時候，或者是學生開始變得比較，忽然間變得不開心，就是我們在上課的時候，或者平常講話的時候，開始有他的語氣或行為有一點不一樣的時候，可能就會先請他來稍微了解一下，就平常當作聊聊天這樣子。」

在澄清期，教師可能會召集相關人士來詢問，以期能澄清事實真相。教師會詢問當事人、召集涉入雙方來詢問，也會詢問第三方人士（同學、其他老師）的說法，而且，教師會持續觀察，看類似事件是否仍持續發生。

「像如果約談被欺負者的話，如果他們陳述的事實的次數很多的話，那我覺得應該已經進入霸凌了。他可以告訴你他被欺負的事實，那當然這一塊還是要老師要去釐清他轉述的那個事情是不是真跟假。」

「現在每一年四月和十月都有學校生活問卷。其實那個我都會去看欸，看有沒有學生去勾。如果學生真的有寫，在學生在勾的時候，我們猜測就會知道大概是誰了。馬上下課就叫來，但是目前都沒有，不然就是約談班上說誰有沒有在欺負誰啊。」

「我可能會去詢問那個不是被霸凌的那種學生，非被霸凌學生、其他人的感受。」

「我的部分是我會先問……應該說是兩方吧？現在是怎樣的衝突點，然後問彼此會不會有不舒服的感覺，因為一樣的事情跟一樣的言語，會根據他們原本私底下的情感或者說相處的時間會不一樣。因為比如說尤其是男生，他們很多的打打鬧鬧都是互相就是……他會說老師他霸凌我，可是他實際上臉上就是很微笑地在被霸凌這樣子，所以那一種就不算是霸凌。或者說有一種真的會覺得不舒服，那他通常會私底下的來講或者私底下問。或者是說我可能我自己覺得說……也許他說沒有，但是我

覺得可能還是有，那我可能會聯繫家長說孩子有沒有回去反應
說他在學校有什麼樣的狀況或同學有什麼樣的言語行為造成他
的不舒服。」

「還是上課的時候也看一下班級之間的互動，同學跟他之間的
互動。所以要多觀察幾次。」

「應該還是跟剛剛講的就是互動，我們會去觀察這兩方之間的
互動，然後還有出現的頻率次數，還有弱的那一方是不是已經
造成他心理上的壓力，這些應該還是主要觀察的點。」

在辨識期，教師會依據霸凌的定義特徵來判斷：蓄意、攻擊行為、傷
害結果、勢力失衡、重複性。然而，教師也會考量其他面向，來判斷事件
是不是屬於霸凌行為。首先，教師會看雙方是否為朋友關係，若是朋友，
則比較可能屬於玩過頭；若不是朋友，則較可能屬於欺負及霸凌行為。其
次，教師會參考成因，若是由受害者攻擊挑釁所引起，那麼，教師可能認
為是同學在糾正當事人，而不是霸凌。第三，教師會觀察受害者是否反
擊，若有反擊，則屬於玩鬧；若受害者沒有反擊且表情有異，則可能是霸
凌事件。第四，教師會看嚴重度，若行為嚴重的話，發生一次就算是霸凌
行為，不見得要重複很多次才是霸凌行為。

「看他們有沒有玩在一起，也是一個參考的，判斷的指標。」

「就比如說一群人對一個同學『嘴』，可是他們明明是平常沒
有玩在一起的，這個時候我就會稍微留意一下是不是有被霸
凌。」

「可是如果是說，是依據有分組的，是有課業性的或功能性
的，那我會再想說，他今天會被欺負是因為他都不對這個小團
體做貢獻，比如說他都不找報告，他都不寫作業，他就等別
人。那別人會排擠他，我覺得這是理所當然。」

「如果是他先去騷擾別人，搞到別人不爽義憤、不爽這樣，這
個可能就不算是大家欺負他，就大家正常的反應啊。那個在社
會上不是都這樣子嗎？這條巷子裡面就聽到有人在吵，啊，就
是因為他把這個房子的人吵到很不開心，人家去攻擊他嘛，嘿

啊！這不能説惡意，對啊！因為是他先影響到大家。」

「從表情來判斷他會不會覺得不舒服，像不舒服其實表情很明顯會沉下來，那如果他覺得他還可以接受，那他可能就會反擊他一下，也嗆一嗆回去那這樣就ok，他嗆回去這就好了。」

「因為他的臉就是那個尷尬臉，然後他在肢體上會被XXX欺負，可是他會去……假設他會把XXX的……就是類似……鉛筆盒全部倒出來，倒在別的地方這樣，對，就是在別的地方欺負他，就是反擊回去，所以我會覺得他們是在玩。」

「那另外的話，以什麼標準來判斷某一件事情會惡化成欺負行為，我覺得第一個當然就是長期，還有事情的嚴重性，從這兩點來看這樣子。」

「比較有明顯造成心理上的身體上的傷害，可能單次你可以稱為欺負，但是如果單次很嚴重，這個到底怎麼認定到底是霸凌嘛，那如果是長時間比如説他是從輕而重，那這次變得很重那可能即使只有一次明顯大的，我們也會認定為霸凌。可是單一次嚴重的衝突兩個人口角，一個人動手一個人忍住沒動手，結果被打很慘，我還是會把他定義成衝突，啊只是説可能就是一方因為他家教可能比較良好，他採取的是説我寧可有點傷，也不要去違犯某一些界線。」

　　就此而言，若依據教師對霸凌的觀點來判斷辨識，那麼教師大多能辨識出校園霸凌事件。但因為教師會考量其他因素，如朋友關係、成因、反擊情形，由此可能產生出教師誤判的情況。例如：團體內霸凌因為有朋友關係，所以認為不是霸凌；受害者白目挑釁被霸凌，會認為同學在教導糾正而不是霸凌；受害者被欺負後反擊回嗆，會認為受害者有回嘴回擊就不算勢力失衡，所以不是霸凌。至於行為嚴重度，教師容易把一次嚴重行為就算為霸凌，可能是把暴力事件誤判為霸凌事件。

（三）區辨校園霸凌與相關概念

　　教師在區辨玩鬧、衝突、欺負與霸凌事件時，會依下列特徵來區辨，請見表6-2。

✍ 表6-2

	蓄意	攻擊行為	傷害感受	勢力失衡	重複	朋友關係
衝突	非惡意有原因	相互攻擊	造成傷害	未失衡／有反擊	偶發	是／不是朋友
玩鬧	非惡意／在玩	不嚴重攻擊	覺得在玩／相互道歉	未失衡／有反擊	偶發／知分寸	是朋友
欺負	惡意	有攻擊	造成傷害	失衡	重複／難制止	不是朋友
霸凌	惡意	有嚴重攻擊	造成嚴重傷害	失衡	重複／難制止	不是朋友
團體內欺凌	惡意／非惡意	有攻擊（使喚、嘲弄）	造成傷害	失衡	重複	是朋友（自願）

就學生衝突事件來說，事件通常有起因而非故意，彼此會相互攻擊而互有傷害，因為雙方皆有攻擊因此未有勢力失衡的情況，通常是偶發事件，而且，衝突可能發生在朋友或非朋友之間。

就玩鬧事件來說，學生偶有玩過頭的狀況，通常是非惡意的玩弄取笑，彼此會相互取笑而互有傷害，因為雙方皆有取笑因此未有勢力失衡的情況，通常是偶發事件，在相互道歉之後就會結束。而且，玩鬧行為通常出現在朋友之間。

就欺負及霸凌事件來說，攻擊行為事件的產生通常是蓄意的，會對受害者帶來傷害感受，雙方會有大欺小或強欺弱的勢力失衡狀況，而且，會重複發生而難以制止，通常欺負及霸凌都發生在非朋友之間。教師對欺負與霸凌的看法，在於欺負是傷害結果較不嚴重的攻擊行為，霸凌是造成嚴重傷害且較嚴重的攻擊行為。

較為特殊的是，團體內霸凌通常是朋友關係，受害者為了友誼而依附在團體中，會被團體惡意嘲弄、使喚及攻擊，具有勢力失衡及重複發生的情況，但因為是發生在朋友圈內，教師可能會認為是受害者自願留在團體內，因此認定為不是霸凌。

「如果他是嬉鬧還是不小心打到怎麼樣，通常都會互相道歉，

會有道歉的行為，那如果是霸凌的行為，應該是就不會說道歉了。他一定不會認為自己不對，那個霸凌者，他一定會認為自己做的是對的，因為他要展現他的那個power，他要讓大家都知道，認為說我是對的，然後針對他，是因為他的錯。」

「像我們班大部分都是男生，那男生常常會有言語上的……就像他們會去問候對方，但就是你來我往，剛開始我也很不能接受，怎麼好像在互罵，可是我後來觀察一下，才發現反而是一種很正常的，他們的溝通方式。反而是一些不常與大家嘴來嘴去的，反而不受歡迎。所以我的界定是說，比如說跟你嘴來嘴去的，表面上好像在互罵，但是如果你會回嘴，有來有往這樣，我就不會覺得這是霸凌。大家互相扯平，如果是今天很多人酸一個人，那個人卻沒有辦法反擊，那我才覺得那是霸凌。」

「是前一屆的，就是他們剛開始感情很好，是兩個男生，平常就玩在一起，打屁哈啦都有，一般看來就會覺得他們互動很不錯……那後來有一個孩子感覺有點玩不起了，導致情緒都起來了，就會說：你不要再碰我了。那種情緒反應出來。後來經過了解，知道他覺得玩到後面互動讓他感到不舒服，已經太過，但對方覺得麻吉啊，摸一下會怎樣，大概是這樣的狀況。但就是對方那個孩子沒有感覺到別人所傳達的意念，他還是會覺得我就是跟你玩啊……就類似摸他的生殖器官。」

「關係太好也會，可能因為偶發事件，老師看這個狀況，因為他們平常關係太好，就會解釋為衝突，繼續觀察，若沒有其他起伏的曲線，這個事情就會淡掉，曾經有發生，就是關係太好，對方就會覺得你得寸進尺，我今天突然心情不好，你突然講一句話，就踩到我的地雷，我會把它解釋為偶發衝突，我就會覺得可能是開玩笑，因為沒有持續發生，沒有言語上對他不尊敬，我就不會當成言語霸凌。」

「如果這兩個小孩子平時的時候也都玩在一起，沒什麼問題，那他們的爭執可能就是為了某件事情引起那個衝突，這樣的偶發事件就不會把它定義成一個霸凌。對，那如果是一個長期

的，而且有強弱之分或是故意、蓄意的。」

「受氣包那種角色，比較像是攀住那個團體，因為他需要那個友情，所以我們很難介入，他們好的時候OK，但不好的時候他就會覺得不舒服，就會自己到旁邊舔傷口之類的。」

「在那個團體裡面，然後就是有地位比較低下，啊有一個地位比較低下的他跟另外一個地位比較崇高的起衝突，就是有一次在打球的時候起衝突，那起衝突的時候，那『王』會跟那個地位比較高的會比較好，所以他就指使那群其他小弟，就去排擠那個人，對，那也是一樣就是把他椅子弄倒啊，或是走過就罵他髒話啊，或是比較誇張一點的就是拿一個掃把棍，在我們一個活動中心旁邊，然後下課沒有人的時候就這樣甩一甩往背這樣甩下去，對，反正就是整個無所不用其極地去凌虐他之類的，對，我真的就覺得這是凌虐，啊那個小朋友就是本來他都還有笑容，就是你也知道嘛他本來就都是在那個團體裡面的，那後來就是整個變得沒有笑容。」

「受氣包，所以說這個就是模糊的，因為一部分是他自己願意被當受氣包，在他們這個階段同儕就是一種需求，情感的需求。」

（四）區辨校園霸凌的困境

教師在判斷校園霸凌時，會有幾項困境。首先，對於觀點不同會感到辛苦。例如：受害者認為被霸凌，教師覺得不是；教師認為受害者被霸凌，但受害者說無所謂；家長認為孩子被霸凌，但教師認為不是；不同教師對霸凌的看法不一致等。其次，受害者不說，也會讓教師覺得無從得知。第三，朋友關係及霸凌關係間轉換太快，例如：這個月是霸凌，下個月又玩在一起，這會增加教師判定的困難。

「就是孩子本身的感覺，就是我覺得他被霸凌，但他就說他沒有，然後我就幫不上忙，因為我要幫他嘛，我覺得他被霸凌，

但孩子就一直認為這不是，本身一個當事者他覺得他OK，但我在旁邊看不下去，所以我覺得這個也會，但我會有一點為難的地方，因為我自己會猶豫，他都說他覺得不是，但我覺得他是，那他這到底是不是？我覺得這個判斷會有一點困難這樣。」

「我們班有一個學生，然後他在上課的時候，輔導老師上課，然後問了大家一個問題，然後有指定他起來回答，結果他站起來回答後回答錯了，而且說真的我也忘記那是什麼題目了，但是回答完那個問題之後連老師都想笑說為什麼你會回答出這樣的答案，那當然同儕都笑翻了，然後後來再填那個什麼校園生活問卷的時候他就覺得他被霸凌，那實際上是有點太玻璃心是沒有錯這樣子，對，所以也是會有這種情況」

「家長也是個因素。我們不能講什麼啊，因為他要去告他，我們也不能說什麼，即使我們覺得他不是那麼嚴重的事情，而且如果他用這種處理方式，可能對這兩個孩子在學校的相處是會更嚴重的，可是他不覺得，他就覺得我要這樣子，他不會用像我們這種就是我必須要先理解然後輔導，最後讓他改善，他沒有這樣的概念。」

「其實這個定義上會有一個小小的盲點，就是說有的孩子忍耐力很強，他也不會講。還有一個就是說，可能他跟老師之間可能心防比較高，或是真的信賴度不足。」

「老師說是學生說不是，就學生的觀點他是擔心發生很嚴重的後果，因為可能他本身樂於這樣的行為，他是用這樣子的行為去建立跟同學跟同儕之間的關係，所以如果他一旦說了、老師處理了，這層關係就會破裂，會覺得不快樂。」

「轉換週期太快了。今天這個跟這個是好朋友，他之前欺負我們，下個月跟他變成好朋友。不好時候，就會把之前的事情拿出來講，家長就會擴大，他的孩子在欺負我的孩子。」

五、討論與建議

　　本研究在探討教師對疑似霸凌事件如何進行詮釋，以試圖找出教師辨識校園霸凌事件的判斷標準，並進一步探究有哪些因素會影響教師對校園霸凌事件的辨識。研究參與者為71位中小學教師，資料蒐集方式為焦點團體座談，採紮根理論法進行資料分析。研究結果顯示，教師認為霸凌具有蓄意、攻擊行為、傷害結果、勢力失衡、重複性的特徵，而且，教師在辨識校園霸凌時，會經歷「覺察期」、「澄清期」、「辨識期」等三階段。在辨識期，教師除了依自身對霸凌定義來判斷之外，還會考量是否為朋友關係、嚴重性、成因、是否反擊等條件來綜合判斷。

　　先就教師的霸凌定義進行討論，本研究發現教師的霸凌定義似乎與教育部定義相當一致，包括了蓄意、攻擊行為、傷害結果、勢力失衡、重複性的特徵，這與國外常見的霸凌三特徵：惡意傷害行為、重複、勢力失衡等（Olweus, 1993）也相當一致。此發現與鄭英耀等人（Cheng et al., 2011）的研究發現類似，雖然該研究是以中學師生為研究對象，發現臺灣中學師生考量意圖、雙方勢力情形、行為、傷害結果來界定，與2011年研究結果較不一樣的是本研究的教師會提及「重複性」，這可能與近10年來教育部及學校的加強宣導有關。另外，與國外對教師的霸凌定義研究相較，國外少有教師能完整提及校園霸凌三大要件：惡意傷害行為、勢力失衡、重複（Byers et al., 2011; Migliaccio, 2015），但本研究的教師則較能完整提及校園霸凌的各項特徵。

　　其次，針對校園霸凌辨識的階段，本研究發現教師在辨識校園霸凌時，會經歷「覺察期」、「澄清期」、「辨識期」等三階段，此為本研究之獨特貢獻，未見有其他學者曾提出類似的發現或討論。教師在覺察期時會透過多項管道（教師觀察、當事人通報、同儕通報、家長通報）來得知及覺察出疑似霸凌事件，透過澄清期的雙方澄清或第三方說明後，到辨識期以教師的霸凌定義來進行判斷是否屬於霸凌事件。雖然文獻中指出受凌學生可能會不敢講或不想講、怕講了之後也沒用、不想讓別人擔心等（鄭英耀、黃正鵠，2010; Oliver & Candappa, 2007），旁觀者也可能怕遭受汙名化或遭致報復而不敢講（Wilson-Simmons et al., 2006），但教師仍有其他管道來察覺出霸凌事件，如教師觀察或家長通報。以本文分析出來

的教師觀察為例，教師可以觀察疑似受害者的表情及語氣、人際關係不佳情況等，或是觀察到某一群學生開始厭惡／嘲弄某人或帶頭者開始攻擊某人，即可能要開始多加關注。本研究建議，不論是教師或是學校，均應多管道併用，如教師觀察、當事人、同儕、家長通報等，以期能早日覺察發現出疑似霸凌事件。

再針對辨識期來進行討論，教師除了依據定義特徵來判定之外，仍會考量是否為朋友關係、是否反擊、成因、嚴重度等來進行綜合判斷。關於朋友關係、是否反擊，這和勢力失衡的特徵有關，國外亦有學者提到教師會依據是否在玩／幽默、交互性、彼此關係來區分雙方是否勢力失衡（Smith et al., 2009），即與本研究提及的朋友關係、是否反擊等概念一致。然而，這幾項判斷依據，卻也可能是教師誤判的來源，例如：朋友圈的團體內霸凌被誤判為朋友玩鬧而非霸凌、受害者無法忍受後的反擊被誤判為勢力均衡因此非霸凌、由受害者攻擊挑釁所引起就可能被誤判為非霸凌（其實該受害者可能是兼為霸凌及受凌的雙重角色者）、單一嚴重行為可能是暴力犯罪而被誤認為霸凌。就此而論，當官方或校方不斷宣導依定義來判定是否為霸凌，可能忽略了教師所要面對的情境複雜性。在面對疑似霸凌事件時，教師會綜合考量是否為朋友關係、是否反擊、成因、嚴重度等，這顯示教師在辨識霸凌事件上實有難度，而且，這幾項考量點也可能是誤判來源，值得學界及實務教師多進行討論及釐清。

接著，針對教師判斷校園霸凌的困境進行討論，當親師生間對霸凌的觀點不一致時，教師會感到挫折，這與國外文獻的發現一致，因為教師提名霸凌／受凌和學生自陳霸凌／受凌的一致性很低（Oldenburg et al., 2016），代表親師生間對霸凌的觀點不一致，乃是常見的情況。就此而言，為了減少不同角色間的判定落差，較佳的方式仍是要依霸凌定義來進行討論，以拉近彼此觀點上的落差。另外，本研究發現朋友關係及霸凌關係間轉換太快，會增加教師判定上的難度，然這在國外文獻未有討論，較類似的概念應屬於團體內霸凌（in-group bullying），惟這方面的研究仍相當缺乏，建議未來可針對此議題多加探討，以增進對防制該議題之知識。

本研究有下列幾點限制與建議。首先，雖然本研究發現臺灣中小學教師對霸凌的定義包含了蓄意、攻擊行為、傷害結果、勢力失衡、重複性

等特徵，但，此結果乃是彙整分析後所得出之結果，而非指個別教師均能完整列出這些特徵，有些教師可能較著重於蓄意及重複性，有些教師可能僅著重於重複性的傷害行為及結果。因此，本研究建議，在研判個案是否屬於霸凌事件時，除了依靠教師個人觀察判斷之外，仍要依教育部定義，或是WHO所採用的三大要件：惡意傷害行為、勢力失衡、重複性來判斷之。其次，霸凌在不同教育階段上有所差異，例如：在中學階段以後，肢體霸凌會減少、關係霸凌會增多，這對不同層級教師在判定霸凌上自然會有不同的挑戰。本研究分析綜整了中小學教師對辨識霸凌的觀點，但不同層級的教師在面對及辨識霸凌時，可能會面對不同霸凌類型上的落差，例如：中學教師在面對關係霸凌的辨識時，可能會面對較多挑戰，這是實務教師在判斷霸凌時宜注意之處。

註：本研究由科技部提供經費補助（MOST107-2628-H-110-003-SS2），本章內容由科技部計畫第一年結案報告進行改寫。

作者對校園霸凌辨識之研究

　　教師是否能及時覺察霸凌事件的發生、及時介入與協助，對於降低學生遭受霸凌的風險及危害，至關重要。若學校教職員無法有效辨識校園霸凌事件並及時介入，將使得學生要面對遭受霸凌所帶來的風險。作者（Chen et al., 2017）針對臺灣教師的校園霸凌辨識情況進行研究，敘述如下：

研究目的

　　研究目的在了解三種介入方式（霸凌辨識訓練、給予霸凌定義、給予霸凌定義及特徵要件），對於提升教師霸凌辨識能力之影響。本研究結果旨在回答下列兩項問題：一、提供霸凌定義給教師（採不同介入方式來提供定義），是否會讓教師在霸凌情境辨識上的得分，顯著高於未接受霸凌定義的教師得分？二、以三種介入方式來提供霸凌定義給教師，對教師在霸凌情境辨識上的得分是否有差異？

研究方法

　　研究正式參與者共分作四組：願意參與霸凌個案辨識訓練並填寫量表之中小學教職員（以下稱為X組）；填答附霸凌定義量表的教職員（Y組）；填答附霸凌定義量表及霸凌特徵檢核表的教職員（Z組）；填答未附霸凌定義量表的教職員（C組）。參與正式研究的教師來自臺灣北部、中部、南部共18所學校，正式問卷總計發放700份、回收601份，問卷回收率為86%。X組、Y組、Z組、C組的有效問卷數分別有149、156、146、150份。其中，男性為211位（占35.1%）、女性為380位（占63.2%）、10位未填性別；任教階段為小學有245位（占40.8%）、國中為204位（占33.9%）、高中職為140位（占23.3%）、12位未填任教階段。研究工具為自編的霸凌個案辨識問卷，共有24題，包含前測12題及後測12題，問卷主要為測量教職員對於校園霸凌情境之正確辨識能力。問卷採兩點式計分，請填答者在「確是霸凌」、「不是霸凌（如偏差行為）」中擇一勾選。得分愈高代表填答者愈能正確的區辨出霸凌情境與一般衝突情境，得分愈低代表填答者愈可能混淆霸凌情境與一般衝突情境。

研究結果

　　結果發現提供霸凌辨識訓練及提供霸凌定義與特徵要件此二介入方式之教職員，其霸凌辨識能力顯著優於未接受任何介入之教職員。關於提供霸凌定義與特徵要件的介入，可能因為在提供霸凌定義外，於各題項旁，更附加三大霸凌特徵要件，並讓教職員可透過此要件逐一檢核判斷是否為霸凌事件，如此更可協助其清楚地協助其判定之，而獲致較佳之辨識效果。然而，僅提供霸凌定義之教職員，其霸凌辨識能力則與未接受任何介入之教職員間無顯著差異。

研究貢獻

　　依據該研究結果，能為校園霸凌的防制帶來下列實務啟示：（一）僅提供霸凌定義，對提升教師霸凌辨識能力的效果不大。教育行政端及學校端宜避免僅提供校園霸凌定義予教師，仍需有其他的配

套措施。（二）接受教師霸凌辨識訓練之教職員，其霸凌辨識能力提升狀況最為顯著，故建議教育主管機關及學校端，可多推廣對於各級學校教職員之霸凌辨識教學及訓練，尤其可著重在疑似霸凌個案的討論及霸凌定義的判斷與運用，以有效精進其校園霸凌辨識能力。（三）若因時間及金錢限制，無法進行霸凌辨識之推廣訓練，則可提供教職員霸凌定義與特徵要件檢核表，讓教師在面對疑似校園霸凌個案而無法判斷時，能有所依循。

校園霸凌改編個案

生性耿直的張老師是學校資深老師，教學經驗豐富，他認為教學嚴厲點對學生絕對會有好處的，認為沒有不受教的學生，嚴師總會出高徒，他認為教學者不應該配合學生或家長而放棄自己所堅持的原則。張老師每天分分秒秒都非常盡責的教學，從未請病事假的他，也一樣盡責的從不遲到早退。這是新班，張老師一如既往訂下二十條班規，臺下同學面面相覷。

小逸舉手問：老師，遲到就要罰站，萬一是不得已耶，還要罰站嗎？

張老師瞪一眼小逸心想：好呀！我就來個下馬威，這群小孩真是不知天高地厚！

張老師還是對全班說：各位同學！聽好！準時是現代人最重要的習慣，如果無法準時，你還有什麼誠信可言，遲到就是遲到，還需要什麼理由嗎？

上課鐘聲響，全班立刻坐好準備好國文課本，等待張老師上課，張老師滿意地注視同學：很好！大家很棒都能遵守規定，那麼請各位同學將昨天的回家功課國文習作交來。

小盈舉手：老師！小逸沒帶國文習作。

張老師瞪著小逸：你的回家功課勒？

小逸搔搔頭不好意思：老師！歹勢！忘了！

張老師大怒拍桌：是忘了？還是沒寫？全班被張老師這一拍嚇得鴉雀無聲。

小逸慌忙：老師我不是沒寫，是真的忘記帶來學校，我可以補交嗎？

張老師生氣：才剛開學就沒帶功課，你有帶腦子來學校嗎？沒交就是沒交，那麼多藉口，站著上課，你也不用下課了！

開學已過一個月，學藝股長抱著國文講義來到辦公室對張老師抱怨說：老師！小逸又沒交國文講義作業了！他已經連續好幾次沒繳作業啦！

國文課，張老師生氣地走到小逸旁邊問：你已經第幾次沒交作業？

小逸立刻回答：報告老師！第三次。

張老師怒：錯一次已經很糟糕還一錯再錯，來學校幹嘛？同學們，只會吃喝拉撒是什麼動物？

某同學回答：豬啦！是笨豬！全班大笑。

張老師冷笑：你今天都不用下課了！

午休時，小逸因為國文考卷考不及格錯的題目要抄十遍，感到非常疲倦，忍不住狂打哈欠，班上同學覺得小逸很吵，跑去跟張老師告狀，張老師心想好好一個午休也可以鬧事！真是可惡！非得好好教訓一下！張老師憤怒地來到小逸身邊，一把推開小逸，搶走考卷大吼：你是存心想讓大家難過日子嗎？搞什麼？你乾脆給我離開教室！說著就將小逸桌子搬到教室外。

案例分析

• 是否有傷害行為：是。如暗示同學進行嘲諷。
• 是否重複：是。如桌子搬到教室外、暗示同學進行嘲諷。
• 是否為教師霸凌：是。

　　一般可能認為這是嚴師的管教，問題不大。但，嚴苛管教可能會越線，淪為教師霸凌而不自知。若教師自認的合理管教，在其他師生眼中都已逾越了合理的界線，可能就會成為虐待或霸凌行為。例如：

整天不準下課，可能已涉及虐待行為；暗示同學進行嘲諷，可能涉及情緒虐待；桌子搬到教室外，可能侵害了學生的學習權。一般而言，這些逾越合理界線的嚴苛管教會重複出現，即成為重複對學生身心造成傷害的傷害行為，此即教師霸凌。

校園霸凌改編個案

小春是資源班的學障學生，個性內向害羞，家庭經濟僅靠年邁阿嬤資源回收賺取微薄生活費，她身上經常穿著一件已經褪色的粉紅舊外套。

小正刻意走過小春旁捏著鼻子作嘔喊：哪來酸臭味？好臭喔！好嘔！

小義大笑：是臭智障啦！

兩人說完哈哈大笑跑出教室，留下茫然不知所措的小春。

教室裡其他人紛紛遠離小春，小雨還刻意在小春面前用課本大力對著空氣搧，嘴裡喊著：呀呀呀！COVID-19、COVID-19、COVID-19，小春低著頭呆立著，不知該如何反應。

體育課時，小春躡手躡腳地站在班級隊伍後，老師吹哨大吼：還不趕快入隊！

體育股長小義：報告老師！她剛剛從垃圾場回來啦！

全班大笑，老師也笑：別瞎扯！快整隊，全班跑操場三圈。

午餐時間，大家紛紛盛好飯菜三三兩兩坐在一起邊聊邊吃，好不熱鬧。小春一個人孤單地吃著飯，只是肚子實在餓的咕咕叫，所以很快吃光，心裡想著吃飽一點，晚餐就可以不用吃，阿嬤就不用煩惱操心，起身再去盛第二次，背後聽見竊竊私語夾雜的譏笑聲，隱約聽見：臭酸女，智障豬……小春只能當作沒聽見，她必須吃飽一點，阿嬤才不需要操心她的晚餐。

案例分析

• 是否有惡意傷害行為：是。如罵臭智障。

• 是否有勢力失衡：是。小正、小義、小雨等人的共同嘲弄。

• 是否重複：是。如罵COVID-19、罵臭智障、嘲諷剛從垃圾場回來
等。

• 是否為校園霸凌：是。

　　因為當事人小春較為弱勢的個人及家庭因素，使得小春有異於普通人的穿著，這使得小春容易成為被盯上的弱勢對象。加害者則多半認為自己在開玩笑，以嘲弄的方式來攻擊對方，藉此以引人發笑，但殊不知自己的行為乃是言語霸凌。另一可能性是，加害者想以言語攻擊行為來促使受害者轉變（如：不要再穿臭酸衣服）。此案例的防制建議，就是要讓學生分清楚開玩笑及言語霸凌的差異，讓學生知道不能以開玩笑來作為言語霸凌的藉口；另外，受害者的個人及家庭因素多半是無法改變的，加害者的言語霸凌實難起到改變受害者的作用，加害者必須意識到這一點，並增加尊重差異及對各類族群、身分、地位……的包容性。

 參考文獻

陳利銘、鄭英耀（2016）。**教育部101-103年校園霸凌調查分析研究期末報告**。教育部、國立中山大學教育研究所。

鄭英耀、黃正鵠（2010）。**教育部校園霸凌現況調查與改進策略研究計畫期末報告**。教育部、國立中山大學教育研究所。

Allen, K. P. (2015). We don't have bullying, but we have drama: Understandings of bullying and related constructs within the social milieu of a U.S. high school. *Journal of Human Behavior in the Social Environment, 25*(3), 159-181. doi:10.1080/10911359.2014.893857

Bauman, S., & Del Rio, A. (2005). Knowledge and beliefs about bullying in schools comparing pre-service teachers in the United States and the United

Kingdom. *School Psychology International, 26*(4),428-442.

Bauman, S., & Hurley, C. (2005). Teachers' attitudes and beliefs about Bullying. *Journal of School Violence, 4*(3), 49-61. doi:10.1300/J202v04n03_05

Beran, T. N. (2005). A new perspective on managing school bullying: Pre-service teachers' attitudes. *Journal of Social Sciences, 8*, 43-49.

Berger, R. (2015). Now I see it, now I don't: Researcher's position and reflexivity in qualitative research. *Qualitative Research, 15*(2), 219-234. doi:10.1177/1468794112468475

Birks, M., & Mills, J. (2015). *Grounded theory: A practical guide.* Sage.

Bradshaw, C. P., Sawyer, A. L., & O'Brennan, L. M. (2007). Bullying and peer victimization at school: Perceptual differences between students and school staff. *School Psychology Review, 36*(3), 361-382.

Byers, D. L., Caltabiano, N. J., & Caltabiano, M. L. (2011). Teachers' attitudes towards overt and covert bullying, and perceived efficacy to intervene. *Australian Journal of Teacher Education, 36*(11), 105-119.

Chen, L. M., & Cheng, Y. Y. (2013). Prevalence of school bullying among secondary students in Taiwan: Measurements with and without a specific definition of bullying. *School Psychology International, 34*, 707-720. doi:10.1177/0143034313479694

Chen, L. M., Sung, Y. H., & Cheng, W. (2017). How to enhance teachers' bullying identification: A comparison among providing a training program, a written definition, and a definition with a checklist of bullying characteristics. *The Asia-Pacific Education Researcher, 26*(6), 351-359. doi:10.1007/s40299-017-0354-1

Cheng, Y.-Y., Chen, L.-M., Ho, H.-C., & Cheng, C.-L. (2011). Definitions of school bullying in Taiwan: A comparison of multiple perspectives. *School Psychology International, 32*(3), 227-243. doi:10.1177/0143034311404130

Hazler, R., Miller, D., & Carney, J. (2001). Adult recognition of school bullying situations. *Educational Research, 43*(2), 133-145.

Horton, P., Kvist Lindholm, S., & Nguyen, T. H. (2015). Bullying the meek: A conceptualisation of Vietnamese school bullying. *Research Papers in*

Education, 30(5), 635-645.

Latané, B., & Darley, J. M. (1970). *The unresponsive bystander: Why doesn't he help?* Appleton Century Crofts.

Lee, C. (2006). Exploring teachers' definitions of bullying. *Emotional and Behavioural Difficulties, 11*(1), 61-75. doi:10.1080/13632750500393342

Migliaccio, T. (2015). Teacher engagement with bullying: Managing an identity within a school. *Sociological Spectrum, 35*(1), 84-108. doi:10.1080/027321 73.2014.978430

Mishna, F., Pepler, D., & Wiener, J. (2006). Factors associated with perceptions and responses to bullying situations by children, parents, teachers, and principals. *Victims and Offenders*, *1*(3), 255-288.

Mishna, F., Scarcello, I., Pepler, D., & Wiener, J. (2005). Teacher's understanding of bullying. *Canadian Journal of Education, 28*, 718-738.

Naylor, P., Cowie, H., Cossin, F., de Bettencourt, R., & Lemme, F. (2006). Teachers' and pupils' definitions of bullying. *British Journal of Educational Psychology, 76*, 553-576.

Oldenburg, R., Bosman, R., & Veenstra, R. (2016). Are elementary school teachers prepared to tackle bullying? A pilot study. *School Psychology International, 37*(1), 64-72. doi:10.1177/0143034315623324

Oliver, C., & Candappa, M. (2007). Bullying and the politics of telling. *Oxford Review of Education, 33*(1), 71-86.

Olweus, D. (1993). *Bullying at school: What we know and what we can do*. Blackwell.

Raven, S., & Jurkiewicz, M. A. (2014). Preservice secondary science teachers' experiences and ideas about bullying in science classroom. *Science Educator, 23*(1), 65-72.

Ravitch, S. M., & Carl, N. M. (2016). *Qualitative research: Bridging the conceptual, theoretical, and methodological*. Sage.

Smith, H., Varjas, K., Meyers, J., Marshall, M. L., Ruffner, C., & Graybill, E. C. (2009). Teachers' perceptions of teasing in schools. *Journal of School Violence, 9*(1), 2-22. doi:10.1080/15388220903185522

Strauss, A., & Corbin, J. (1998). *Basics of qualitative research: Techniques and procedures for developing grounded theory* (2nd ed.). Sage.

Sutton, J., & Austin, Z. (2015). Qualitative research: Data collection, analysis, and management. *The Canadian Journal of Hospital Pharmacy, 68*(3), 226-231.

Wei, H. S., & Jonson-Reid, M. (2011). Friends can hurt you: Examining the coexistence of friendship and bullying among early adolescents. *School Psychology International, 32*(3), 244-262.

Wienke-Totura, C. M., Green, A. E., Karver, M. S., & Gesten, E. L. (2009). Multiple informants in the assessment of psychological, behavioral, and academic correlates of bullying and victimization in middle school. *Journal of Adolescence, 32*, 193-211. doi:10.1016/j.adolescence.2008.04.005

Wilson-Simmons, R., Dash, K., Tehranifar, P., O'Donnell, L., & Stueve, A. (2006). What can student bystanders do to prevent school violence? Perceptions of students and school staff. *Journal of School Violence, 5*, 43-62. doi:10.1300/J202v05n01_04

第7章 教師辨識校園霸凌：個人變項與心理變項的影響

一、前言

　　上一章是教師辨識校園霸凌的質性探究，發現了教師在辨識校園霸凌過程中會經歷：覺察期、澄清期、辨識期三階段。本章則是針對教師辨識校園霸凌持續進行探究，惟本章乃採量化研究的方式，實施自陳問卷，以了解不同個人變項及心理變項，對教師辨識虛擬校園霸凌情境得分的影響。

　　校園霸凌（school bullying），又稱為欺凌或欺負行為，指的是在勢力失衡的情況下，對當事人的身體、心理、財物、權利造成損害的惡意傷害行為（Cheng et al., 2011）。學術上常見的判斷要件，包括惡意傷害行為（intentionality）、重複性（repetition）、勢力失衡（power imbalance）等三大特徵（Olweus, 1993）。由於校園霸凌事件對涉入學生帶來各種負向影響，包括自殺傾向、焦慮、憂鬱、飲食失調等（顏正芳，2010; AlBuhairan et al., 2017; Chen & Wei, 2011; Duarte et al., 2017; Barzilay et al., 2017），如何降低校園霸凌對學生的危害，乃是學界、教育人士及政策制定者所關注的焦點。

　　教師能有效介入及防制校園霸凌的首要關鍵，在於要先能辨識出校園霸凌事件的發生，才能進行後續的防制作為。由於校園霸凌發生後，學生可能不敢告訴成人，學生很少把受凌的狀況立即告訴老師（Oldenburg et al., 2016）。因此，教師的角色便相當重要，若教師能及早辨識出校園霸凌事件，及早介入，便能提供必要的協助給涉入霸凌的學生，以免事件持續惡化。若教師無法辨識出校園霸凌事件，便無法及時介入制止校園霸凌。然而，教師對校園霸凌的辨識，似乎受到不同因素的影響，而產生不同的主觀詮釋。本研究欲透過量化研究方式，探討不同個人背景及心理變項，對於教師辨識虛擬霸凌情境的影響。

（一）個人背景變項與教師的校園霸凌辨識之關聯

就個人背景變項而言，包括性別、是否接受過防制霸凌訓練、學生時期曾遭受霸凌的經驗、教學年資、教育階段等，均可能影響教師對校園霸凌的辨識。先就性別而言，學生性別會影響教師辨識受凌學生之準確性，男生受凌者比較容易被學校辨識出來（Haataja et al., 2016; Leaf et al., 1999），然而，不同性別的教師在校園霸凌辨識的得分上是否有差異，仍不清楚，因此將教師性別納入研究來進行探討。

就接受防制霸凌訓練來看，研究顯示職前教師先前有參與過霸凌預防訓練者，較有信心能辨認出霸凌事件並有信心能處理霸凌事件（Craig et al., 2011）。然而，此研究僅著重於辨識信心，至於參與霸凌防制訓練者是否能影響教師對於校園霸凌的辨識得分，研究結果較模糊，因此將教師參與霸凌防制訓練的頻率多寡納入本研究進行探討。

就受凌經驗來看，研究顯示求學期間曾遭受霸凌或曾目睹霸凌的教師，會對校內的霸凌事件較為敏感，認為校內有較多的霸凌事件（Craig et al., 2011）。顯示教師辨識情況可能受到自身受凌經驗的影響，曾有受凌經驗者似乎能辨識出較多的校園霸凌事件。另外，教職員自身是否曾遭受過霸凌的經驗，能有效預測對霸凌的態度及霸凌處理效能感，求學時期有受凌經驗者在態度上似乎較傾向於接受霸凌屬於生活中的一部分，至於目前在職場中被霸凌的教職員，則與知覺處理霸凌的能力有負向關聯（Bradshaw et al., 2007）。可見，受凌經驗似乎能影響教師對霸凌的態度及霸凌處理效能感。然而，求學時期的受凌經驗與職場受凌經驗是否能影響教師對於校園霸凌的辨識得分，則仍不清楚，因此本研究將教師的受凌經驗納入研究。

就教學年資而言，目前少有研究針對年資是否影響教師的校園霸凌辨識進行探討。Oldenburg等人（2016）建議，未來研究可探討年資或教學經驗較豐富者，在霸凌定義及辨識情況上是否優於其他教師。因此，本研究將教師的教學年資亦納入分析。

就教育階段而言，Haataja等人（2016）的研究發現，中學及小學教師在辨識長期受凌者上並無差異，顯示不同教育階段的教師在辨識校園霸凌的表現上並沒有差別。然而，Leaf等人（1999）指出，小學教師比起國

中教師更能有效辨識出霸凌者及受凌者，此可能因霸凌行為與頻率會隨年紀改變，造成教師難以觀察出來。目前研究對於不同教育階段的教師在辨識校園霸凌的表現尚未有一致的共識，待未來更多研究進行澄清。因此，本研究將教師的教育階段亦納入研究。

（二）心理變項與教師的校園霸凌辨識之關聯

再就心理變項來看，教師對校園霸凌的知覺嚴重度、道德疏離（moral disengagement）、知覺辨識效能等，可能會影響教師對校園霸凌的辨識。先就知覺嚴重度而言，研究指出教師對校園霸凌的定義與知覺嚴重度之間有關聯（Craig et al., 2011），而且，質性研究結果顯示教師會依照知覺嚴重程度來判斷該行為情境是否屬於霸凌行為（Mishna et al., 2005）。至於知覺嚴重度是否會影響教師對校園霸凌的辨識，仍需更多量化研究結果來進行驗證。因此，本研究將知覺嚴重度納入研究，以進一步驗證教師對校園霸凌的知覺嚴重度是否會影響其辨識校園霸凌的表現。

就道德疏離而言，Bandura（1986）認為道德疏離歷程會讓個體出現認知扭曲，導致攻擊行為的發生。對校園霸凌的研究顯示，道德疏離程度和霸凌行為有顯著正向關聯，與挺身協助行為有負向關聯，而且不論是個體道德疏離或班級群體的道德疏離均和挺身行為有負相關（Gini et al., 2015; Thornberg & Jungert, 2014）。換言之，道德疏離程度愈高者，愈可能出現霸凌行為，以及愈不願出面挺身協助受凌者。Obermann（2011）發現漠不關心的旁觀者和道德疏離有關，其道德疏離得分顯著高於挺身者。由此可知，旁觀者的道德疏離程度愈高，可能愈不會挺身介入與協助。目前探討校園霸凌與道德疏離議題的研究，多聚焦於學生，少有研究探討教師的道德疏離情況。目前已知的是，部分教師可能有怪罪受凌者的傾向，認為受凌者活該被欺負，而這也會影響他們對校園霸凌的界定（Mishna et al., 2005; Migliaccio, 2015）。由於道德疏離機制涉及去人性化（dehumanization）及扭曲結果（distorting the consequences），前者指的是認為受害者咎由自取，後者指的是感受不到或忽略其行為後果，以這些內在機制讓自己免於罪惡感、羞愧等負向情緒的威脅（Bandura, 1999, 2002）。就此而論，教師的道德疏離程度愈高，則較可能怪罪於受

害者或忽略加害者的攻擊行為,而傾向判斷為非霸凌行為。由於目前未有研究探討教師的道德疏離程度與教師辨識校園霸凌的關聯,因此本研究會將教師的道德疏離程度納入研究。

就知覺辨識效能而言,先前研究曾針對自我效能與介入霸凌意願進行研究,結果發現教師介入霸凌的自我效能愈高,則教師介入霸凌的意願也會愈高(Duong & Bradshaw, 2013; Sokol et al., 2016)。顯示教師的自我效能可能會影響教師面對霸凌意願的相關反應。目前未有研究針對教師對校園霸凌的辨識效能與教師辨識霸凌得分之關聯進行研究。因此,本研究將教師的知覺辨識效能納入研究,以探討教師的知覺辨識效能是否能預測教師辨識霸凌得分。

綜言之,本研究目的在探討教師對虛擬霸凌情境的辨識狀況,是否因教師個人背景變項(性別、是否接受過防制霸凌訓練、求學受凌經驗、職場受凌經驗、教學年資、教育階段等)而有差異,以及個人心理變項(知覺嚴重度、道德疏離、知覺辨識效能)是否會影響教師的虛擬霸凌情境辨識情況。

二、文獻探討

(一)教師辨識校園霸凌的理論基礎

雖然Latané與Darley(1970)提出的助人行為模式,著重於對**旁觀者效應**及**責任分散**提出解釋,但該模式內的「詮釋」要素亦可作為教師辨識校園霸凌的理論基礎。Latané與Darley(1970)認為,旁觀者在目睹緊急事件時會依下列五步驟來決定其介入行為:注意、詮釋、擔起責任、決定如何幫助、提供幫助。當旁觀者注意到有緊急事件發生時,若將事件解釋為緊急且需要有人出面,且認為個人有責任提供必要協助,就會在能力範圍內衡量不同的協助方式,接著才會決定提供協助。換言之,在旁觀者決定協助之前,必須先注意到事情的發生,並將該模糊事件詮釋為緊急事件,後續的歷程要素才會起作用。因此,注意事件發生及把模糊事件詮釋為需要介入協助的緊急事件,實為旁觀者助人的促發要素;反之,若未注意事件發生,或把模糊事件詮釋為一般事件,那麼旁觀者可能就會認為沒

有介入的必要性。就此而論，教師對模糊事件的認知詮釋將會影響校園霸凌事件的辨識。由於校園內的衝突事件或問題行為相當多元，偶有學生騷擾或攻擊事件發生，對教師及其他成人來說，在複雜的社會脈絡中，最主要的問題就是如何決定問題行為事件是否為霸凌（Allen, 2015）。當教師在面對各類問題行為時，如不適宜的簡訊、言語取笑、謠言等，如何對這些事件進行詮釋，並辨識為霸凌或非霸凌事件，將會影響教師後續的介入處置行為。

當旁觀者面對可能需協助的事件時，可能會產生**雙避衝突**困境：若不介入協助，可能會受內心煎熬；若介入協助，可能會遭受生理上的危險或涉入法律訟訴。降低此衝突的內在機轉可能扭曲其認知，將事件詮釋為非緊急或認為事件不嚴重，以此來降低是否需要介入的內在衝突。例如：以實驗操作，讓學生聽到旁邊教室似乎有人在打架或霸凌他人，12個受試者中，只有一個人通報有事件需要介入處理，其他11人則認為那不是打架，認為只是有人在看電視或有人在聽錄音帶，或是有人在玩，所以不需要去管這件事（Latané & Darley, 1970）。就此而言，教師對學生衝突事件如何詮釋解讀，將會影響教師對校園霸凌辨識情形。

由於事件的發生在本質上經常是相當模糊的，旁觀者可用不同角度來進行解讀。個人的詮釋解讀可能會受到個人過去經驗、人格特質、當下的心情、認知扭曲的迴避信念（如事件不嚴重）、其他人的反應等影響（Latané & Darley, 1970）。依其理論，本研究推論教師過去受教時曾涉入霸凌事件（個人過去經驗）及對霸凌的知覺嚴重性（認知扭曲），將會影響教師對校園霸凌的辨識情形。若教師過去曾涉入霸凌事件，可能會輕忽學生霸凌事件，認為部分事件算不上霸凌行為，而有較低的校園霸凌辨識得分；若對霸凌有較低的知覺嚴重性，則亦有較低的校園霸凌辨識得分。

（二）影響教師辨識校園霸凌的因素

1. 個人背景變項與教師辨識校園霸凌的關聯

就個人背景變項與教師辨識校園霸凌的關聯，以下分別針對各變項進行討論並提出相關假設。就性別來說，研究顯示男生的受凌者較容易被

辨識出來（Haataja et al., 2016），顯示性別與校園霸凌的辨識有關聯，但不同性別教師的辨識能力是否有差異，則仍不清楚，僅能採取間接證據推論之。目前已知教師對校園霸凌的知覺嚴重性有性別差異，男老師認為瞧不起、叫綽號等行為較不嚴重，男教師比較容易忽略這些行為；女老師則認為關係霸凌較嚴重（Duy, 2013; Ellis & Shute, 2007）。由於部分行為可能會被老師認為不嚴重而被忽略，而且，不同性別的老師看法也有差異，因此，本研究假設不同性別的教師在校園霸凌辨識得分上會有差異，男老師可能較易忽略部分行為，而女老師的校園霸凌辨識得分較高。

　　針對是否接受過防制霸凌訓練來說，研究顯示接受過定義或辨識相關介入訓練後，能提升職前教師對各霸凌特徵的辨識率，而且會較關心霸凌問題及有信心辨認霸凌（Benitez et al., 2009; Craig et al., 2011）。國內研究亦顯示，受過防制霸凌訓練的教師，在辨識霸凌情境的正確性上顯著較高（邱珍琬、張麗麗，2012）。然而，亦有相反的證據指出，即使受過一年的防制霸凌方案訓練，教師仍無法說出何謂霸凌，只有部分教師會提到勢力失衡、意圖等（Oldenburg et al., 2016）。就此而言，接受過防制霸凌訓練的教師，是否能提升教師的校園霸凌辨識情形，似乎仍未有定論。本研究假設，是否接受過防制霸凌訓練，在教師的校園霸凌辨識得分上會有所差異，接受防制霸凌訓練時數愈高的教師，其校園霸凌辨識得分愈高。

　　針對求學時曾涉入過霸凌的經驗來說，研究顯示求學時涉入霸凌經驗和教師的**利霸凌態度**（pro-bullying atttitude）有關，比較容易認同「霸凌是生活的一部分，每個人都會經歷」，而且，學生時期的受凌經驗對承諾介入、辨識能力沒有影響（Bradshaw et al., 2007; Kokko & Pörhölä, 2009；邱珍琬、張麗麗，2012）。亦有相反的研究證據顯示，職前教師若曾有涉入霸凌經驗或目睹霸凌者，會對校園霸凌事件較為敏感，且較有自信辨認及處理霸凌事件（Craig et al., 2011）。因此，在求學時是否涉入霸凌經驗的教師，在教師的校園霸凌辨識情形上是否有差異，似乎仍未有定論，教師的求學受凌經驗可能會讓教師對霸凌更為敏感，也可能讓教師更能接受或忽略霸凌行為。本研究假設，求學期間是否涉入霸凌經驗的教師，在校園霸凌的辨識得分上不會有差異。另外，由於在職場中被霸凌的教職員，與知覺處理霸凌的能力有負向關聯（Bradshaw et al.,

2007），但職場受凌經驗是否與辨識學生霸凌能力有關，則仍不清楚。本研究假設，教師的職場受凌經驗與教師的辨識學生霸凌得分沒有關聯。

　　就教學年資來說，國內研究顯示，國中階段的教師辨識得分與年資有負相關，國中教師年資愈高，則教師辨識正確比例愈低（邱珍琬、張麗麗，2012）。另外，研究指出年資似乎與教師介入意願有關，在年資較高的老師，都能以知覺效能感及知覺威脅度（含知覺嚴重度及知覺敏覺性）來預測教師的介入意願（Duong & Bradshaw, 2013）。教師年資與教師辨識霸凌能力的關聯，仍需要更多研究進行釐清。本研究依介入意願的相關發現來提出研究假設，年資與教師校園霸凌辨識能力有關，教師年資愈高，其校園霸凌辨識能力愈高。

　　就教育階段來說，有研究指出教師在辨識校園霸凌時會有教育階段上的差異，小學教師比起國中教師更能辨識出受凌者（Leaf et al., 1999）；然而，Haataja等人（2016）發現中學及小學教師在辨識長期受凌者上並無差異。因此，不同教育階段的教師，在辨識校園霸凌的得分上是否會有差異，仍未有一致的共識。由於不同教育階段的校園霸凌盛行率有所差異（Chen & Cheng, 2013），不同教育階段的教師在面對霸凌事件的次數上可能不太相同。因此，本研究假設，不同教育階段的教師，在辨識校園霸凌的得分上會有差異，小學教師的校園霸凌辨識得分會優於國中教師的得分。

2. 心理變項與教師辨識校園霸凌的關聯

　　先就知覺嚴重度而言，研究顯示教師對校園霸凌的定義與知覺嚴重度之間有關聯（Craig et al., 2011）。O'Brien（2007）的研究指出，知覺嚴重度與社會慣例有關，會被社會或群體接受的負向行為，就會被視為較不嚴重。此結果隱含著會被接受的行為，就比較不會被視為霸凌行為，而且也易被視為較不嚴重。另外，有研究指出教師認為霸凌事件是否嚴重，會影響教師對霸凌的辨識，而且，教師不見得會依霸凌的定義特徵來判斷是否為霸凌，而是會依傷害類型的知覺嚴重性以及勢力失衡來判定（Carney, 2005; Mishna et al., 2005）。這顯示教師對霸凌的知覺嚴重性會影響教師對霸凌的辨識。據此，本研究假定教師對校園霸凌的知覺嚴重性能預測教師的校園霸凌辨識得分，教師對校園霸凌的知覺嚴重度愈高，則教師的校園霸凌辨識得分也會愈高。

　　就道德疏離而言，針對學生族群的研究顯示，冷眼旁觀的局外者在道德疏離上的得分，會高於挺身者的道德疏離得分（Obermann, 2011），顯示道德疏離得分愈高，可能較不會挺身相助。另外，研究顯示部分教師會有怪罪受凌者的傾向，這會影響教師對霸凌的界定（Mishna et al., 2005; Migliaccio, 2015）。由於道德疏離與怪罪受凌者有關，據此，本研究假定教師的道德疏離程度與教師的霸凌辨識得分有負向關聯，教師的道德疏離得分愈高，則霸凌辨識得分會愈低。

　　就知覺辨識效能而言，少有研究針對知覺辨識效能進行研究，目前研究已知是，職前教師在學生時期的受凌經驗對承諾介入、知覺辨識能力並沒有影響（Kokko & Pörhölä, 2009），而80%初任教師認為自己有能力辨識校園霸凌事件（Bauman & Hurley, 2005），可見已有研究者開始關注教師對霸凌的知覺辨識效能。至於教師對霸凌的知覺辨識效能與教師的霸凌辨識得分之關係，則未有研究探討。因此，本研究僅能透過相關研究來進行間接推論。研究顯示，教師對關係霸凌介入意願最強的預測因子是知覺嚴重性及自我效能（Dedousis-Wallace et al., 2014）。據此，本研究推論教師的知覺辨識效能和教師的霸凌辨識得分之間應有正向關聯存在，教師的知覺辨識效能愈高，則教師的霸凌辨識得分也會愈高。

三、研究方法

（一）研究對象

　　本研究為了解不同變項對教師辨識虛擬霸凌情境的預測情形，針對臺灣北、中、南、東區的學校進行抽樣，共計選取36校，包含北部7校、中部13校、南部12校、東部4校；其中有16所國小、11所國中、9所高中職。每校選取3個年級（國小4-6年級、國中7-9年級、高中職10-12年級），每年級均抽取5班，邀請班級導師填寫教師問卷，每校原訂發放15份問卷，惟部分小型學校班數不多，因此能發放的份數依學校而訂。於2020年4-5月間發放及回收問卷，依學校應允的數量寄出了510份，實際回收477份，刪除無效問卷後的有效問卷為422份，問卷有效回收率為82.7%。樣本的年齡介於23-60歲間，平均為41.4歲（SD = 7.5），其他基本資料如表7-1。

☒ 表7-1　基本資料

性別		目前職場被同事霸凌	
男	27.3%	是	13.9%
女	72.7%	否	86.1%
教育階段		先前職場被同事霸凌	
國小	46.3%	是	14.4%
國中	25.1%	否	58.6%
高中職	28.6%		
教學年資		一年內霸凌防制訓練	
1-5年	12.9%	無	50.2%
6-10年	14.9%	2-4小時	37.3%
11-15年	20.1%	5-8小時	9.8%
16-20年	27.5%	9-16小時	1.7%
21年以上	24.6%	17小時以上	1.0%
求學時是否涉入霸凌			
霸凌者	1.9%		
受凌者	12.6%		
旁觀者	53.8%		
無涉入	23.5%		
其他	8.2%		

（二）研究工具

1. 情境式霸凌個案辨識問卷（recognition of bullying incidents questionnaire, [RBIQ]）

情境式RBIQ問卷主要在測量研究參與者是否能正確區辨校園霸凌情境與一般衝突情境的差異。衝突事件的來源係參酌及修改自教育部提供之校園霸凌與衝突案例（共分肢體類別、言語類別、關係類別），並依據雙向細目表編製而成。RBIQ問卷共有24題，含12題霸凌題及12題一般衝突題。霸凌題及一般衝突題的差別，在於各霸凌情境題皆係完整包含霸凌三大特徵（勢力失衡、重複、惡意傷害）（Olweus, 1993），而各一般衝突情境題則是未包含霸凌三大特徵或僅包含一至二項特徵。RBIQ採兩點式選項，研究參與者在閱讀完題目情境後，於「確是霸凌」、「不是霸

凌（如偏差行為）」選項中擇一勾選。若研究參與者對霸凌情境題勾選「確是霸凌」、對一般衝突情境題勾選「不是霸凌（如偏差行為）」則得1分，反之則得0分，加總後即可得到研究參與者的校園霸凌辨識得分，最高為24分，最低為0分，得分愈高代表研究參與者愈能正確區辨出霸凌情境與一般衝突情境，表示研究參與者有較高的霸凌辨識能力。先前研究針對教師資料進行Rasch分析，結果顯示所有試題的infit MNSQ介於0.85到1.33之間，符合標準。問卷之試題分離信度（item separation reliability）為.99，顯示試題的難度logit值能在該樣本下被有效區分。而且，肢體、言語、關係情境題的相關介於.94到.96之間。這些證據顯示RBIQ具有可接受的信效度（Chen et al., 2017）。教師在RBIQ的得分，即是教師辨識虛擬霸凌事件的得分。

2. 知覺霸凌嚴重度量表（School Bullying Severity Scale, [SBSS]）

SBSS主要在測量受試者對各類校園霸凌事件的知覺嚴重情形，共有21題，包括肢體、言語、關係、網路等四種霸凌類別，題目範例如下：「不雅照片被公布在網路上」、「被當眾說壞話」等。請受試者依五點量表來評估每一題的嚴重情形，由1到5分別是不嚴重到很嚴重。計算所有試題的平均，即可得到受試者對霸凌行為的知覺嚴重度，得分愈高代表受試者對各種霸凌行為給予較高的嚴重度評估，得分愈低代表受試者覺得各種霸凌行為並不嚴重。SBSS在中學生樣本施測的結果，顯示infit MNSQ介於0.82到1.32間，各題的試題總分相關介於.67到.86之間，樣本分離信度（person separation reliability）為.97，該量表具有良好的信效度證據（Chen et al., 2012）。

3. 道德疏離量表

本研究採用Hymel等人（2005）的道德疏離量表，共有18題。選擇該量表的原因是因為該量表試題乃針對霸凌情境設計；再者，該量表能被單一因素解釋，與其他學者採用的單向度道德疏離計分法一致（Gini et al., 2015; Obermann, 2011）。由於原量表的施測對象是學生，部分試題並無法適用於教師上，例如：「當你不喜歡的人被欺負時，加入欺負行列是OK的」、「在我的朋友群內，欺負是OK的」、「盯上輸家，是OK的」，因此選擇刪除，保留15題進行施測。量表的例題如：「被欺負能讓人更堅強」。採李克特式五點量尺，由1至5分別為「完全不同意」到

「完全同意」。得分愈高表示受試者的道德疏離程度愈高，原量表的內部一致性信度為.82。

　　4. 對霸凌的知覺辨識效能

　　目前並無知覺辨識效能量表可供使用，先前研究多僅用單題讓教師進行評估（Bauman & Hurley, 2005; Kokko & Pörhölä, 2009）。因此，本研究擬參考前述研究的題目，自編教師的辨識霸凌知覺效能量表，初擬5題，題目如下：「我覺得自己有方法可以知道班上有誰被欺負」、「如果我的學生被欺負了，我認為我都能注意到」、「若班上發生欺負事件，我對於自己的辨識能力感到有信心」、「就算學生不說，我認為我還是有辦法察覺到有誰被欺負」、「我認為我有能力區分出衝突事件及欺凌事件的不同」。採五點式量尺計分，由1到5，分別是非常不同意到非常同意。試題得分平均後即可得到教師對辨識霸凌的知覺效能得分，得分愈高代表教師覺得自己有能力辨識或區辨出校園霸凌事件。知覺辨識效能量表的內部一致性信度為.88。

（三）研究程序

　　請研究助理以電話聯絡臺灣北、中、南、東區的高中職以下學校，聯絡對象為該校校長或主任，說明本研究之目的及施測方式後，徵求學校代理人同意後，將問卷郵寄至該校，請學校代理人依施測說明，協助發放及回收導師問卷。導師問卷的首頁會提供研究資訊說明書，內容包括研究目的、研究進行方式、資料蒐集及儲存方式、參與研究回饋等，若教師同意參與研究，便匿名填答教師問卷（含個人背景變項、知覺嚴重度量表21題、道德疏離量表15題、辨識霸凌知覺效能量表5題、情境式霸凌個案辨識問卷24題）。同意填寫教師問卷者，本研究致贈7-11商品卡50元作為研究回饋。教師問卷會請受過訓練的研究助理進行資料處理，研究助理須簽署保密同意書，以確保資料不會外流。研究資料均由研究者小心保存密件處理，留意不讓個人資訊有被辨識出來的機會。

（四）分析方法

　　針對教師在虛擬霸凌情境的辨識表現，是否會因為個人背景變項而有差異，本研究選擇以 t 檢定（性別、目前職場受凌經驗、先前職場受凌經

驗）及one-way ANOVA（一年內接受過防制霸凌訓練時數、教育階段、教學年資、求學時是否涉入霸凌等）進行分析，若one-way ANOVA分析結果達顯著，會再以Scheffe法進行事後比較。針對教師在知覺嚴重度、道德疏離、知覺辨識效能等心理變項上的得分，是否會影響教師在虛擬霸凌情境的辨識表現，本研究選擇以多元迴歸法的進入法進行分析，以了解三個自變項是否能顯著預測教師在虛擬霸凌情境的辨識表現。

四、研究結果

（一）不同背景變項的教師在疑似校園霸凌情境的辨識狀況

1. 不同性別教師的校園霸凌情境辨識之得分

針對教師的校園霸凌辨識得分是否有性別差異，分析結果顯示男教師（$M = 14.48, SD = 3.12$）與女教師（$M = 14.55, SD = 2.95$）在校園霸凌辨識得分上並無統計上的顯著差異（$t = -0.21, p > .05$），表示在虛擬校園霸凌情境辨識得分上，並不會因為教師的性別而有差異。若將疑似校園霸凌情境區分為肢體、言語、關係等三類，再看不同性別在辨識得分上是否會有差異的話，則可發現男教師與女教師不論在肢體類（$t = -0.59, p > .05$）、言語類（$t = -0.33, p > .05$）、關係類（$t = 0.79, p > .05$）的疑似校園霸凌辨識得分上並無統計上的顯著差異。

2. 接受不同霸凌防制時數的教師於校園霸凌情境辨識之得分

關於過去一年接受不同霸凌防制時數的教師在校園霸凌情境辨識得分是否有差異，分析結果顯示接受不同霸凌防制時數（無、1-2小時、2-4小時、4-8小時、8-16小時、17小時以上）的教師，在校園霸凌辨識得分上（$M = 18.61, M = 18.38, M = 18.56, M = 19.71, M = 19.25, M = 18.54$）並無統計上的顯著差異（$F = 0.46, p > .05$），表示在虛擬校園霸凌情境辨識得分上，並不會因為教師接受霸凌防制訓練時數多寡而有差異。若將疑似校園霸凌情境區分為肢體、言語、關係等三類，再看接受不同霸凌防制時數在辨識得分上是否會有差異的話，則可發現接受不同霸凌防制時數的教師，不論在肢體類（$F = 1.33, p > .05$）、言語類（$F = 0.33, p > .05$）、關係類（$F = 1.00, p > .05$）的疑似校園霸凌辨識得分上並無統計上的顯著差異。

3. 求學期間涉入不同霸凌經驗的教師校園霸凌情境辨識之得分

關於求學期間曾涉入不同霸凌經驗的教師在校園霸凌情境辨識得分是否有差異，分析結果顯示求學期間涉入不同霸凌經驗的教師（霸凌者、受凌者、旁觀者、無涉入）在校園霸凌辨識得分上（$M = 18.13$, $M = 18.36$, $M = 18.33$, $M = 19.85$）並無統計上的顯著差異（$F = 0.74$, $p > .05$），表示在虛擬校園霸凌情境辨識得分上，並不會因為求學期間扮演不同的涉入霸凌的角色而有差異。若將疑似校園霸凌情境區分為肢體、言語、關係等三類，再看求學期間涉入不同霸凌角色的經驗在辨識得分上是否會有差異的話，則可發現接受求學期間涉入不同霸凌經驗的教師，不論在肢體類（$F = 2.53$, $p > .05$）、言語類（$F = 0.69$, $p > .05$）、關係類（$F = 1.42$, $p > .05$）的疑似校園霸凌辨識得分上並無統計上的顯著差異。

4. 目前職場不同受凌經驗教師的校園霸凌情境辨識得分

針對教師的校園霸凌辨識得分是否因目前職場不同受凌經驗而有差異，分析結果顯示目前職場無受凌經驗教師（$M = 17.93$, $SD = 3.45$）與目前職場有受凌經驗教師（$M = 18.59$, $SD = 2.90$），在校園霸凌辨識得分上並無統計上的顯著差異（$t = -1.38$, $p > .05$），表示在虛擬校園霸凌情境辨識得分上，並不會因為教師目前職場不同受凌經驗而有差異。若將疑似校園霸凌情境區分為肢體、言語、關係等三類，再看目前職場不同受凌經驗在辨識得分上是否會有差異的話，則可發現目前職場不同受凌經驗教師在肢體類（$t = -0.47$, $p > .05$）、言語類（$t = -1.45$, $p > .05$）的疑似校園霸凌辨識得分上並無統計上的顯著差異。但在關係類的疑似校園霸凌辨識得分上則有顯著差異（$t = -2.04$, $p < .05$），目前職場無受凌經驗的教師辨識得分（$M = 4.96$, $SD = 1.19$），顯著高於目前職場有受凌經驗的教師辨識得分（$M = 4.62$, $SD = 1.07$）。

5. 之前職場不同受凌經驗教師的校園霸凌情境辨識之得分

針對教師的校園霸凌辨識得分是否因之前職場不同受凌經驗而有差異，分析結果顯示之前職場無受凌經驗教師（$M = 18.60$, $SD = 2.95$）與之前職場有受凌經驗教師（$M = 17.87$, $SD = 3.14$），在校園霸凌辨識得分上並無統計上的顯著差異（$t = -1.77$, $p > .05$），表示在虛擬校園霸凌情境辨識得分上，並不會因為教師之前職場不同受凌經驗而有差異。若將疑似校園霸凌情境區分為肢體、言語、關係等三類，再看之前職場不同受

凌經驗在辨識得分上是否會有差異的話，則可發現之前職場不同受凌經驗教師在肢體類（$t = -0.98, p > .05$）、言語類（$t = -0.71, p > .05$）、關係類（$t = -1.43, p > .05$）的疑似校園霸凌辨識得分上並無統計上的顯著差異。

6. 不同年資教師的校園霸凌情境辨識之得分

關於不同年資的教師在校園霸凌情境辨識得分是否有差異，分析結果顯示不同年資的教師（1-5年、6-10年、11-15年、16-20年、21年以上）在校園霸凌辨識得分上（$M = 18.30, M = 17.89, M = 18.39, M = 18.91, M = 18.66$）並無統計上的顯著差異（$F = 1.35, p > .05$），表示在虛擬校園霸凌情境辨識得分上，並不會因為不同年資而有差異。若將疑似校園霸凌情境區分為肢體、言語、關係等三類，再看不同年資教師在辨識得分上是否會有差異的話，則可發現不同年資的教師，在言語類（$F = 0.22, p > .05$）、關係類（$F = 0.64, p > .05$）的疑似校園霸凌辨識得分上並無顯著差異。但在肢體類的疑似校園霸凌辨識得分上則有年資上的顯著差異（$F = 2.60, p < .05$），就事後比較來看，各組間得分則均未達統計上的顯著差異。

7. 不同教育階段教師的校園霸凌情境辨識之得分

關於不同教育階段的教師在校園霸凌情境辨識得分是否有差異，分析結果顯示不同教育階段的教師（國小、國中、高中職）在校園霸凌辨識得分上（$M = 18.74, M = 18.90, M = 17.79$）具有統計上的顯著差異（$F = 4.91, p < .05$），表示在虛擬校園霸凌情境辨識得分上，會因為不同教育階段而有差異。就事後比較（Scheffe法）來看，國小教師與國中教師的疑似校園霸凌情境辨識得分，顯著高於高中職教師得分。若再將疑似校園霸凌情境區分為肢體、言語、關係等三類，再看不同教育階段教師在辨識得分上是否會有差異，則可發現不同教育階段的教師，在言語類（$F = 0.93, p > .05$）、關係類（$F = 1.54, p > .05$）的疑似校園霸凌辨識得分上並無顯著差異。但在肢體類的疑似校園霸凌辨識得分則有教育階段上的顯著差異（$F = 8.38, p < .05$），國小教師（$M = 7.18$）與國中教師（$M = 7.09$）在肢體類的疑似校園霸凌情境辨識得分，顯著高於高中職教師得分（$M = 6.44$）。

（二）不同心理變項對疑似校園霸凌情境辨識得分的影響

為了了解教師在知覺霸凌嚴重度、道德疏離、知覺辨識效能等心理變項上的得分，是否會影響教師在虛擬霸凌情境的辨識表現。表7-2為各變項之相關矩陣。

表7-2 分析變項間的相關矩陣

	校園霸凌辨識	知覺辨識效能	知覺嚴重度	道德疏離
校園霸凌辨識	1.00			
知覺辨識效能	-.07	1.00		
知覺嚴重度	-.06	.15*	1.00	
道德疏離	-.04	-.11*	-.28*	1.00

* $p < .05$

本研究以多元迴歸法（進入法）進行分析，結果顯示教師在知覺霸凌嚴重度（$M = 4.35, SD = 0.50$）、道德疏離（$M = 2.12, SD = 0.48$）、知覺辨識效能（$M = 3.80, SD = 0.58$）的得分，並無法顯著預測疑似校園霸凌情境辨識得分（$F = 1.50，p < .05$）。R平方為0.011，表示該迴歸模型中的總變異，僅有1.1%可被自變項所解釋。此分析結果顯示，不論教師在知覺霸凌嚴重度、道德疏離、知覺辨識效能等心理變項上的得分高低，均無法顯著預測教師在虛擬霸凌情境的辨識表現。

五、結論

本研究之目的，在了解不同背景變項（性別、是否接受過防制霸凌訓練、求學受凌經驗、職場受凌經驗、教學年資、教育階段等）的教師在虛擬霸凌情境的辨識表現，並進一步探討不同心理變項（知覺霸凌嚴重度、道德疏離、知覺霸凌辨識效能）的得分，對教師在虛擬霸凌情境辨識表現的影響。依分析結果發現，在性別、接受防制霸凌訓練、求學時的受凌經驗、目前職場受凌經驗、先前職場受凌經驗、教學年資等變項上，教師在虛擬霸凌情境的辨識表現上均無顯著差異。也就是說，不論性別、不論接受防制霸凌訓練的多寡、不論求學時是否曾遭受霸凌、不論目前職場是否

受凌、不論先前職場是否受凌、不論教學年資多寡，在虛擬霸凌情境的辨識表現均沒有統計上的顯著差異。惟在教育階段上，發現有差異存在，國小與國中教師的虛擬校園霸凌情境辨識得分，顯著高於高中職教師。至於知覺霸凌嚴重度、道德疏離、知覺霸凌辨識效能等變項，均無法顯著預測教師在虛擬霸凌情境的辨識表現。

本研究原本預期女老師的校園霸凌辨識得分會比較高，但分析結果卻顯示不同性別的校園霸凌辨識得分並無差異。此結果可能與**虛擬**霸凌情境的敘述有關，未來研究可持續探討不同性別教師對**真實**霸凌事件情境的辨識，是否會有類似的發現。其次，文獻顯示男性的受凌者較容易被辨識出來（Haataja et al., 2016），而本研究的題目敘述未涉及性別，可能不同性別的教師在閱讀未涉及性別的霸凌辨識情境時，會做出較為相近的判斷。

就接受防制霸凌訓練來看，本研究原本預期接受霸凌防制訓練時數愈高的教師，會有愈高的校園霸凌辨識得分。但分析結果顯示不論接受防制霸凌訓練的多寡，均不影響虛擬校園霸凌辨識的表現。此結果不代表接受霸凌防制訓練沒有效果，精確來說，接受霸凌防制訓練的內容若與霸凌辨識無關，可能就難以提升教師的校園霸凌辨識表現。此結果與邱珍琬、張麗麗（2012）的研究發現相異。此結果可能與教師所接受的校園霸凌防制訓練內容有關，若教師接受的訓練偏向理解法令規定、霸凌的負向影響、霸凌者或受凌者的輔導……議題，而未涉及霸凌辨識的話，那麼對教師的霸凌辨識自然影響不大。另一可能原因，在於所有老師皆接受了相當多的霸凌防制宣導，因此在認識霸凌上皆有不錯的表現，使得接受防制霸凌訓練的多寡難以產生實質研究影響。

就求學時的受凌經驗來看，研究發現與假設一致，也就是求學期間是否涉入霸凌經驗的教師，在校園霸凌的辨識得分上不會有差異，此與邱珍琬、張麗麗（2012）的研究發現一致。此可能的解釋在於教師是否有求學時的受凌經驗，所影響的會是在心理癥候（如焦慮、憂鬱），而不是對疑似霸凌情境的認知判斷產生影響。另一可能原因，在於求學時期有受凌經驗者在態度上似乎較能接受霸凌是生活中的一部分（Bradshaw et al., 2007），因此，求學時間的受凌經驗所影響的可能不是教師的辨識能力，而是影響教師是否願意介入。

　　就教師的職場受凌來看，本研究發現教師在虛擬校園霸凌情境辨識得分上，並不會因為教師之前職場不同受凌經驗或目前職場不同受凌經驗而有差異。然而，就各類霸凌類型來細看，目前職場無受凌經驗的教師，在關係類的校園霸凌辨識得分，顯著高於目前職場有受凌經驗的教師。可能因為目前在職場中被霸凌的教職員與知覺處理霸凌的能力有負相關（Bradshaw et al., 2007）。由於教師在職場所面對的職場霸凌大多是言語受凌及關係受凌，而教師的職場受凌影響的可能不只是較低的處理霸凌能力，也可能影響了對關係霸凌的辨識能力。

　　就教學年資來說，本研究原本預期年資愈高的教師會有較高的校園霸凌辨識能力，而研究結果卻顯示年資與校園霸凌辨識表現無關。此結果與邱珍琬、張麗麗（2012）的研究發現不同，他們當時發現國中教師年資愈高，則教師辨識校園霸凌正確比例愈低。此可能與現行校園內的霸凌宣導與通報有關，不論年資多寡的教師，均會接受到行政端的霸凌防制宣導，而且，校園生活問卷的調查及處理、疑似校園霸凌的通報，均需要教師具備一定的霸凌辨識能力，而這可能使得不同年資教師在填答霸凌情境辨識問卷時的表現相近。

　　就教育階段來看，本研究原本預期小學教師的校園霸凌辨識得分會優於國中教師的得分（Leaf et al., 1999），而分析結果顯示國小與國中教師的虛擬校園霸凌情境辨識得分，顯著高於高中職教師。這可能和高中職階段的霸凌比例降低有關，高中職階段的霸凌事件比國中、國小來得少，使得高中職教師在霸凌辨識的表現上，可能會比國中、國小教師來得不足。另一個可能性，在於高中職學生在嬉鬧及霸凌行為上可能較難區分，部分高中職教師可能較會將霸凌誤判為一般衝突，或將一般衝突誤判為霸凌。

　　就不同心理變項的分析來看，本研究發現教師的知覺霸凌嚴重度、道德疏離、知覺霸凌辨識效能，均無法顯著預測教師在虛擬霸凌情境的辨識表現，這和本研究的預期相反。本研究原本預期教師會依傷害類型的知覺嚴重性以及勢力失衡來判定是否為霸凌（Carney, 2005; Mishna et al., 2005），但分析結果卻發現教師對霸凌的知覺嚴重性，並不能預測虛擬霸凌情境的辨識表現。其可能的原因在於文獻所指的是對個別案例的知覺嚴重度會影響個案的判定，而本研究的知覺嚴重度得分乃是對肢體、言語、關係霸凌等各行為的平均知覺嚴重度，而非指對虛擬情境的知覺嚴重

度。由於道德疏離與怪罪受凌者有關，本研究原本預期教師的道德疏離得分愈高，則霸凌辨識得分會愈低，但研究結果卻發現道德疏離得分無法顯著預測霸凌辨識得分。可能因為道德疏離所包含的概念，除了怪罪受凌者外，還有認知扭曲、道德辯解、非人性化等概念，無法單就怪罪受凌者來單獨推斷與霸凌辨識得分的關係。就知覺辨識效能而言，本研究原本預期知覺辨識效能和教師的霸凌辨識得分之間應有正向關聯存在，但本研究結果發現知覺辨識效能無法顯著預測霸凌辨識得分。其可能原因在於教師的知覺辨識效能是對真實情境中的霸凌之知覺辨識效能，此與虛擬霸凌情境的辨識得分可能無關。

　　本研究有幾點限制。首先，虛擬霸凌情境與真實霸凌情境不同，在虛擬霸凌情境的辨識表現可能不同於真實霸凌情境的辨識表現，未來研究可針對教師的真實霸凌情境辨識能力進行探討。其次，本研究所選用的情境式霸凌個案辨識問卷，其問卷內難題、易題皆具，但也有可能是難題較少使得教師的答對題數偏高。若未來研究能編製較多難題的辨識問卷，如包含團體內霸凌（in-group bullying）之題型，或許會得到不同的研究結果。第三，本研究結果僅能推論至一般導師，無法推論至特教老師、職前教師或一般學生上，未來研究可針對不同對象的霸凌辨識能力進行持續探討。

註：本研究由科技部提供經費補助（MOST107-2628-H-110-003-SS2），本章內容由科技部計畫第二年結案報告進行改寫。

校園霸凌改編個案

　　小玲喘著氣，脹紅著臉，雙手提著大包小包，腳步沉重的從教室外走進來，往一群正在開心談笑的女孩走過去，語氣中夾雜抱怨：午餐買來了，好重喔！你們也應該幫我拿一下呀！眾女孩瞬間停止笑聲安靜下來，外型高瘦、陰著一張臉的小艾斜睨看著她，小玲趕緊陪著笑意，將買的午餐舉高：唉呀！開玩笑的啦！你看我手臂這麼粗，力氣可大的，這點重量難不倒我的，哈哈！女孩們聽聞相視而笑。

綁著丸子頭的小琪：就是呀！這點東西怎麼還需要我們幫忙，真是的！

短髮圓臉的小英：那麼，以後午餐還是要麻煩你囉！

小玲爽朗的回答：沒問題的。

放學鐘響，小英和小琪七嘴八舌討論要去哪裡買飲料。

小英問：小艾，你說的昨天那家飲料店根本就不好喝，我們去笑笑喝飲料啦！

小玲一聽忍不住看看自己書包裡，付完今天女孩午餐費後僅剩一百元的錢包

小艾看了一眼小玲：當然好喔！

小玲著急著回答：呀！抱歉！大家！我今天可能不能去喔！我今天得早點回家！

眾女孩驚訝的看著小玲，小琪：蛤！小玲你不去，就不好玩耶！

小英：喂！我們是好朋友吧？應該任何時刻都要在一起吧！

小玲摸著頭面有難色：這……

小艾微笑著拍拍小玲肩膀：走吧！

眾女孩開心的圍著小玲往笑笑咖啡店走去。

偌大的咖啡廳三個女孩坐在角落靠窗座位，桌上擺滿蛋糕、飲料，小玲呢？站在櫃檯前跟結帳小姐解釋錢包忘記帶得回家拿，結帳員笑著回應說：當然，可以喔！

小玲立刻衝出笑笑咖啡廳一路狂奔，但她不是回家，而是漫無目的地跑著。突然，停下腳步，四處張望，看著人來人往的行人，她注意到一位提著包包舉步維艱病傻的老婆婆，顫抖的小玲慢慢走向這位老婆婆……

咖啡廳的女孩完全不知發生什麼事，開心的聊著、笑著、吃著，享受這青春美好的時光。

案例分析

• 是否有惡意傷害行為：是。如強迫買午餐、付飲料費。

- 是否有勢力失衡：是。小英、小艾、小琪等人以友誼之名，行聯合勒索之實。
- 是否重複：是。重複發生多次。
- 是否為校園霸凌：是。

　　以友誼之名行脅迫之實，這在實務上其實相當容易被誤判。因為，她們仍算是朋友，還是會在一起玩。所以實務上可能視為朋友間爭執或衝突，而被輕縱。縱使詢問小英、小艾、小琪等人，她們仍是會找出藉口：大家都是一起玩的朋友啊、有時候我也會請客啊等。此案例其實是團體內霸凌（in-group bullying），就是發生在朋友團體內的霸凌事件，即弱勢者依附在團體中，為了友誼而低聲下氣，輕常被使喚或攻擊。此團體存在的本質，可能就是利益交換，強勢者可以享受地位及財物上的利益，弱勢者用財物來交換歸屬於群體中，若不從之則被攻擊或排擠。

　　此案例的防制，首先要讓大家知道霸凌也可能發生在朋友群之中，弱勢者可能被強勢的朋友所霸凌。不可因為學生間的朋友關係而忽略了其霸凌或勒索行為。其次，宜擴展受害者的朋友群及人際關係技巧，教導他／她了解到用錢交不到真朋友，這些都只是建立在利益關係上的酒肉朋友，宜另尋朋友群。若受害者寧願有爛朋友，也不願沒朋友，則師長們可協助他／她擴展朋友圈，如參與社團、找到相同興趣的朋友（如：都喜歡英文歌）等。

參考文獻

邱珍琬、張麗麗（2012）。中小學教師之校園霸凌行為辨識、嚴重性與介入評估之研究。**應用心理研究**，54，203-250。

顏正芳（2010）。兒童青少年校園霸凌經驗和心理健康之關連性。**臺灣精神醫學**，**24**(1)，3-13。

AlBuhairan, F., Abbas, O. A., Sayed, D. E., Badri, M., Alshahri, S., & de Vries, N. (2017). The relationship of bullying and physical violence to mental health and academic performance: A cross-sectional study among adolescents in Kingdom of Saudi Arabia. *International Journal of Pediatrics and Adolescent Medicine, 4*, 61-65. doi:10.1016/j.ijpam.2016.12.005

Allen, K. P. (2015). We don't have bullying, but we have drama: Understandings of bullying and related constructs within the social milieu of a U.S. high school. *Journal of Human Behavior in the Social Environment, 25*(3), 159-181. doi:10.1080/10911359.2014.893857

Bandura, A. (1986). *Social foundations of thought and action: A social cognitive theory.* Englewood Cliffs, NJ: Prentice Hall.

Bandura, A. (1999). Moral disengagement in the perpetration of inhumanities. *Personality and Social Psychology Review, 3*(3), 193-204. doi:10.1207/s15327957pspr0303_3

Bandura, A. (2002). Selective moral disengagement in the exercise of moral agency. *Journal of Moral Education, 31*(2), 101-119. doi:10.1080/0305724022014322

Barzilay, S., Klomek, A. B., Apter, A., Carli, V., Wasserman, C., Hadlaczky, G.,... & Wasserman, D. (2017). Bullying victimization and suicide ideation and behavior among adolescents in Europe: A 10-country study. *Journal of Adolescent Health, 61*, 179-186. doi:10.1016/j.jadohealth.2017.02.002

Bauman, S., & Hurley, C. (2005). Teachers' attitudes and beliefs about Bullying. *Journal of School Violence, 4*(3), 49-61. doi:10.1300/J202v04n03_05

Benitez, J. L., Garcia-Berben, A., & Fernandez-Cabezas, M. (2009). The impact of a course on bullying within the pre-service teacher training curriculum. *Electronic Journal of Research in Educational Psychology, 7*(1), 191-208.

Bradshaw, C. P., Sawyer, A. L., & O'Brennan, L. M. (2007). Bullying and peer victimization at school: Perceptual differences between students and school staff. *School Psychology Review, 36*(3), 361-382.

Carney, J. V. (2005). Factor structure of the bullying situations identification (BSI) instrument. *Journal of School Violence, 4*, 77-92. doi:10.1300/J202v04n03_07

Chen, J. K., & Wei, H. S. (2011). The impact of school violence on self-esteem and depression in Taiwan. *Social Indicators Research, 100*(3), 479-498.

Chen, L. M., & Cheng, Y. Y. (2013). Prevalence of school bullying among secondary students in Taiwan: Measurements with and without a specific definition of bullying. *School Psychology International, 34*, 707-720. doi:10.1177/0143034313479694

Chen, L. M., Liu, K. S., & Cheng, Y. Y. (2012). Validation of the perceived school bullying severity scale. *Educational Psychology, 32*, 169-182. doi:10.1080/01443410.2011.633495

Chen, L. M., Sung, Y. H., & Cheng, W. (2017). How to enhance teachers' bullying identification: A comparison among providing a training program, a written definition, and a definition with a checklist of bullying characteristics. *The Asia-Pacific Education Researcher, 26*(6), 351-359. doi:10.1007/s40299-017-0354-1

Chen, L. M., Wang, L. C., & Sung, Y. H. (2018). Teachers' recognition of school bullying according to background variables and type of bullying. *Journal of Educational, Cultural and Psychological Studies (ECPS Journal), 18*, 147-163.

Cheng, Y. Y., Chen, L. M., Liu, K. S., & Chen, Y. L. (2011). Development and psychometric evaluation of the school bullying scales: A Rasch measurement approach. *Educational and Psychological Measurement, 71*(1), 200-216. doi: 10.1177/0013164410387387

Craig, K., Bell, D., & Leschied, A. (2011). Pre-service teachers' knowledge and attitudes regarding school-based bullying. *Canadian Journal of Education, 34*(2), 21-33.

Dedousis-Wallace, A., Shute, R., Varlow, M., Murrihy, R., & Kidman, T. (2014). Predictors of teacher intervention in indirect bullying at school and outcome of a professional development presentation for teachers. *Educational Psychology, 34*, 862-875. doi:10.1080/01443410.2013.785385

Duarte, C., Pinto-Gouveia, J., & Stubbs, R. J. (2017). The prospective associations between bullying experiences, body image shame and disordered eating in a sample of adolescent girls. *Personality and Individual*

Differences, 116, 319-325. doi:10.1016/j.paid.2017.05.003

Duong, J., & Bradshaw, C. P. (2013). Using the extended parallel process model to examine teachers' likelihood of intervening in bullying. *Journal of School Health, 83*(6), 422-429. doi:10.1111/josh.12046

Duy, B. (2013). Teachers' attitudes toward different types of bullying and victimization in Turkey. *Psychology in the Schools, 50*(10), 987-1002.

Ellis, A. A., & Shute, R. (2007). Teacher responses to bullying in relation to moral orientation and seriousness of bullying. *British Journal of Educational Psychology, 7*(3), 649-663. doi:10.1348/000709906X163405

Gini, G., Pozzoli, T., & Bussey, K. (2015). The role of individual and collective moral disengagement in peer aggression and bystanding: A multilevel analysis. *Journal of Abnormal Child Psychology, 43*, 441-452. doi:10.1007/s10802-014-9920-7

Haataja, A., Sainio, M., Turtonen, M., & Salmivalli, C. (2016). Implementing the KiVa antibullying program: Recognition of stable victims. *Educational Psychology, 36*(3), 595-611. doi:10.1080/01443410.2015.1066758

Hymel, S., Rocke-Henderson, N., & Bonanno, R. A. (2005). Moral disengagement: A framework for understanding bullying among adolescents. *Journal of Social Sciences, 8*, 1-11.

Kokko, T. H. J., & Pörhölä M. (2009). Tackling bullying: Victimized by peers as a pupil, an effective intervener as a teacher. *Teaching and Teacher Education, 25*(8), 1000-1008. doi:10.1016/j.tate.2009.04.005

Latané, B., & Darley, J. M. (1970). *The unresponsive bystander: Why doesn't he help?* New York, NY: Appleton Century Crofts.

Leaf, S. S., Kupersmidt, J. B., Patterson, C. J., & Power, T. J. (1999). Factors influencing teacher identification of peer bullies and victims. *School Psychology Review, 28*(3), 505-517.

Migliaccio, T. (2015). Teacher engagement with bullying: Managing an identity within a school. *Sociological Spectrum, 35*(1), 84-108. doi:10.1080/02732173.2014.978430

Mishna, F., Scarcello, I., Pepler, D., & Wiener, J. (2005). Teacher's understanding of bullying. *Canadian Journal of Education, 28*, 718-738.

O'Brien, C. (2007). Peer devaluation in British secondary schools: Young people's comparisons of group-based and individual-based bullying. *Educational Research, 49*(3), 297-324. doi: 10.1080/00131880701550573

Obermann, M. (2011). Moral disengagement among bystanders to school bullying. *Journal of School Violence, 10*(3), 239-257. doi:10.1080/1538822 0.2011.578276

Oldenburg, R., Bosman, R., & Veenstra, R. (2016). Are elementary school teachers prepared to tackle bullying? A pilot study. *School Psychology International 37*(1), 64-72. doi:10.1177/0143034315623324

Olweus, D. (1993). *Bullying at school: What we know and what we can do.* Oxford: Blackwell.

Sokol, N., Bussey, K., & Rapee, R. M. (2016). The impact of victims' responses on teacher reactions to bullying. *Teaching and Teacher Education, 55*, 78-87. doi:10.1016/j.tate.2015.11.002

Thornberg, R., & Jungert, T. (2014). School bullying and the mechanisms of moral disengagement. *Aggressive Behavior, 40*, 99-108. doi:10.1002/ab.21509

第三部分

霸凌防制篇

由校長觀點談霸凌防制

關於校園霸凌的防制，除了由政策及規範面來著手，一般均認為學校端的作為才是最重要的改善之道。而校長貴為一校之長，對於校園各項計畫與活動的推動，扮演著領航者的角色，校長在校園霸凌防制所扮演的角色，極其重要。本章試圖彙整分析文獻中與校長有關的霸凌防制文獻，試著了解校長在校園霸凌防制上的角色及其影響性。本章所欲探討的議題，包括釐清校長對霸凌現況的覺察及其對霸凌的定義與辨識情況，再探討校長在霸凌防制上的角色及影響性，最後再分析校園防制霸凌困境及對校長的相關建議作為。相關問題如下所示：

1. 校長覺得校內學生霸凌是否普遍？
2. 校長對學生霸凌的定義情況？
3. 校長在防制霸凌上所扮演的角色？
4. 校長領導對霸凌防制的影響何在？
5. 學校防制霸凌的困境為何？
6. 關於霸凌防制校長可以做些什麼？

一、校長覺得校內學生霸凌是否普遍

校長對於校園霸凌的覺察情況，可能會影響校長對校內霸凌防制的判斷及投注程度。因此，首先必須了解校長對於校園霸凌現況的知覺。根據國外研究顯示，校長似乎認為校內霸凌情況不嚴重，如Flynt與Morton（2008）針對國小校長發放問卷來蒐集資料，結果發現大多數校長認為霸凌問題在校園中不嚴重，但約九成參與者提到身心障礙生會被霸凌。雖然他們認為霸凌不嚴重，但仍願意強化教師知能，降低霸凌問題。其他研究也有類似的發現，例如：Dornfeld-Januzzi（2006）針對美國郊區的中學校長、教師、輔導員等進行研究，結果指出和其他研究參與者相較，校

長認為其學校內的霸凌並不嚴重，而且校長亦認為和其他校內議題（如學生出席、教職員專業發展……）相比較，霸凌防制是屬於較不重要的議題。Dake等人（2004）針對378位美國校長進行調查研究，結果指出霸凌防制不是校內關注的重點，校長認為直接打電話給家長乃是降低霸凌的有效方法，在校內實施霸凌防制措施的效果可能還比不上直接打電話給家長；這些校長認為在校內實施防制霸凌方案並不困難，但和其他議題相較之下，實無優先的必要。由這些研究來看，校長似乎多認為校內霸凌情況不嚴重，而且，和其他議題相較，霸凌防制似乎不是校內的優先議題。

校長覺得校內的霸凌問題不嚴重，可能源自於校長對校內霸凌現況的覺察度。針對歐洲國家的研究即顯示出此狀況，Eriksen與Huang（2019）針對丹麥、芬蘭、挪威、瑞典等4國的校長、教師、學生進行跨國研究，結果顯示學生所陳報的校園霸凌盛行率在4國之間相當接近，也就是說北歐4國的學生通報霸凌情況差距不大，但教師、學生、校長陳報的霸凌盛行率則有很大的落差，尤其是校長和學生陳報的霸凌情況落差最大，校長陳報的霸凌狀況偏低。Fröjd等人（2014）針對芬蘭361校的校長及14-16歲學生進行研究，結果發現校長陳報校園霸凌情況與學生陳報的校園霸凌有落差，校長陳報的比例比學生低4%。不同的通報來源所調查出來的霸凌盛行率本來就會有落差，但許多研究均呈現出類似的趨勢，也就是校長可能低估校內霸凌的情況，這就需要多加注意及了解。可能因為校長在校時間大部分均忙於處理學校行政事務，以至於對於教室內所發生的學生衝突或霸凌事件無法精準的掌握。若教師及學生未能及時通報，校長可能難以知悉每個校內疑似或實際霸凌案例，致使有低估校內霸凌的情況發生。

若以前述研究來指責校長低估校內霸凌的問題，則有失公允。因為若教師及學生未能及時通報校園霸凌案件，則學校行政端及校長可能缺乏管道及資料來判斷校內的霸凌情況。本書所帶來的教育啟示，僅提醒校長及行政端必須要注意，未通報到校方，不代表校內並未有霸凌事件發生，可能只是教師或學生未通報或不想通報，不能以此即宣稱校內並無霸凌事件發生。校長及行政端必須警覺自己是否有低估校內霸凌盛行率的可能性。以發表在國際期刊的臺灣霸凌盛行率數據來看，Lung等人（2019）發現臺灣青少年通報的霸凌盛行率為25.4%。Wang等人（2019）的研究

指出，臺灣的網路霸凌、傳統霸凌、傳統及網路複合霸凌的盛行率分別是9.9%，13.3%與9.4%。由這些數據來看，臺灣校園內的學生霸凌約在一至二成左右，學校行政端及校長應意識這些數據的重要意義，避免因誤判或低估了校內霸凌情況而導致忽視霸凌防制的狀況。

二、校長對學生霸凌的定義情況

面對霸凌事件的判定，首先要確認校長對於校園霸凌的定義為何？若缺乏一致性的定義，彼此各說各話，將難以斷定個案是否為霸凌事件，並展開相關輔導及協助工作。Brown等人（2020）的研究指出，校長們建議要有通用的、清楚的校園霸凌定義，而且須建立標準化步驟的調查指南。此觀點指出了學校行政端的實務需求，也就是給予學校清楚且一致的霸凌定義，讓學校可以據以判斷各案例是否為霸凌事件，並能提供標準化步驟的調查指南，讓學校可以依循著此步驟來完成調查及釐清。

提供一致的霸凌定義雖然相當重要，但，徒法不足以自行，單純給予霸凌定義不代表學校端就有能力可以據以判定。Trujillo-Jenks與Jenks（2017）指出，雖然在美國的地方或州之間都會設立各自對於霸凌的指引及準則，但是最重要的是校長需有能力明白霸凌的內涵及類型，以及如何清楚分辨與確認他所看到或聽到的是否為霸凌行為。換言之，給予霸凌的定義及準則是一回事，校方有沒有辦法分辨及確認霸凌則又是另外一回事。作者對於臺灣中小學教師的校園霸凌辨識研究即可作為例證，該研究指出若只是單純給予霸凌定義，並無法提升教師對校園霸凌辨識度，教師對校園霸凌的誤判情況並不會因為給予清楚的霸凌定義而下降，而舉辦必要的教師辨識校園霸凌研習才是有效的解方（Chen et al., 2017）。申言之，臺灣教育當局目前已訂定出中央版的校園霸凌定義，但更重要的是校方及校長是否能分辨與確認疑似霸凌案件，因為官方定義不等於學校教育人員的霸凌辨識能力，校長及教職員的校園霸凌辨識能力仍需要進一步的提升。

除了校園霸凌之外，校方對於網路霸凌的定義也需要再釐清。因為學生使用網路進行留言或評論的行為愈來愈多，若將所有的網路評論或批評都視為網路霸凌，那麼學校將難以判定也難以處理。Hvidston等人

（2013）就認為，對校方領導來說，如何判定在校園內外的網路霸凌行為及其對學校環境造成的實質性破壞程度是相當困難的。他們點出了網路霸凌定義及認定的必要性，國家政策或學校政策宜對網路霸凌行為內涵及所造成的影響進行明確定義及釐清。

就此而言，學校領導者一再呼籲要有一致性的校園霸凌及網路霸凌定義，以利學校進行判定。對照臺灣現有的機制，教育部已在《校園霸凌防制準則》中，律定校園霸凌及網路霸凌定義，全國已有一致性定義及依據。然而，給予定義與實際判定，中間仍有極大落差，例如：依教育部定義，網路霸凌就是校園霸凌的一種，校方及教師應該都可以依定義來判定，然而，在實務層面，學校常感到頭痛的問題是網路評論或網路霸凌的混淆不清。當一方認為是合理評論，而另一方卻認為是網路霸凌，即使校方依著律定的定義但卻難以對各類網路霸凌行為進行判斷。因此，校長自身宜先對校園霸凌及網路霸凌定義充分了解，並積極領導學校建立校園霸凌或網路霸凌的定義及案例的檢核機制，例如：提出檢核要件，以案例與檢核要件的符合程度來研判該案例是否屬於霸凌事件。

三、校長在防制霸凌上所扮演的角色

學校在防制校園霸凌時，普遍認為第一線教師乃是最重要的角色，會期待教師能有各項作為以降低校園霸凌。但在實務上，教師卻常認為學校領導會對霸凌防制產生決定性的影響。如Trujillo-Jenks等人（2017）指出如果校長沒有對霸凌事件的處置作出明確指引，老師對霸凌處置也會受到影響而猶豫不決，使得學生通報校方變得更加困難。Farrelly等人（2017）也有類似的看法，他們認為校長個人能力與態度尤其重要，雖然校長未必能夠眼觀四面、耳聽八方地來領導學校，但可以鼓勵教職員對於某特定策略更加關注與付諸行動。若校長對於某些議題並不重視，其價值觀也會影響到校內教職員對該議題的重視程度，如教師沒有看到校長對於霸凌事件及政策進行優先考慮與處置，那教師在改變學生行為方式的能力上將會受到限制。舉例而言，在加拿大及北愛爾蘭的研究發現教師並不會積極地處理關於**恐同霸凌**（攻擊同性戀）的事件，其中一個原因就是並未知覺到校長及家長的支持與推動。這就表示，校長的施政重點具極大的

影響力，不同的校長各有不同的重視項目，有些重視社團及體育、有些重視升學、有些校長重視資訊科技融入、有些校長著重於雙語學校的發展，各各不同，這在營造學校特色上有其必要性。但在有限的人力及資源之下，領導階層所重視的項目將可能限縮排擠了其他項目，例如：重視升學的校園中，可能就不會把霸凌防制視為應優先考量的政策項目。因此，校長是否重視校內的霸凌防制，是否肯投注資源及心力鼓勵教職員生進行霸凌預防及介入措施，將大大決定了校內霸凌防制政策及反霸凌氣氛的發展。

　　若校長重視校內霸凌的防制，願意投入資源來支持反霸凌，事實上，對於學生的學習狀況也能帶來正向助益。Lacey等人（2016）指出，校長通報的學生霸凌盛行率及學校霸凌防制措施數量，和通過州成就測驗學生數有顯著關聯，霸凌盛行率愈低、學校霸凌防制策略數量（研究證實有效的策略）愈多，則通過州成就測驗學生數愈高。也就是說，若學校愈重視霸凌防制，則推動的霸凌防制策略愈多，那麼校內的霸凌相對會愈少，學生的學業表現也會愈好。就此而言，教育事務是牽一髮而動全身，校長若願意支持霸凌防制，學校也就能創造更安全的校園環境及氣氛，使得學生更能安心向學，最終會反映在學生的學業表現及品行上。

　　綜言之，校長在防制校園霸凌上扮演了相當重要的角色，若校長不重視並忽略之，則學校將可能不會投注較多人力及資源在霸凌防制上，校內教職員對霸凌的重視程度將會受到影響；反之，若校長領導能給予霸凌防制較多的支持，則會鼓勵教職員對霸凌防制策略更多關注，將可形塑出校內的反霸凌氛圍，並反映於降低校內學生霸凌案件及改善學生學業之上。

四、校長領導對霸凌防制的影響何在

　　上小節討論了校長領導的重要性，此節要討論的是校長領導何以能降低霸凌問題。由於領導力被認為是建立、維持及改變校園風氣的關鍵因素，而校園風氣與學生不良行為的程度具有關聯性（Bosworth et al., 2018）。因此，校長領導可以透過影響校園氣氛，從而間接影響校園內的學生不當行為，例如：霸凌。

　　首先，不少研究證據顯示校長領導和校園內的霸凌事件有負向關

聯。Bosworth等人（2018）發現校園領導力可以負向預測霸凌事件，校園風氣指標也可以負向預測霸凌事件。Låftman等人（2017）在瑞典的研究顯示，教師自評校園領導水平愈高，校園網路霸凌的狀況會顯著減少，校園高領導水平可負向預測**網路受凌**，而且校園高領導水平亦可顯著負向預測**網路霸凌**。就此而言，校長的領導可以負向預測霸凌事件，也就是校長領導愈正向，則校園的霸凌狀況就愈少。

其他的研究則指出校長領導是透過校園氣氛營造，而對校園霸凌產生影響。Li等人（2017）的研究結果顯示霸凌防制領導能正向預測霸凌防制氣氛，霸凌防制氣氛能正向預測教師對學校霸凌防制的責任感，而教師對學校霸凌防制的責任感能負向預測學生霸凌事件。Richard等人（2012）以階層線性分析法分析法國18,222位學生的資料，結果發現不同學校之間的肢體及言語／關係霸凌有顯著的校際間變異，而校園安全氣氛及師生互動品質是主要的預測變項，亦即校園氣氛愈安全、師生互動愈好，則校內的肢體及言語／關係霸凌愈少。Bosworth等人（2018）亦發現校園連結感、師生關係、學業支持等變項，與校園霸凌有負向關聯。也就是說，校長領導能塑造學校氣氛，若學校氣氛愈安全及師生關係愈良好，則校園霸凌問題愈少。就此而言，校長可以試圖改變校園風氣，藉由形塑正向的校園氣氛來進一步改善同儕及師生間的關係，進而減少各種不當的言語對待或肢體對待，而得到良好的防制霸凌效果。

綜而言之，校長領導力與校園霸凌狀況有負向關係，校長正向領導力愈佳，則校園霸凌的情況愈低。校長領導力的發揮，可以塑造校園的正向氣氛，引導班級師生建立正向的師生關係及學業支持，讓教師及學生們都有較佳的校園連結感。由於建立了校園內正向的人際互動關係及氣氛，負向的衝突及霸凌事件則會隨之降低。

五、學校防制霸凌的困境為何

霸凌防制過程中，學校會面臨各項的問題或困境，例如：家長不信任、教師不配合、資源不足等。若欲成功防制霸凌，就必須先了解學校防制霸凌的困境，並據以提出相對應的解決之道，方可竟其功。討論及分析如下：

（一）家長對處理程序不滿意

　　家長一旦發現自己的孩子被霸凌，必定會期待學校做些什麼來改善學童被霸凌的處境，希望霸凌能夠停止，或是希望加害者能受到應有的處罰……。但學校有既定的霸凌處理流程，此程序不見得能滿足家長的需求，以致家長有可能會對處理程序產生不滿。例如：Brown等人（2013）的研究訪談了11位家長，研究結果發現家長處置學童被霸凌的問題會經歷三階段：**發現、陳報、與後果共存**。發現階段就是當家長發現學生負向心理社會癥候變高時，接著會通知學校，但幾乎所有受訪的家長都面臨學校抗拒或不認真對待的問題。通報之後，10位家長指出只有兩個選擇：轉學或繼續受凌，只有一位家長指出校長認真處理並解決霸凌問題。此研究點出了家長對學校處置問題的不滿，一般家長認為學校不會認真對待霸凌問題。

　　但這邊必須分為兩個情境來談：一是學校拒絕不處理，例如：該研究中幾乎所有家長都認為學校未有作為，什麼都沒做，使得家長只能不得已讓學生轉學或繼續接受霸凌；第二個狀況是學校有進行處理，但家長對處理過程及結果不滿。例如：Brown等人（2013）指出，家長到學校後，會被先帶去見輔導老師，家長對於校長及副校長、學校負責懲處的人員都不知曉此霸凌事件，對此而感到失望。該研究指出家長所期待的處置，不只是讓孩子接受輔導而已，而是期待學校會有更多作為，例如：要懲處霸凌者或讓霸凌者轉班、轉學等。

　　就臺灣學校的現況來說，當學校發現霸凌事件後，會進行相對應的通報及處置流程。因此，應不至於發生上述的第一個狀況：學校不處理。臺灣的中小學比較可能發生的是上述的第二種情境，也就是家長對處理過程及結果不滿的問題。由於霸凌事件的調查與釐清需要時間，但對家長來說，孩子被欺負已是既成事實，為何還需要費時調查？另外，家長對處置過程與結果的不滿意也是另一個問題，因為霸凌事件的通報及處置，並不代表霸凌事件已解決，例如：家長可能期望霸凌者應該被退學；而且，也不代表霸凌事件的通報及處置能讓家長滿意，例如：霸凌者與受凌者仍維持同班級或霸凌者只被記過，這都讓家長不滿。

（二）政策紛雜與資源排擠

　　學校行政要處理的事務相當繁雜，不同處室都有應各自執行及籌辦的活動及任務。在有限的人力及資源下，霸凌防制所需要人力及資源可能就此會受到限縮與排擠。Sherer等人（2010）的研究指出，受試者認為最難改善目前的霸凌防制實務的原因如下：77.5%認為目前所屬學校正優先關注其他事項，並未優先考慮霸凌防制狀況；59.6%認為沒有足夠時間與資源去實施防制措施；39.4%認為教職員訓練不足。由這個研究可以知道，學校的關注重點不一，自然會影響到校園霸凌防制策略的推動，而且，資源不足也是一大問題。另外，Brown（2013）提到，校長為了配合最新的政策要求，在資源不足的情況下，他們就可能會選擇刪減對教職員的相關訓練，例如：防制霸凌訓練可能就會被削減。這即是資源不足而影響霸凌防制之例證。由於校園霸凌防制在校園中本來就是不被重視的項目，霸凌防制做得好不見得能提升學校聲望，許多學校寧可把時間及資源投入於可能提升學校聲望的項目上，例如：運動、語文競賽、升學等。就此而論，霸凌防制所需資源難免會受到其他政策項目推行而被限縮與排擠。

（三）有政策卻無對策

　　在霸凌預防措施上，很多學校會把霸凌列入學校政策或規定中，但，對於實際發生霸凌事件後的處置對策，不少學校仍無清晰的概念。MacLeod（2007）的研究顯示，有半數的行政人員指出，校內有反霸凌政策，而且納入霸凌定義及對霸凌的處罰，但是多數行政人員指出並無任何對受凌者、霸凌者、旁觀者的介入策略。另外，對學校來說，不知道哪裡可以尋找到防制指南或輔導員來協助學校進行布達與實施，又或者要經過多重手續及人脈才有機會取得防制指南（Bruening et al., 2018）。由上面兩個研究可知，學校對霸凌有相當的關注，大多會將反霸凌措施納入學校規定及政策中，我國許多學校已將霸凌相關規定納入校規之中。但，若提及更深入的防制策略，許多學校則無清楚概念，因為缺乏相關的霸凌防制經驗與指南，多數學校僅在有需要時，才會詢問鄰近學校的相關作法當參考。至於受凌者、霸凌者、旁觀者的介入策略，多數學校則缺乏這方面的資訊及策略。因此，造成學校有霸凌防制政策，卻缺乏較完整的霸凌預

防及介入對策的狀況。

（四）對霸凌辨識沒有共識

前文已提到學校各界要對霸凌具有一致性定義，而且，校長必須要有對霸凌定義的清楚理解。然而，在實務上，對霸凌的定義仍舊是各吹各調，不同角色對霸凌的看法各不相同。Bruening等人（2018）指出，學生有時會出現過度回報的問題，代表學生過度辨識某些情境就是霸凌；家長多半會拒絕接受校方對於霸凌的定義，或經常錯誤地舉報霸凌事件，把衝突行為誤判為霸凌行為；至於媒體對霸凌行為的描述，則與學校和學區的定義相牴觸。這個研究點出的困境，也可適用於臺灣的教育現場，尤其是學校與家長對霸凌的定義有所出入，難以與家長溝通，最令學校感到頭痛。

（五）缺乏教師支持

對於教師來說，學校時常推動許多活動及政策項目，而霸凌防制不過是眾多項目之一，對老師來說可能無暇應付，或在教學已自顧不暇的狀況下只能敷衍了事，或是不知道自己該做些什麼。Bruening等人（2018）指出，教師對於反霸凌政策不知所措，無法優先考慮執行，而且，教師不確定在防制政策內所扮演的角色為何，對學校端在已經趨近飽和的工作量下，對於要納入新職務的能力非常有限。但這些老師無力配合的狀況，也可能與學校支持度不高有關。若教師缺乏校長支持、同儕矛盾、不合作的家長、缺乏有效證據等，都可能降低了老師對執行反霸凌方案的承諾（Cunningham et al., 2016）。這也再次指出校長領導的重要性，若霸凌防制欲取得教師的支持，首先要先給予教師足夠的支持及協助。反之，若對教師未有足夠的支持與協助，而冀望老師們支持反霸凌工作的推動，無異緣木求魚。

六、關於霸凌防制校長可以做些什麼

談完前述的霸凌防制困境，接著要來討論校長可以做些什麼來解決上述困境，請見表8-1。

表8-1　校園防制霸凌的困境與相關建議

困境	建議
家長對處理程序不滿意	依行政程序，與教師合作處理霸凌問題
政策紛雜與資源排擠	校長應重視霸凌防制，規劃人力及資源
有政策卻無對策	依實證推動有效的霸凌防制策略
對霸凌辨識沒有共識	進行霸凌辨識訓練
缺乏教師支持	校長溝通與領導很重要

　　首先，在家長對處理程序不滿意的部分，我國有校園霸凌通報及處理機制，若未依規定於24小時內通報，學校需負擔行政處分，因此，不太可能出現知情不報的問題。家長通常是對處理結果不滿意，一則可能因為行政處理耗時，二則可能因為處理過程不讓家長滿意。對於第一點，可能需要與家長溝通，教育部霸凌防制準則中有通報、調查、處置、輔導等相關規定，若對調查內容有疑義，還可申請覆議。此代表校園霸凌事件的調查有一定的程序，要依行政程序的規定來處理，可能需要耗時2-3個月，行政程序的完備，是為了完善保障孩子的權益，而非故意拖延。關於第二點，當家長對處理結果不滿意，多數家長期待加害者轉學、被懲處、道歉賠償等，而學校所能處理的是對雙方進行輔導並提供教師協助，必要時則進行校規懲處。此造成家長期待與學校作法上的落差，因此需要和家長溝通觀念，最重要的是協助受害者心情平復及讓加害者有所轉變，因此，透過輔導及教師協助是重要的策略。至於家長所重視的讓加害者轉學、被懲處、道歉賠償，則非主要優先考量，因為這些策略並無助於當事人改變。也就是說，學校要花時間與家長溝通，採取對孩子最有保障的作法，就是依照行政程序處理，並與教師合作解決校園霸凌問題。

　　第二，對於政策紛雜與資源排擠的問題，校長必須對校園霸凌防制有相對應的重視。雖然霸凌防制做得好可能不會對學校加分，但霸凌防制做得不好肯定是對學校扣分。因此，在推動校園霸凌防制的工作上，可能不能以增加學校聲望的觀點來推動，而是以為了讓學生能「安心就學」的觀點來推動霸凌防制。而且，前述研究指出霸凌防制做得好，學校的平均學生學業成就也會相對較佳，這就表示讓學生安心就學，最後成效仍會反映

在學生成就之上。因此，在多樣的教育政策及活動之下，霸凌防制可能不是學校優先推動項目，但校長仍需給予相對的重視，給予必須的人力及資源，讓學生能擁有安心就學的環境。

第三，對於有政策卻無對策的問題，學校在推動反霸凌工作時，常以活動方式或宣導方式來進行，如：友善校園週的宣導、反霸凌作文比賽、海報比賽……。但，這類策略並不是有效的霸凌防制策略，若學校將心力及資源放在這類活動，那麼無疑是「畫錯重點」。這可能是因為學校缺乏管道得知「有效的霸凌防制策略」，因為學校在推動反霸凌工作時，經常是參照學校前任主管的作法，或是參照他校的相關作法，而沒有管道獲得實證有效的霸凌防制策略。因此，鼓勵學校多參與教育部或教育局處所舉辦的霸凌防制研習、參閱官方或民間出版的霸凌防制手冊等，相信這些內容都會列舉出實證有效的霸凌防制策略，學校即可由這些策略著手，逐步進行改善。

第四，對霸凌辨識沒有共識的問題，學校可以針對校園霸凌的辨識舉辦教師及家長研習，藉由霸凌辨識訓練來建立校方與家長的共識。另外，教師也可以藉由機會教育，讓學生了解何謂霸凌，例如：學生不小心撞到對方，就不宜用「霸凌」一詞來指稱。讓學生在平時即對霸凌有充分的認識，當校園發生疑似霸凌事件時，才不會遭致誤判。而這些都仰賴平時就要進行的霸凌辨識訓練。

第五，關於缺乏教師支持的問題，校長的溝通與領導就顯得非常重要。校長若缺乏溝通及領導，易被教師視為一意孤行的校長，自然難以取得教師的支持與配合；校長若願意花時間進行溝通，願意花心力來建構願景與領導，則自然會取得多數教師的支持與配合。因此，校長必須先對霸凌防制有足夠的認識與信念，再透過溝通與領導，逐步取得教師支持。

不同學者對於校長或學校如何強化霸凌防制，均給出了相關建議，筆者試圖進行統整並分列如下（Hvidston et al., 2013; Nickerson et al., 2013; Rosen et al., 2017; Trujillo-Jenks & Jenks, 2017）：

1. **強化校園霸凌的辨識與監控**：校園領導者必須要讓教職員理解在校園內時時刻刻都必須負起觀察者的職責，亦即要知道哪些事情在校園內是「正常的」，而哪些不是，要能清楚區分「鬧著玩」與「霸凌」之間的差異。而在校內公開場合裝設監視器也可以達

到蒐集霸凌證據及減少學生不當行為的效果。

2. **善用學生同儕的協助**：領導者可以鼓勵教師設立「小天使」制度，當發生校園霸凌或其他需協助事件時，可以鼓勵學生先聯繫小天使以尋求協助。小天使可由班上社會地位較高且願意助人的同學來擔任。此制度可以讓學生了解霸凌行為的各種內涵與即時通報，也鼓勵學生對同儕的霸凌行為即時阻止，相較於通報至教職員，同儕的即時協助行為也相當重要。

3. **重視霸凌防制計畫與訓練**：若校方人士拒絕承認出現霸凌問題，或者認為其校園不會發生霸凌事件時，事實上霸凌問題會更加嚴重，因此防制霸凌的計畫有其必要性，當中必須包含校園安全的專業知識、各類型的霸凌防制訓練、校內組織會議、教職員會議、家長會議及社區會議等與相關組織，都盡可能納入考慮及參與計畫的實施。

4. **校長善用溝通與領導**：校長作為領導者，可在校內開啟關注霸凌的對話，引導如何對抗霸凌問題的持續性討論。校長宜善用多元觀點，邀請學生、教職員、社區成員等來共同設計防制霸凌方案，讓不同角色都能為霸凌防制來發聲及努力。接著，校長可以在校內推行霸凌防制方案，並確定所有成員都能清楚知覺自己的角色，能盡自己的本分來落實反霸凌方案。校長可積極鼓勵所有成員合作，而且，校長及教職員宜呈現出霸凌防制方案與學校總體目標間的關聯，這有助於突顯出方案的重要性。

5. **鼓勵教師採用有效的管教策略**：過於嚴苛或懲罰性的管教方式，只會造成反效果，不論是公開指責或是轉學、停學等，都可能造成霸凌者報復或中輟問題。而且，使用嚴苛規訓方式，可能會使霸凌行為變得以更加細微及隱密的方式進行。因此，有效的管教方式宜著重於情緒管理技能與社交技巧的成長。其他實證有效的方法，例如：**修復式正義（restorative justice, RJ）、支持團體法（support group method, SGM）**，都可以鼓勵教師學習及採用。

6. **防制成效評估與修正**：學校宜建置每學年的評估基準，以評估及檢視霸凌防制計畫的運作方式，並在檢視下作為後續學年滾動調整的依據。

7. **網路霸凌的防制**：可以實施防制網路霸凌的教師專業發展，並且可以每年進行研究與修正，其中可包括的主題可能是持續定義網路霸凌和所造成的實質性破壞之內涵，以培訓老師如何正確記錄網路霸凌並進行回報。在學校層面，學校領導者必須要確實進行計畫去教導學生、家長及教職員關於網路霸凌的內涵或網路霸凌可能在霸凌者與受凌者身上所發生的結果，校園領導者必須要提供環境支持家長與學生，例如：限制網頁IP及限制在校園使用手機等方法，而教職員需要有能力回報網路霸凌事件。

校園霸凌改編個案

　　士敏是個文靜的大男孩，生性害羞，喜歡家政課程，有一手好廚藝，非常受班上女生歡迎。分組時，女同學總喜歡找他一起，但，班上男同學就不這樣認為。小華就非常厭惡士敏，認為他有毛病，故意裝娘騙取女生的友誼，更不開心班上女生跟他要好，尤其是他心儀的女生小蘭總是跟士敏有說有笑的。

　　下課時，小蘭走到士敏身邊，溫柔的詢問上一節家政課手作圍裙是否可以借看一下藏針與回針縫法。士敏點頭答應，小蘭摸起士敏的袋子欲拿出圍裙，不小心袋子掉落地上，袋中所有物品散落一地，小蘭不好意思連忙說對不起，立刻撿起地上所有物品放入袋中，士敏只是笑而不答，也趕緊收拾，只是，地上有張照片，吸引小蘭注意，小蘭仔細一看頓時滿臉通紅，愣愣地將照片丟回袋中轉身跑開，士敏覺得有異，撿起袋中的照片，身旁同學全好奇聚過來看，是張不雅裸女照，但裸女頭像被P上小蘭的臉，圍觀女生全尖叫，男生更靠近起鬨，小華搶過照片大聲嚷嚷：娘砲、老司機……所有人冷冷的注視士敏，過去親切的朋友紛紛走避，士敏不知這張照片哪裡來的，怎會出現在他的袋子，只是一臉慌張，這時，小華走到士敏身旁在耳邊吹氣輕聲說：怎樣？你有感覺嗎？士敏憤怒的握緊雙拳，渾身顫抖的瞪著小華嘲笑的模樣。

　　是誰將這張照片貼在黑板上，老師生氣的問，小蘭紅著臉頰，頭更低，不住的啜泣，小蘭的閨蜜小雲站起身：是士敏，但，大家都知道並非士敏，士敏生性內向哪來這膽子？老師嚴肅的喝斥：這不是開玩笑，很嚴重，士敏，你下課到學務處報到。

　　因為毫無證據，士敏僅被口頭警告，小蘭這幾天心情沉悶，小雲為了安慰她，想方設法逗她笑。小雲喊士敏過來，小蘭不解，疑惑的看著小雲，小雲意有所指對小蘭眨眨眼，小雲笑著說：士敏可以幫我一個忙嗎？最近我買了一款遮瑕膏，效果好像不錯，可以當我的模特兒嗎？我想直播給我的鐵粉看，拜託啦！

　　小蘭知道這款遮瑕膏是最近很夯的惡作劇搞怪玩具，好奇小雲搞什麼把戲，而士敏其實很想找機會跟小蘭解釋清楚，但，最近小蘭對他都冷言冷語、不理不睬。士敏見小蘭對他微笑，認為小蘭應該恢復跟過去一樣親切，當下就一口答應，小雲拿出手機開鏡頭：嗨！親愛的大家，我現在要來試試這新款，請大家張大眼睛看喔！小雲要士敏先閉上眼睛，士敏只覺得臉上涼涼的、刺刺的，有刺鼻的塑膠味，心裡覺得奇怪小雲怎麼會買這款劣質膚色遮瑕膏，一會兒工夫，小雲笑著說：來！張開眼！完成了！哈哈，如何？各位，這樣就完成喪屍裝扮喔！效果很棒吧！原來小雲買的惡作劇化妝品，灰藍色的臉，蒼白的嘴唇，實在很嚇人！直播字幕留言頓時如潮水般湧現，小雲對著鏡頭笑臉迎人地說：喔！各位！這遇水不會花掉！效果很持久喔！小雲說完，士敏看著在旁的小蘭笑彎了腰、笑到噴淚，頓時心中一陣酸楚，淚水幾乎奪眶而出。

案例分析

- 是否有惡意傷害行為：是。如直播捉弄行為。
- 是否有勢力失衡：是。多對一。
- 是否重複：是。網路直播可被分享、按讚及重複觀看。
- 是否為校園霸凌：是。

　　這個案例中，有可能是小華看不慣士敏與女生關係良好，用修圖方式陷害士敏。這屬於單次式的攻擊行為，仍不算是霸凌行為；但若是po在網路上，就成為網路霸凌。就小華的行為來看，士敏屬於被霸凌的高風險群，宜多加留意。若之後小華又有其他惡意攻擊行為，那就是校園霸凌了。

　　再就小蘭與小雲的行為來看，她們誤會了士敏，以為是他惡意修圖，於是在直播上捉弄他，這屬於報復式的惡意攻擊行為。雖然小蘭與小雲的行為起因是為了報復，但霸凌的判斷並不考量成因，單由行為來看實屬惡意傷害行為。雖然小蘭與小雲僅有一次在網路上的捉弄行為，但因為網路上可被分享、按讚及重複觀看，因此可被視為重複發生。就目前的案例來看，應屬於網路霸凌行為。

 # 參考文獻

Bosworth, K., Garcia, R., Judkins, M., & Saliba, M. (2018). The impact of leadership involvement in enhancing high school climate and reducing bullying: An exploratory study. *Journal of School Violence, 17*(3), 354-366. doi:10.1080/15388220.2017.1376208

Brown, J. R., Aalsma, M. C., & Ott, M. A. (2013). The experiences of parents who report youth bullying victimization to school officials. *Journal of Interpersonal Violence, 28*(3), 494-518.

Brown, J., Keesler, J., Karikari, I., Ashrifi, G., & Kausch, M. (2020). School principals putting bullying policy to practice. *Journal of Interpersonal Violence* (Advanced online publication). https://doi.org/10.1177/0886260520914553

Bruening, R. A., Orengo-Aguayo, R. E., Onwuachi-Willig, A., & Ramirez, M. (2018). Implementation of antibullying legislation in Iowa schools: A qualitative examination of school administrators' perceived barriers and facilitators. *Journal of School Violence, 17*(3), 284-297. doi:10.1080/15388

220.2017.1322517

Chen, L. M., Sung, Y. H., & Cheng, W. (2017). How to enhance teachers' bullying identification: A comparison among providing a training program, a written definition, and a definition with a checklist of bullying characteristics. *The Asia-Pacific Education Researcher, 26*(6), 351-359. doi:10.1007/s40299-017-0354-1

Cunningham, C. E., Rimas, H., Mielko, S., Mapp, C., Cunningham, L., Buchanan, D., ... & Marcus, M. (2016). What limits the effectiveness of antibullying programs? A thematic analysis of the perspective of teachers. *Journal of School Violence, 15*, 460-482. doi:10.1080/15388220.2015.1095 100

Dake, J. A., Price, J. H., Telljohann, S. K., & Funk, J. B. (2004). Principals' perceptions and practices of school bullying prevention activities. *Health Education & Behavior, 31*, 372-387.

Dornfeld-Januzzi, J. (2006). *Adult perceptions of bullying by boys and girls in middle school* (PhD dissertation). Fordham University, NY.

Eriksen, I. M., & Huang, L. (2019). Discrepancies in school staff's awareness of bullying. *Nordic Journal of Comparative and International Education, 3*(1), 51-68.

Farrelly, G., O'Higgins Norman, J., & O'Leary, M. (2017). Custodians of silences? School principal perspectives on the incidence and nature of homophobic bullying in primary schools in Ireland. *Irish Educational Studies, 36*(2), 151-167. doi 10.1080/03323315.2016.1246258

Flynt, S. W. & Morton, R. C. (2008). Alabama elementary principals' perceptions of bullying. *Education, 129*, 187-191.

Fröjd, S., Saaristo, V., & Ståhl, T. (2014). Monitoring bullying behaviours may not enhance principal's awareness of the prevalence. *School Leadership & Management, 34*(5), 470-480.

Hvidston, D. J., Hvidston, B. A., Range, B. G., & Harbour, C. P. (2013). Cyberbullying: Implications for principal leadership. *NASSP bulletin, 97*(4), 297-313.doi:10.1177/0192636513504452

Lacey, A., & Cornell, D. G. (2016). School administrator assessments of bullying and state-mandated testing. *Journal of School Violence, 15*(2), 189-212.

Låftman, S. B., Östberg, V., & Modin, B. (2017). School leadership and cyberbullying—A multilevel analysis. *International Journal of Environmental Research and Public Health, 14*(10), 1226. doi:10.3390/ijerph14101226

Li, Y., Chen, P. Y., Chen, F. L., & Chen, Y. L. (2017). Preventing school bullying: Investigation of the link between anti-bullying strategies, prevention ownership, prevention climate, and prevention leadership. *Applied Psychology, 66*(4), 577-598. doi:10.1111/apps.12107

Lung, F. W., Shu, B. C., Chiang, T. L., & Lin, S. J. (2019). Prevalence of bullying and perceived happiness in adolescents with learning disability, intellectual disability, ADHD, and autism spectrum disorder: In the Taiwan Birth Cohort Pilot Study. *Medicine, 98*(6). doi:10.1097/MD.0000000000014483

Nickerson, A. B., Cornell, D. G., Smith, J. D., & Furlong, M. J. (2013). School antibullying efforts: Advice for education policymakers. *Journal of School Violence, 12*(3), 268-282. doi:10.1080/15388220.2013.787366

Richard, J. F., Schneider, B. H., & Mallet, P. (2012). Revisiting the whole-school approach to bullying: Really looking at the whole school. *School Psychology International, 33*(3), 263-284.

Rosen, L. H., DeOrnellas, K., & Scott, S. R. (2017). Drawing across perspectives: Implications for prevention and intervention. In L. H. Rosen, K. DeOrnellas, & S. R. Scott (Eds.). *Bullying in schools: Perspectives from school staff, students* (pp. 159-177). Palgrave Macmillan, New York.

Sherer, Y. C., & Nickerson, A. B. (2010). Anti-bullying practices in American schools: Perspectives of school psychologists. *Psychology in the Schools, 47*(3), 217-229. doi:10.1002/pits.20466

Trujillo-Jenks, L., & Jenks, K. (2017). Principals and school resource officers' perspectives on bullying. In *Bullying in school* (pp. 69-94). Palgrave Macmillan, New York.

Wang, C. W., Musumari, P. M., Techasrivichien, T., Suguimoto, S. P., Tateyama,

Y., Chan, C. C., ... & Nakayama, T. (2019). Overlap of traditional bullying and cyberbullying and correlates of bullying among Taiwanese adolescents: A cross-sectional study. *BMC Public Health, 19*(1), 1-14.

家長如何面對校園霸凌

校園霸凌的發生，有許多人關心其成因，例如：是否起因於家庭功能失常或管教問題，而導致學生出現霸凌或受凌情況。另外，在霸凌防制上，不少霸凌防制方案均強調納入家長因素的重要性。這些均點出了家庭因素及家長角色的重要性。本章主要針對家長因素進行探究，以深入了解家長對霸凌的界定、家長知悉霸凌的情況、家長管教如何影響學生霸凌、常見的家長因應策略、納入家長因素的霸凌防制方案成效等主題。

一、家長對於霸凌的界定

雖然教育部對霸凌行為有明確的定義，但家長多半不清楚該定義的內涵，主要仍因家長多半以自身經驗來判斷。國外文獻對於家長觀點進行探究，結果顯示家長對於霸凌的定義與學界定義有所不同，家長多數會提到勢力失衡但少提到重複性，而且，家長不確定什麼樣的行為，算得上是霸凌，通常難以區辨嬉笑玩鬧及霸凌的差別（Harcourt et al., 2014）。此即顯示，家長對霸凌定義與學術定義或教育部定義有部分落差，家長通常不注重「重複性」概念，而且，難以區辨嬉笑玩鬧及霸凌的不同。Sawyer等人（2011）的研究亦有類似的發現，他們指出多數家長能定義霸凌，但少數則不確定或沒辦法界定。換言之，部分家長知道什麼是霸凌，但他們的定義可能與教育部或學術定義仍有落差，另外，部分家長則是搞不清楚什麼行為才稱得上是霸凌。由於定義會影響後續的通報及介入處理，家長若對霸凌定義仍存有疑義或概念上的落差，這對家長協助防制霸凌自然會產生不良影響。

關於家長無法釐清嬉笑玩鬧（開玩笑）及霸凌間的差異，其實，兩者間有很大的不同。首先，嬉笑玩鬧主要是發生在朋友之間，而霸凌則不一定，有可能是朋友間的團體內霸凌（in-group bullying），大多數則發

生在勢力失衡的非朋友間；其次，嬉笑玩鬧是好玩的、有趣的、雙方都在笑的，霸凌則是惡意的、故意的、只有單方在笑；第三，嬉笑玩鬧是在朋友之間，所以有相互性、有來有往，霸凌則是單向性，處於勢力失衡的狀態；第四，嬉笑玩鬧過頭，可能會小打小鬧，但非重複攻擊，而霸凌則是重複性的惡意攻擊行為；第五，嬉笑玩鬧是會停止的、可停止的，而霸凌則是難以停止持續性的欺壓與造成傷害的行為。

　　學術界常用惡意傷害行為、重複、勢力失衡等三大特徵來區辨校園霸凌行為，但家長通常以一般大眾觀點來界定校園霸凌，不見得會依循這些學術定義特徵來判斷。有學者即針對這些定義特徵來進行霸凌定義區辨的探討，例如：Thomas等人（2016）用虛擬情境來探討霸凌的界定，透過學生及家長兩類觀點，以了解霸凌者意圖、受凌者知覺霸凌意圖對於界定霸凌的重要性。他們將情境區分為五類，包括知覺到霸凌者惡意、受凌者知覺到加害者惡意（II組）；霸凌者非惡意傷害、受凌者知覺到加害者惡意（NI組）；霸凌者惡意、受凌者知覺到加害者非惡意（IN組）；霸凌者非惡意傷害、受凌者知覺到加害者非惡意（NN組）；未陳述意圖的控制組（C）等。研究對象為澳洲的學生209人及家長531人。請研究參與者閱讀情境後，判斷是否為霸凌行為。研究結果發現，不論是學生或家長，霸凌者惡意、受凌者知覺到加害者惡意（II組）被評為霸凌的得分，高於其他四組的得分；霸凌者非惡意傷害、受凌者知覺到加害者非惡意（NN組）被評為霸凌的得分，顯著低於其他四組；而且，控制組及IN組被評為霸凌的得分，顯著高於NI組。由此可見，對於什麼是霸凌，該研究發現霸凌者的意圖較重要，遠高於受凌者知覺加害者意圖。該研究由學生及家長的角度出發，其結果支持霸凌定義宜規定是由知覺到霸凌者的企圖（例如：由同學們或是老師判斷霸凌者有惡意）來判定。另外，該研究也發現，不論是家長或學生，關係／排擠情境被評為霸凌的得分，遠低於其他霸凌類型；而網路情境被評為霸凌的得分，顯著高於關係及言語霸凌。

　　由前述研究可知，家長及學生的確會以加害者意圖來判斷是不是霸凌行為，但在教育實務現場，常會聽見霸凌者說他／她只是在玩，不是在霸凌他人。這時，學校或教師可能會產生混淆，一方說是在玩、一方說是惡意，難以判斷釐清。此處建議，宜由旁觀者知覺到的霸凌者意圖來判定，而非由霸凌者自述其行為意圖來判斷。也就是說，由其他學生、家長、教

師等旁觀者的知覺霸凌者意圖來判定，亦即與前述Thomas等人（2016）的研究一致，若旁觀者知覺到霸凌者惡意，則可考慮判定為霸凌。不由霸凌者自述的行為意圖來判斷，因為霸凌者會合理化其藉口來脫罪，因此不宜採用霸凌者自述意圖的說法。前述研究的第二個重點，在於家長與學生都認為關係情境被評估為霸凌，顯著低於其他情境，這與筆者的研究相一致。筆者針對教師的霸凌辨識進行研究，結果發現教師對關係霸凌的辨識程度顯著低於其他霸凌類型（Chen et al., 2018）。因此，不論是家長或是教師，都應多注意學生的人際狀況，以免忽略了關係霸凌的發生。

　　另一類型的家長，是把霸凌行為正常化，認為霸凌是孩子間的玩樂，輕忽了霸凌的嚴重性。Harcourt等人（2014）就指出，有家長認為霸凌是成長過程中的一部分，那很正常，而且，家長覺得言語及關係霸凌並沒什麼，因為小孩本來就會這樣啊！那不過是成長過程的一部分，女孩子間本來就會有些小八卦，所以不需緊張。Sawyer等人（2011）針對20位家長的訪談研究指出，多數家長認為肢體霸凌比較嚴重，比關係霸凌來得嚴重。就此而言，部分家長可能輕忽了關係及言語霸凌的嚴重性，認為那是成長過程的一部分，不是嚴重到肢體霸凌的程度，所以不用管它。這類型的家長，雖然並非占大多數，例如：Cooper與Nickerson（2013）發現78.3%的家長不同意：學生被欺負是活該，也就是大多數家長認為霸凌不應被視為常態，但仍有二成家長將霸凌視為正常化現象。

　　面對這類型的家長，首要就是要提升他們對霸凌定義及嚴重度的認識，讓家長了解不只有肢體攻擊才算霸凌，事實上，連重複性的關係排擠及言語攻擊也屬於霸凌，而且，關係、言語霸凌對受凌者的傷害，並不亞於肢體霸凌，以此來提升家長對於霸凌的認識與知覺，應有助於提升家長察覺及介入學生的霸凌事件。

二、家長是否知悉孩子涉入霸凌

　　在了解了家長對霸凌的定義與學界有所不同之後，接著，要探討的是家長是否知道孩子涉入霸凌事件。Sawyer等人（2011）的研究分析顯示，多數家長不知道孩子受凌，這代表學生不願意告訴成人，而家長也不知道孩子正在受凌。Offrey與Rinaldi（2017）根據Fekkes的研究指出，受

凌者的家長中有一半沒有覺察出自己的孩子正遭受霸凌。其原因可能在於，只有很小的一部分受凌孩子會主動告訴父母他們的受凌情況，而會告訴老師的孩子則又是更少。上述研究顯示，其實家長多半不知道孩子涉入霸凌事件。其原因可能是孩子認為講了也沒有用，或是說了反而會被罵，因為部分家長會把霸凌正常化或是有怪罪受凌者的傾向。

　　至於家長知道了孩子被霸凌後，會有什麼反應？研究顯示，多數家長知道孩子被霸凌後會感到驚訝，因為家長大多回答孩子其實有很多朋友，怎麼會被霸凌呢？此外，許多家長也指出受凌學生會有焦慮、憂鬱、懼學的狀況（Sawyer et al., 2011）。

　　若家長想要協助涉入霸凌的孩子，首先就是要先知悉孩子在校是否被霸凌。這就得先克服孩子不想把被霸凌的事告訴成人的問題，而家長所能做的，建議如下：

- 建立起支持及溫暖的親子關係，讓孩子與家長分享或願意向家長求助。
- 孩子遭遇霸凌事件，切勿先責怪孩子，或是檢討孩子。多數霸凌事件都是起自霸凌者的惡意行為，因此檢討或責怪孩子可能無法改善他們被霸凌的狀況。
- 家長不能輕忽霸凌的嚴重性，縱使是非肢體的言語或關係霸凌，也可能造成孩子嚴重的心理創傷，因此，切勿將霸凌正常化，不能合理地視之為成長的一部分。

三、影響學生涉入霸凌的家庭因素

　　一般教師在處理涉入霸凌事件的學生時，多會了解其家庭背景，由家庭狀況來做出相對應的歸因或解釋，例如：家庭功能不彰、在家沒人管，所以會產生霸凌行為；或是在家就被打，所以會產生霸凌行為等解釋。這些例句，說明了一般教師普遍認為孩子涉入霸凌事件，多因受到家庭因素的影響。學界對此也有相當的研究，以下針對霸凌者、受凌者的家庭影響因素，分別進行探討。

　　先針對影響霸凌者的相關因素來談，文獻指出下列因素都可能與孩子的霸凌行為有關（Atik & Güneri, 2013; Georgiou, 2008; Gómez-Ortiz et al., 2016; Hong et al., 2017; Nocentini et al., 2019; Stavrinides et al., 2015）：

1. **父母的心理狀況**：父母心理不健康對孩子的霸凌行為有正向關聯，也就是父母的心理健康不佳，則孩子霸凌行為可能愈高。例如：母親的心理憂鬱狀況與孩子的霸凌行為有關。

2. **家長虐待**：父母的虐待行為對孩子的霸凌行為有正向關聯，也就是父母的虐待行為愈高，則孩子霸凌行為可能愈高。虐待可分為情緒虐待或肢體虐待，不論是情緒類的心理攻擊（psychological aggression），或是肢體類的體罰（psysical punishment），都會對同儕攻擊與霸凌行為產生直接影響。

3. **家長懲罰**：家長的懲罰管教程度和孩子霸凌行為有直接及間接關係，直接關係意指家長愈嚴格的懲罰管教，則孩子的霸凌行為可能愈高；間接關係則是受到偏差同儕歸屬感的影響，也就是家長若有愈嚴格的懲罰管教，孩子愈容易尋求偏差同儕團體而受到偏差同儕團體歸屬感的影響，這可能助長孩子的霸凌行為。如用社會學習理論來解釋的話，當觀察或體驗到家長、同儕的攻擊行為後，受害學生會仿效這些行為，而加諸於其他學生身上；用**同儕偏差訓練假說**（the peer deviance training hypothesis）來解釋的話，就是青少年歸屬於反社會同儕的話，較可能會出現破壞規則的行為及犯罪行為。

4. **家長關切**：當家長愈關切孩子，孩子霸凌行為愈少出現。若家長多多關心詢問孩子、孩子的同儕、在校師長，了解孩子在校的相關行為與生活，這個舉動能有效減少孩子後續霸凌他人的傾向。例如：母親的關切與回應會與孩子的在校適應（學業成就、社會適應）有正向關聯，且與孩子的校園霸凌與干擾行為等有負向關聯。

5. **家長控制**：高控制家長，孩子霸凌行為次數愈多。家長愈是對孩子施加嚴格控制，反而導致孩子後續呈現出更高的霸凌行為傾向。

再針對影響受凌者的相關因素來談，文獻指出下列因素都可能與孩子被霸凌有關（Atik & Güneri, 2013; Georgiou, 2008; Gómez-Ortiz et al., 2016; Hong et al., 2017; Nocentini et al., 2019）：

1. **父母的心理狀況**：父母心理不健康與孩子被霸凌有關，也就是父母的心理健康不佳，孩子有可能容易被霸凌。例如：母親的心理憂鬱狀況，與孩子受凌有關。

2. **家長虐待或家暴**：父母的虐待行為與孩子被霸凌有關，也就是父母的虐待行為愈高，則孩子較有可能被霸凌。而且，家庭暴力與孩子身為同儕受害者有正相關，也就是說，被家暴的孩子，在校也可能被同儕欺負。另外，家長的心理攻擊（psychological aggression）也與同儕受凌有關，而且，不論男孩、女孩皆如此。

3. **家長懲罰**：家長的懲罰管教程度和孩子受凌有間接關係。當家長愈嚴格的懲罰管教，孩子愈容易尋求偏差同儕團體並受到偏差同儕團體歸屬感的影響，而這也能預測孩子容易被欺負。

4. **家長溝通**：研究指出家長溝通與受凌狀況有負相關。愈能與孩子有良好溝通、關心孩子在校狀況的家長，孩子較不會被霸凌。

若將家長管教方式依關懷及控制，劃分為四個象限，即可區分出四類家長管教，包括：高關懷高控制的民主型管教、高關懷低控制的溺愛型管教、低關懷高控制的威權型管教、低關懷低控制的忽略型管教。不同類型的管教，和校園霸凌有不同的關聯，說明如下（Ehrenreich et al., 2014; Elsaesser et al., 2017; Erdo du, 2016; Garaigordobil & Machimbarrena, 2017; Healy et al., 2015; Nocentini et al., 2019）：

1. **民主型管教**：民主型管教下的孩子，能了解行為規範，也受到父母的關愛，這樣的孩子較不會涉入校園霸凌。與民主型管教有關的變項，例如：前述的家長溝通、家長關懷等，或是家長參與、家長支持等變項，都與校園霸凌有負向關聯。民主型管教的家長，有清晰的家庭規範，能與孩子維持正向親子關係，與孩子保持充分的溝通，能提供孩子足夠的關愛與生活關注，這些都是對抗受凌的保護因子。然而，一般家長可能誤解，以為給予尊重、選擇、關懷，就是民主型管教，而忽略了行為設限及家長監管的重要性，這樣的家長就是把溺愛型管教誤認為民主型管教。民主

型管教不是不管小孩，而是仍需要家長監控，包括注意及追蹤孩子的所在位置、活動、朋友等，透過詢問孩子、同學及教師來了解孩子在校狀況、多溝通聊天讓孩子願意揭露自身在校狀況等。因為家長監管與孩子的不當行為、涉入暴力及受害等有負向關聯，相反的，低家長監控的青少年，則與霸凌、受凌有關。

2. **溺愛型管教**：母親過度保護與孩子高受凌有關，也就是說若家長溺愛及過度保護，孩子缺乏獨立自主能力，容易被視為媽寶，這樣的孩子容易被霸凌。若是太過於溺愛，亦與對孩子的攻擊行為有顯著關聯。

3. **威權型管教**：威權型管教與孩子霸凌有正相關，研究顯示威權型管教對孩子後續的霸凌行為產生最高的預測性。用嚴苛處罰來管教及缺乏溝通的家長，孩子出現霸凌行為的狀況會較高。與威權型管教有關的變項，例如：前述的家長懲罰、家長虐待、家長控制等，都與校園霸凌與被霸凌有正向關聯。

4. **忽略型管教**：父母的忽視程度與孩子的霸凌行為、被霸凌狀況有正向關聯，也就是父母的忽視程度愈高，則孩子愈容易涉入霸凌事件，成為霸凌者或受凌者。例如：家長對孩子低接納，不太管孩子的教育，這樣的教育方式會讓孩子容易被霸凌。另外，和未涉入霸凌的孩子相較，霸凌者通常會有較低的家長監控度，也就是說，若父母愈不管教孩子、愈是忽略孩子，則孩子較可能會涉入霸凌行為。

　　前述四項管教策略，僅有民主型管教能具備防制校園霸凌的有效性，至於另外三種管教，包括溺愛型、威權型、忽略型管教，都與校園霸凌行為、校園受凌具有關聯。建議家長需要提供支援性、溫暖及穩定的家庭環境，以及提供適當合理程度的監督與監控，也就是採用民主型管教，可以減少孩子出現霸凌行為與受凌狀況。因此，家長宜多參與及支持孩子的教育，維持與孩子的正向關係，此外，家長應避免採用高壓式的管教方式，例如：家長虐待、家長控制、家長懲罰、威權管教等，以避免孩子轉向偏差同儕團體以尋求歸屬感。

四、家長對孩子涉入霸凌的因應策略

當得知孩子被霸凌後，常見的策略就是提供必要的情緒支持，家長通常會聚焦在減少或舒緩孩子面對霸凌的心理壓力。此外，家長會採取較直接的行動來試圖解決霸凌，包括聯絡學校，讓學校主管人員知道學校發生霸凌事件，請學校正式處理之；另有家長會試著與霸凌者家長聯絡，希望對方家長能知道並處理此事。由於家長大多不知道如何有效處理孩子涉入霸凌事件，半數家長提到會試著尋求反霸凌相關資源、親自參與反霸凌活動、告知他人霸凌相關訊息，以自身及孩子的經驗來支持反霸凌相關活動及經驗分享（Cooper & Nickerson, 2013; Harcourt et al., 2014）。

知悉孩子被霸凌之後，家長通常會給孩子以下的行動建議（Harcourt et al., 2014; Letendre et al., 2016; Sawyer et al., 2011）：

1. **告訴成人**：告訴老師或家長，讓大人來協助處理。
2. **教導報復**：打回去、凶回去、聯合他人也霸凌回去。
3. **教導忽略**：忍一時風平浪靜，小小的被欺負，忍一忍就過去了。
4. **教導憐憫**：教導對霸凌者生起憐憫心，例如：對方有過動，他不是故意的，多包容對方；對方家庭狀況不好，在家被暴力對待，學到不好的行為模式，所以要多包容對方。這個策略和前述的忽略有點類似，但，差別在於教導憐憫是希望增加孩子的認識、同理與包容。
5. **教導利社會行為**：教導孩子要堅強（be strong）或做你自己就好（be yourself），讓孩子加入足球隊或籃球隊等不同的社團，以提升自尊、自信及增加社會連結。
6. **教導自衛行為**：讓孩子參與自我防衛課程，如上武術課、跆拳道課程等，以期能提升孩子自我保護能力。
7. **教導及限制上網**：若孩子涉入的是網路霸凌，則家長會試著監控及限制孩子上網、教導孩子如何安全的使用網路及科技。

然而，上述建議並非都是良好的行動建議，部分建議甚至會讓霸凌更為嚴重或延長之。例如：家長經常會教導孩子用報復式行為去回應霸凌事件，像是「打回去」，但這些給孩子的建議無助於改善現況，甚至將使現況更加惡化（Letendre et al., 2016; Offrey & Rinaldi, 2017）。建議孩子

忽略也是無效的方式，因為受凌者很難忽略，而且，忽略可能造成嚴重的內化情緒問題，並讓受凌延續（Sawyer et al., 2011）。

就此而言，家長常給孩子的行動建議，通常是好壞參半。尤其是教孩子要報復及忽略，通常都無法達成制止霸凌的效果，更可能使之惡化及延長。因此，家長切勿教導孩子進行報復或忽略，而應鼓勵孩子告訴教師或家長，並設法提升孩子的社會連結（如：加入社團），或提升孩子能力（如：鼓勵探索興趣及培養專長），以提升其自尊自信。

關於家長及孩子面對校園霸凌的處理策略，究竟哪種方法被認為是最有效的策略呢？Offrey與Rinaldi（2017）邀請了225名加拿大學生與他們的家長參與研究，研究方法是提供四項霸凌假想情境圖，包括肢體霸凌、言語霸凌、網路霸凌、關係霸凌等，讓學生假想自己是情境中的主角、家長假想自己是情境中主角的家長，接著要求他們根據情境盡可能地寫出所想到的解決方法，這些方法依量表的原始設計，可被區分為「攻擊型」、「被動型」、「尋求幫助型」、「非對抗型」、「果敢型」等類別。研究結果顯示，家長給出的解決方法中，有近半數（48.5%）是尋求幫助型，接著是非對抗型（28%）與果敢型（22%）。學生給出的解決方法中，最多的（36%）是尋求幫助型，接著是果敢型（29%）與非對抗型（20%）。至於請家長和學生互評對方提出的解決方法的得分，學生認為家長在關係霸凌情境中提出有效的方法最多，在網路霸凌情境中提出有效的方法最少；家長認為學生在肢體霸凌情境中提出有效的方法最多，在言語霸凌情境中提出有效的方法最少。該研究的結論指出，家長最傾向給小孩的建議是尋求幫助，但是傾向是找老師幫忙，因為家長自覺沒有足夠的處理霸凌能力（自我效能感低落）。孩子最傾向使用的方式也是尋求幫助，而且比他們的家長更傾向使用果敢型的方式去面對霸凌。就此而言，不論是孩子或是家長，都認為「尋求協助」是較為有效的策略，而且最好是尋求老師的協助。

五、如何將家長納入校園霸凌的防制

家長對校園霸凌防制成效具有相當的影響，若家長採用與學校對抗或控告學校的方式，則將對學校的反霸凌作為造成困擾，對解決孩子的霸凌

問題亦幫助不大。例如：Trujillo-Jenks與Jenks（2017）指出，孩子在校被霸凌，家長回報給校園管理者，但未能完全緩解或制止霸凌事件時，家長就會認為孩子在校情況並未受到重視，或者學校的規範不公平，以致他們的孩子無法在學校裡得到應有的保護，而大部分的家長認為校方管理層在執行及介入霸凌的回報家長情況是不佳的，並認為透過地方警政單位或透過律師會更有效果及影響，因此有部分家長會以法律途徑來控告校方，以促使校方「應該」要在霸凌部分做出更多作為，或者對校方索求賠償。此即家長不信任學校並與學校採對抗立場的範例。反之，若家長能與學校配合，則有助於消弭霸凌。Jeynes（2008）的研究指出，家長介入處理霸凌事件會比只有學校單方面介入處理，更能對學生有深遠的影響，且家長參與處理霸凌事件的程度也與降低霸凌發生率有正向關聯。此即家長與學校配合，共同合作並順利解決校園霸凌的例證之一。

（一）家長納入霸凌防制的重要性

校園霸凌的預防與介入，應當以學校為主體，並包含了教師、學生、家長等角色的共同加入。尤其是家長扮演著關鍵角色，因為家長在孩子成長的過程中扮演了培養其社交技巧、情緒調節能力、經營同儕關係的關鍵角色，而且，家長對孩子了解最深，家長和孩子之間有更深的羈絆與信任，最知道什麼樣的方法對孩子最有效。因此，必須要納入家長才能更有效地達到反霸凌的效果。Letendre等人（2016）指出，家長可以提出他們的觀點來協助減緩學校的霸凌情況，而且家長可以對涉入霸凌者（旁觀者、霸凌者、受凌者）提供必要情緒支持，因此將家長融入學校的霸凌防制工作中，有助於學校行政部門、教師、支持人員和家長之間建立良好的溝通，使部分狀況及問題可以持續在家中討論或解決。至於學校需要哪些協助？家長如何融入校園的霸凌防制工作呢？Sherer與Nickerson（2010）指出，在霸凌覺察、霸凌預防、霸凌介入的過程中都可以納入家長：

1. **霸凌覺察**：家長若有察覺霸凌事件的敏感度，可有效減少霸凌。
2. **霸凌預防**：學校可舉辦反霸凌日，邀請家長參加活動與討論，提升家長對霸凌的意識。或可以透過電子報等宣傳學校反霸凌政策、反霸凌支援系統、如何教導孩子面對霸凌等相關資訊給家長。

3. **霸凌介入**：當霸凌事件發生時，邀請霸凌者與受凌者的家長見面討論。

（二）家長納入霸凌防制方案的成效

Van Niejenhuis等人（2020）以方案介入的方式比較實施「將家長納入反霸凌活動」的實驗組和對照組，在前測和後測（實施方案六個月後）的差別，藉此探究將家長納入校園反霸凌方案有何效益。該研究使用的介入方案為「與家長合作創造快樂學校」（Working with parents in creating a pleasant school），該方案中有四個核心要點：

1. 校方在反霸凌一事上需有明確地「將家長一併納入反霸凌網絡」的概念，並將此概念融入於校規、政策中。
2. 校方應讓家長組成一個團體，這種方式將有利於建立家長與校方的互信、通訊與互惠關係。
3. 建立家長和教師的溝通管道，讓家長可以即時獲得孩子在學校的最新情況，並從老師那裡獲取最新的反霸凌資訊與介入策略。
4. 鼓勵教師有系統性地提供家長反霸凌資訊（如：給家長的一封信、小專欄、小匯報等）。

該研究的實驗組老師需接受2次的方案課程訓練，第一次訓練在開學第四週實施，用幾個主題教導老師如何將家長納入反霸凌網絡當中。在這次上課後到下次上課前，老師會針對此次上課的內容設計出相關的反霸凌方案並實施。第二次訓練在第一次訓練的六週後實施，授課人員進一步評估老師們設計出的反霸凌方案，並且為下一個學年的反霸凌方案作出規劃。該研究採用了13個實驗組學校與14個控制組學校，總共受試者為老師83人、學生未涉入霸凌事件的家長153人、學生2,510人。研究結果顯示，教師認為實驗組的家長比起對照組的家長呈現出更高度排斥霸凌的意象、更具反霸凌責任感、在反霸凌一事上與老師有更多的合作性、更會與孩子談論其感受、更常被邀請到學校進行有關校內或班內氛圍的相關座談、被給予更多的反霸凌相關資訊；家長回饋的結果顯示實驗組的家長對「老師會針對反霸凌一事與家長聯繫」、「對學校將家長納入反霸凌網絡」這兩個項目的評價都比對照組的家長高，實驗組的家長比對照組的家

長和孩子有更多的對話、較會將家長納入反霸凌網絡、較鼓勵家長和孩子談論感受、較會被邀請參加學校會談以討論如何營造更適宜的校園氣氛、自認為學習到更多有關霸凌的資訊等。綜言之，該研究以實驗法證實，在霸凌防制方案中增加家長參與，對霸凌防制能帶來較佳的結果。

另一個針對將家長納入校園霸凌防制的方案介入研究，採用的是「友善校園友善家庭」（Friendly Schools, Friendly Families, [FSFF]）方案，亦顯示類似結果。Cross等人（2012）選擇了20所澳洲小學，先依學校大小及社經地位進行分層，再進行隨機選擇學校，隨機分派到低、中、高介入組，分別有7、6、7校。中度及高度介入的學校，每校要選5位行政人員及1位家長形成團隊，接受每年6小時的訓練，以共負責任。中度及高度介入的學校，需參加能力需求評估，以了解現況及差距。中度及高度介入的學校，會收到詳細的方案計畫指引，提供程序、計畫策略、執行及監控。中度及高度介入的差異，在於家長層級：高度介入學校提供每年3小時的訓練，以增加與家長合作的能力，以及提升家長的知覺與能力。低介入學校僅提供簡化手冊，且沒有訓練及其他資源。該研究共有2,552位4-6年級小學生參與，蒐集學生的自陳資料。研究結果顯示，小學霸凌問題有降低，高度介入（全校、建立能力、家長參與）優於中度介入（全校、建立能力）、優於低度介入（提供簡化手冊），也就是說，整體式全校方案包含能力建立及家長涉入，似乎較能降低校園霸凌。

該團隊另一項研究，也是採用FSFF介入方案，Cross等人（2018）旨在提升家長對霸凌相關資訊的知能、了解、態度與技巧，藉以培養孩子在面對霸凌時的應對方式（無論是身為被害者或旁觀者）。該研究以20所學校中的2年級、4年級、6年級學生為研究對象，並將學校分為3組，有7所學校被實施以高強度的FSFF方案、6所學校被施以一般強度的FSFF方案、7所學校不施以FSFF方案，只維持原本的反霸凌方針。高強度的方案與一般強度方案的差別，在於針對家庭層面的加強，包含3小時的教師培訓（針對如何將家長納入反霸凌方案），以及給學生額外的學習單與回家活動（與家長一同練習）。針對10個月後（post1）和22個月後（post2）的結果進行分析，結果顯示在post1時，高強度組的2年級學生家長比起一般強度、對照組的家長來得更頻繁與孩子談論霸凌問題；高強度組的4年級學生家長比起對照組的家長來得更頻繁與孩子談論霸凌問題；在post2

時，高強度組的2年級學生家長比起對照組的家長來得更頻繁與孩子談論霸凌問題。而且，多數高強度組別的學生家長認為此方案提供的額外資訊幫助他們增加對霸凌的知識、提升與孩子談論霸凌議題的自信、提升談論霸凌的技巧、提升對學校應對霸凌處理方式的了解。也就是說，增加家長涉入的全校霸凌防制方案，似乎較能改善校園霸凌的情況。

（三）後設分析顯示家長納入霸凌防制方案的成效

除了個別的研究之外，亦有學者針對不同研究進行後設分析加以統整，以找出最能有效防制霸凌的要素。Ttofi與Farrington（2011）針對1983-2009年間的44個實驗研究進行後設分析，結果發現學校本位的反霸凌方案是有效的，能降低霸凌及受凌約20%，而且，愈密集的方案愈有效。另外，包括明確紀律、改善操場監控、家長會議等都能有助於霸凌改善。此即點出了家長訓練與家長會議是重要、有效的霸凌防制策略之一。Ttofi與Farrington（2009）的另一篇後設分析，針對59個研究數據進行分析，嘗試找出校園霸凌的不同處理方式之有效程度，他們將霸凌防制策略分為二十項：(1)校內反霸凌政策；(2)班級公約；(3)校內會議；(4)霸凌宣導融入課綱；(5)班級經營；(6)組成合作小組；(7)與霸凌者協作；(8)與受害者協作；(9)和同儕協作；(10)向老師提供資訊；(11)向家長提供資訊；(12)增加操場監控；(13)處罰性處置；(14)非處罰性處置；(15)修復式正義；(16)校園霸凌法庭；(17)教師訓練；(18)家長訓練；(19)反霸凌宣導影片；(20)反霸凌電腦遊戲。分析結果顯示，在降低霸凌（bully）方面，最有效果的處置方法有家長訓練、操場監控、規訓式手段、學校會議、對家長提供資訊、班級公約、班級經營等，作者也指出，這些方法對年齡較大（11歲及以上）的學生較有效。在降低受凌（victimization）方面，最有效的處置方法有反霸凌宣導影片、規訓式手段、與同儕協作、家長訓練、組成合作小組。也就是說，不論是要降低霸凌或是受凌，最有效的策略中，都必須要納入家長訓練、提供家長資訊，顯示要降低霸凌與受凌問題仍需要有家長的配合及協助。

Huang等人（2019）針對有納入家長要素的22個霸凌防制方案進行後設分析，在這22個方案中，有13個方案納入霸凌資料信件及手冊；9個研究有納入家長會議（了解霸凌、了解學校政策及防制方案）；4個研究納

入指派親子活動；7個研究舉辦工作坊或家長訓練來改善處理策略與親師溝通等。結果顯示，納入家長要素的霸凌防制方案，在降低霸凌及受凌問題上，具有低度的顯著效果。而且，方案效果不因學校大小、國家、家長要素的類型而有差異。該研究顯示，納入家長要素的霸凌防制方案具有低度的正向成效，而且，不論家長要素的類型為何，都具有實質效果。這也提醒了欲推行霸凌防制的學校，宜納入家長於霸凌防制之中，不論家長以何種型式參與，不論是家長會議、指派親子活動、工作坊或家長訓練、家長霸凌防制信件及手冊等，都能具有改善霸凌的成效。

對校園霸凌防制納入家長的建議

1. **增進家長對校園霸凌定義的認識**：家長對校園霸凌定義有自己的看法，和學界及學校對霸凌的定義不同，這將導致霸凌防制上的困擾。因此，首要關注的就是提升家長對校園霸凌定義的認識。親師在霸凌定義上有共識，自然有助於霸凌的察覺及防制，也有助於釐清嬉笑玩鬧及霸凌的差異。

2. **重視關係霸凌的影響**：因家長可能會輕忽關係霸凌的傾向，和其他霸凌類型相較，關係霸凌較不被視為屬於霸凌問題。因此，宜提升家長對關係霸凌的認識，要多注意孩子的人際狀況，以免忽略了關係霸凌的發生。

3. **營造良好親子關係，讓孩子被霸凌後勇敢於揭露**：半數以上家長並不知道自己的孩子被霸凌，而知道之後通常相當驚訝，這表示孩子不想或不敢讓家長知道被霸凌的情況。因此，改善親子關係，營造良好的親子互動氣氛，讓孩子知道被霸凌之後要勇於揭露，而且，家長一定會善意支持，這些將有助於讓孩子勇於揭露及通報。

4. **採用民主型管教，避免高壓權威管教**：家長的民主型管教具有防制校園霸凌的效用，至於溺愛型、威權型、忽略型管教，都與校園霸凌有關。因此，家長宜提供高關懷高控制的管教方式，將有助於預防孩子涉入霸凌，而且，家長應避免採用家長虐待、家長控制、家長懲罰、威權管教等方式，以避免孩子轉而向偏差同儕以尋求歸屬。

5. 教導孩子尋求協助及提升利社會行為，避免教導孩子進行報復或忽略：學生及家長都認為尋求協助是最有效的因應策略，因此，應鼓勵孩子告訴教師或家長，並設法提升孩子的社會連結關係，或提升孩子能力，以提升其自尊自信。家長切勿教導孩子進行報復或忽略，以免使得霸凌更加嚴重或延長。

6. 將家長納入校園霸凌防制方案：有效的霸凌防制方案，都應納入家長要素，因此，學校若欲改善霸凌，宜將家長納入，提供霸凌防制資訊或家長研習會議，提升家長在霸凌覺察、霸凌預防、霸凌介入的角色及能力，將有助於改善校園霸凌。

校園霸凌改編個案

上學時，林偉從後面跑過來用力拍了一下小哲的屁股，小哲嚇一跳，林偉見狀大笑後跑向教室，小哲無奈的低著頭心裡數著，這已經是第49次了。

小哲走進教室發現林偉坐在自己座位上與同學打鬧，小哲不耐煩的對林偉：喂！我的座位啦！

林偉：唉呀！好兄弟幹嘛臭臉！怎麼？看A書被抓是不是？

小哲怒：去死啦！走開。

林偉攤手：好啦好啦！

林偉拍拍小哲肩膀：開玩笑啦！

小哲嘆氣一屁股坐下，拿書包甩開林偉的手。

林偉驚嚇倒退，重心不穩摔倒在地，不悅地說：你欠扁哦！！

林偉掙扎起身狠狠扯下小哲書包並用腳踩了幾下書包，瞪著小哲。

同學們鴉雀無聲紛紛走避這場風暴。

上課時，小哲無精打采的抄寫黑板上的筆記，這時一紙團丟到小哲桌上，小哲看著紙團心想：又是……？耳朵只聽見背後同學的嬉笑聲。

上課在做什麼？老師生氣的大吼：又是你小哲同學，你桌上是什麼？拿過來！

小哲回：老師，不是我。

老師：我眼瞎嗎？你桌上那是什麼？拿來！上課不上課，成天只會惡搞，難怪成績悽慘。全班平均成績都被你害慘，你還不知羞恥？

老師一邊怒罵、一邊走到小哲座位旁拿起紙團，打開一看，臉色鐵青：你立刻到學務處去！去！

老師抓著小哲的手臂用力拖出教室，走向學務處。

只留下一群冷言旁觀的同學，林偉笑著：唉！真是學不乖呀！

午餐時間，小哲食不下嚥趴在桌上，林偉好聲好氣的溫和地拍拍小哲：喂！兄弟。你肚子不舒服嗎？要不要去健康中心？

小哲「咻」的起身，一把抓住林偉胸口惡狠狠的：誰跟你兄弟？少裝！假掰什麼鬼！

林偉用力推開小哲。小哲緊緊抓著林偉，兩人跌倒在地相互毆打叫囂。

訓育組長聞風趕到，將兩人分開。

案例分析

• 是否有惡意傷害行為：是。如拍打屁股、踩書包。
• 是否有勢力失衡：是。強欺弱。
• 是否重複：是。發生數次。
• 是否為校園霸凌：是。

以該案例來看，加害者林偉應該是自認在開玩笑，因為他還會稱對方兄弟，但並不清楚自己的行為造成別人的困擾，視自己的騷擾行為乃是朋友間開玩笑，但受害者小哲並不這樣認為，小哲已有明顯的身心不適狀態，經明確告知後，林偉仍不停止。雖然林偉的行為，並不算是明顯的惡意傷害行為，但仍屬於騷擾行為，會造成別人的身心不適，如不斷打屁股、占別人座位、亂傳紙條……，在老師、同學、林偉眼中，這些行為可能算不上是霸凌行為，但若由受凌者的角度來看，小哲認為自己被重複地欺負，因此，應由受害者角色的感受來判

定，這應屬於霸凌事件。宜教導加害者釐清開玩笑與霸凌的差別，簡單區辨之，開玩笑是雙方都會笑，但霸凌只有加害者會笑，或欺負人來使旁人發笑，但卻只有受害者在受苦。

參考文獻

Atik, G., & Güneri, O. Y. (2013). Bullying and victimization: Predictive role of individual, parental, and academic factors. *School Psychology International, 34*(6), 658-673. doi: 10.1177/0143034313479699

Chen, L. M., Wang, L. C., & Sung, Y. H. (2018). Teachers' recognition of school bullying according to background variables and type of bullying. *Journal of Educational, Cultural and Psychological Studies, 18*, 147-163.

Cooper, L. A., & Nickerson, A. B. (2013). Parent retrospective recollections of bullying and current views, concerns, and strategies to cope with children's bullying. *Journal of Child and Family Studies, 22*, 526-540. doi:10.1007/s10826-012-9606-0

Cross, D., Lester, L., Pearce, N., Barnes, A., & Beatty, S. (2018). A group randomized controlled trial evaluating parent involvement in whole-school actions to reduce bullying. *The Journal of Educational Research, 111*(3), 255-267.

Cross, D., Waters, S., Pearce, N., Shaw, T., Hall, M., Erceg, E., Burns, S., Roberts, C., & Hamilton, G. (2012). The Friendly Schools Friendly Families programme: Three-year bullying behaviour outcomes in primary school children. *International Journal of Educational Research, 53*, 394-406. doi:10.1016/j.ijer.2012.05.004

Ehrenreich, S. E., Beron, K. J., Brinkley, D. Y., & Underwood, M. K. (2014). Family predictors of continuity and change in social and physical aggression from ages 9 to 18. *Aggressive Behavior, 40*, 421- 439. doi:10.1002/ab.21535

Elsaesser, C., Russell, B., Ohannessian, C. M., & Patton, D. (2017). Parenting in a digital age: A review of parents' role in preventing adolescent cyberbullying. *Aggression and Violent Behavior, 35,* 62-72.

Erdo du, M. Y. (2016). Parental attitude and teacher behaviours in predicting school bullying. *Journal of Education and Training Studies, 4*(6), 35-43.

Garaigordobil, M., & Machimbarrena, J. M. (2017). Stress, competence, and parental educational styles in victims and aggressors of bullying and cyberbullying. *Psicothema, 29*(3), 335-340.

Georgiou, S. N. (2008). Bullying and victimization at school: The role of mothers. *British Journal of Educational Psychology, 78*(1), 109-125. doi: 10.1348/000709907X204363

Gómez-Ortiz, O., Romera, E. M., & Ortega-Ruiz, R. (2016). Parenting styles and bullying: The mediating role of parental psychological aggression and physical punishment. *Child Abuse & Neglect, 51,* 132-143.

Harcourt, S., Jasperse, M., & Green, V. A. (2014). "We were sad and we were angry": A systematic review of parents' perspectives on bullying. *Child & Youth Care Forum, 43*(3), 373-391. doi:10.1007/s10566-014-9243-4

Healy, K. L., Sanders, M. R., & Iyer, A. (2015). Parenting practices, children's peer relationships and being bullied at school. *Journal of Child and Family Studies, 24,* 127-140. doi:10.1007/s10826-013-9820-4

Hong, J. S., Kim, D. H., & Piquero, A. R. (2017). Assessing the links between punitive parenting, peer deviance, social isolation and bullying perpetration and victimization in South Korean adolescents. *Child Abuse & Neglect, 73,* 63-70. doi:10.1016/j.chiabu.2017.09.017

Huang, Y., Espelage, D. L., Polanin, J. R., & Hong, J. S. (2019). A meta-analytic review of school-based anti-bullying programs with a parent component. *International Journal of Bullying Prevention, 1*(1), 32-44.

Jeynes, W. H. (2008). Effects of parental involvement on experiences of discrimination and bullying. *Marriage & Family Review, 43,* 255-268.

Letendre, J., Ostrander, J. A., & Mickens, A. (2016). Teacher and staff voices: Implementation of a positive behavior bullying prevention program in an urban school. *Children & Schools, 38*(4), 235-243. doi: 10.1093/cs/cdw032

Nocentini, A., Fiorentini, G., Di Paola, L., & Menesini, E. (2019). Parents, family characteristics and bullying behavior: A systematic review. *Aggression and Violent Behavior, 45*, 41-50.

Offrey, L. D., & Rinaldi, C. M. (2017). Parent-child communication and adolescents' problem-solving strategies in hypothetical bullying situations. *International Journal of Adolescence and Youth, 22*(3), 251-267.

Sawyer, J. L., Mishna, F., Pepler, D., & Wiener, J. (2011). The missing voice: Parents perspectives of bullying. *Children and Youth Services Review, 33*, 1795-1803. doi:10.1016/j.childyouth.2011.05.010

Sherer, Y. C., & Nickerson, A. B. (2010). Anti-bullying practices in American schools: Perspectives of school psychologists. *Psychology in the Schools, 47*(3), 217-229. doi:10.1002/pits.20466

Stavrinides, P., Nikiforou, M., & Georgiou, S. (2015). Do mothers know? Longitudinal associations between parental knowledge, bullying, and victimization. *Journal of Social and Personal Relationships, 32*(2), 180-196.

Thomas, H. J., Connor, J. P., Baguley, C. M., & Scott, J. G. (2016). Two sides to the story: Adolescent and parent views on harmful intention in defining school bullying. *Aggressive Behavior, 43*, 352-363. doi:10.1002/ab.21694

Trujillo-Jenks, L., & Jenks, K. (2017). Principals and school resource officers' perspectives on bullying. In *Bullying in school* (pp. 69-94). Palgrave Macmillan. doi:10.1057/978-1-137-59298-9_4

Ttofi, M. M., & Farrington, D. P. (2011). Effectiveness of school-based programs to reduce bullying: A systematic and meta-analytic review. *Journal of Experimental Criminology, 7*, 27-56. doi:10.1007/s11292-010-9109-1

Ttofi, M., & Farrington, D. (2009). What works in preventing bullying: Effective elements of anti-bullying programmes. *Journal of Aggression, Conflict and Peace Research, 1*(1), 13-24.

van Niejenhuis, C., Huitsing, G., & Veenstra, R. (2020). Working with parents to counteract bullying: A randomized controlled trial of an intervention to improve parent school cooperation. *Scandinavian Journal of Psychology, 61*(1), 117-131.

# 第10章 輔導老師對霸凌的看法與輔導策略

對於校園霸凌的處置，輔導老師扮演相當重要的角色，尤其在霸凌處置及追蹤輔導期，更需要輔導老師的介入。因此，了解輔導老師對霸凌的看法與輔導介入策略，對於提升輔導老師處理霸凌的知能，相當重要。本章主要針對三大主題進行討論，包括輔導老師對霸凌的看法、輔導老師對霸凌的輔導處遇策略、各類諮商輔導模式運用於霸凌輔導的成效，敘述如下。

一、輔導老師對校園霸凌的看法

（一）輔導老師對霸凌的定義

目前已知，未有研究專門針對輔導老師的霸凌定義進行探究。可參考的研究是Hazler等人（2001）的研究，他們針對251位參與者，包括209位教師及42位輔導老師進行研究，結果顯示，研究參與者較常將肢體衝突視為霸凌，縱使該肢體衝突並不符合霸凌界定，而且，發現情境當中的重複性、力量不均等雖是判斷霸凌的有效評估因子，但卻較易忽略重複性因素。雖然未單獨針對輔導老師的觀點進行檢視，但由此研究可知，教師及輔導老師對於霸凌的定義，仍與學術界有落差，尤其是在「重複性」特徵上的落差尤大，顯示教師及輔導老師發現勢力失衡的惡意行為之後（例如：肢體攻擊），可能即視之為校園霸凌，而不必然需要重複行為的發生。

另一個研究，Chan等人（2020）採用詮釋現象學的方式來探討網路霸凌，邀請了7所學校共18位輔導老師進行焦點團體訪談，結果顯示，學校輔導老師認為缺乏明確的政策與判斷標準，使他們很難去分辨網路霸凌和其他網路攻擊行為的不同，且對於網路霸凌也沒有標準的處理流程或是

指引，使他們覺得在這項議題上感到相當無力。也就是說，在缺乏定義指引的狀況下，輔導老師也難以區辨網路霸凌與其他網路攻擊行為。

就此而言，給予輔導老師明確的霸凌定義，確有其必要性，讓輔導老師也能依循著定義來判斷以便進行後續的輔導協助。然而，縱使給予學術上的霸凌定義，輔導老師仍有可能依循著自身經驗來進行判定（例如：勢力失衡的惡意行為），也就是依循著一般大眾概念來進行判定而不是依照著學術定義來判定，於是造成了定義辨識上的落差問題。

（二）輔導老師對霸凌的知覺嚴重性

由於知覺霸凌的嚴重性會影響教師是否願意介入及介入程度，因此，探究輔導老師對霸凌的知覺嚴重度，應有助於了解輔導老師的介入意願及介入狀況。就Hazler等人（2001）對教師及輔導老師的研究來看，他們發現肢體霸凌比言語、關係霸凌來得嚴重。雖然依此研究無法單獨得知輔導老師的看法，但，研究結果發現，關係霸凌似被認為是較不嚴重的霸凌樣態。

Jacobsen與Bauman（2007）針對183位來自高中、國中、國小的輔導老師，以網路問卷的方式進行研究，採用6個霸凌情境題，詢問對事件的嚴重度知覺、同理心、介入意願等，結果顯示，輔導老師認為肢體和言語霸凌比關係霸凌更嚴重，對肢體和言語霸凌的受害者會抱持更多的同理心，較不願意介入關係霸凌。至於背景變項，包括是否曾接受反霸凌訓練、學校是否有反霸凌政策、性別等，都有差異。結果顯示，有接受反霸凌訓練的輔導老師會比沒有接受訓練的輔導老師，更看重霸凌的嚴重性；不論在肢體、言語、關係霸凌上，在具備反霸凌政策學校工作的輔導老師都比其他輔導老師有更高的機率介入霸凌；女性輔導老師比男性輔導老師認為關係霸凌更嚴重。

綜上而言，輔導老師似乎認為肢體霸凌較嚴重，關係霸凌較不嚴重，也較不同理、不願意介入關係霸凌。因此，輔導老師宜對關係霸凌給予高度關注，協助關係霸凌受害者處理人際及情緒上的問題。另外，前述研究也指出了曾接受過反霸凌訓練、學校有反霸凌政策，對輔導老師的霸凌介入具有正向效果，因此，學校若願意重視校園霸凌問題，給予更多的

資源、研習及推動更多的霸凌防制工作，對輔導老師來說，也會影響其對霸凌的觀點及對霸凌的介入意願。

（三）輔導老師對霸凌成因的看法

　　為什麼會發生霸凌事件，有研究針對輔導老師的看法進行探究。Uzunboylu等人（2017）針對25位中學輔導老師進行質性訪談，以了解霸凌的成因。結果顯示，輔導老師認為學生很容易生氣，容易起衝突；學生在家庭中遇到問題，使其難以適應學校及班級的規矩，並採生氣的負面情緒來表達；家庭成員也有暴力行為，學生有樣學樣，並認為以暴力解決問題是有用可行的；學生有自我實現和身分認同上的困難，透過霸凌行為來形塑自我認同等。也就是說，輔導老師認為霸凌起源於加害者的情緒問題、家庭暴力問題、自我認同問題等。

　　就此而論，若要改善霸凌者的狀況，欲對症下藥的話，應試圖改善霸凌者情緒控制問題，以減少衝突及失控的狀況；宜增加親職教育，協助家長改善管教方式，應避免暴力管教；並強化霸凌者能在其他領域獲得自尊自信，讓他們可以在霸凌行為外找到其他可建立自我認同與自我價值的管道，例如：擔任幹部或參與球隊等。

（四）輔導老師在學校的角色

　　關於輔導老師在校園霸凌中所扮演的角色，各有不同的看法，有人認為輔導老師應該為主導角色，例如：Bauman與Rigby針對601位學校教師與385位學校諮商人員進行調查，發現學校諮商輔導人員較願意介入霸凌事件，且願意與受凌者談。而比起學校教師，學校諮商輔導人員較少出現忽視、懲罰及批評的情況，故學校諮商輔導人員應身為領導者角色去處理校園霸凌事件（Bauman, 2008）。另外，有人認為輔導人員在校園霸凌事件中的角色未被重視，例如：Swank等人（2019）的研究指出，校長與輔導員在觀點上未有共識，輔導員認為自身應該多涉入直接的霸凌介入策略，但校長似乎不這麼想，部分輔導員認為校長視霸凌為管教問題，於是在解決霸凌問題上校長可能將輔導員視為是不重要的角色。他們建議學校諮商輔導人員應積極尋求支持及資源，多多參與防制霸凌的相關專業發展

與研習。上述兩個研究就指出了輔導人員在霸凌防制上應扮演著相當重要的角色，但實際上，校方似乎未給予相對應的重視，以我國的霸凌事件處理來看，霸凌發生後，處理的重心多落在學務主任、教官、或是生教組長身上，輔導人員的角色似乎被置於後援的角色。然而，若欲改善霸凌者或受凌者的身心困境，仍需要輔導老師的專業協助。

輔導人員都清楚地知道，信任關係的建立在輔導過程中是極其重要的關鍵。然而，若是輔導老師身兼不同的角色，可能會降低學生的信任。Arcuri（2018）針對紐澤西州12位學校心理師兼諮商師進行訪談，研果顯示學生能信任輔導人員時，才會產生有效的諮商關係。研究參與者認為，兼任學校心理師與諮商師，角色上有時候會產生衝突，甚至影響諮商關係。如輔導老師身兼反霸凌專家的角色，可能會導致學生信任關係下降。就此而言，輔導老師宜避免身兼不同角色，例如：輔導老師不宜身兼處罰的權威角色、輔導老師不宜身兼校園霸凌的調查工作等，宜重視輔導過程中信任關係的建立。

（五）學生向輔導老師求助

學生被霸凌後，有可能不會向上通報。其可能原因在於不敢講（因為講了之後會死得更慘）、不想講（講了也沒有用、講了之後更麻煩），或是不需要講（靠自己解決就好）。但，若欲有效解決霸凌問題，仍需要師長的介入與協助，方能竟其功。因此，學校通常都會大聲疾呼，告訴學生若被霸凌要儘快通知老師或輔導老師，鼓勵學生要勇敢說出來。然而，研究顯示，願意向老師或輔導老師求助的學生仍是少數。Rigby（2020）的研究旨在了解霸凌受害者在尋求學校幫助之後，知覺學校有何作為及其成效，研究參與者為913位女學生和755位男學生，年紀為8-16歲之間，其中因為被霸凌而求助於老師者有131位女生及92位男生。約有67%的霸凌事件在尋求教師或輔導老師的協助後有減緩或停止的狀況，其中男女並無顯著差異。另一個針對網路霸凌的研究，也有類似的發現。Chan等人（2020）的研究結果顯示，當學生遇到網路霸凌時，最常使用的策略為求助朋友或是不回應，其次為向親人、教師、輔導老師求助，一些學生受訪表示自己會將霸凌事件回報給網管人員。然而，部分受訪者也表示自己

不信任教師和輔導老師，有些人認為由學校來處理進度太慢，或對於解決問題上根本毫無作用。由此可知，學生願意說出來的比例本來就不高，其原因可能在於不信任老師或輔導老師。但說出來之後，接受教師或輔導老師協助，大多能收到具體改善的成效。因此，為了鼓勵學生向師長通報，宜改善師生關係，建立師生間的信任關係，讓孩子願意講、也敢講，這樣才有利於師長們及時介入與輔導，發揮改善霸凌問題的成效。

二、輔導老師對霸凌的輔導處遇策略

（一）常用的霸凌輔導策略

　　國外文獻中，有針對學校心理師及學校輔導諮商師進行的研究，由於這兩類對象與臺灣的學校輔導老師任務相近，因此以下的文獻會併述之。就輔導老師常用的霸凌輔導策略來說，Sherer與Nickson（2010）針對213位學校心理師的研究發現，常使用的策略是對霸凌者進行輔導處遇、處罰霸凌者、增加成人監控；較少使用的策略為同儕輔導員、成立反霸凌委員會等。Power-Elliott與Harris（2012）針對加拿大94位輔導老師進行線上施測，結果發現在五類處理策略（霸凌者處遇、受凌者處遇、知會其他成人、忽略、處罰霸凌者）之中，輔導老師最常使用的策略依序是處罰霸凌者、知會其他成人、霸凌者處遇、受凌者處遇、忽略，而且，輔導老師有沒有受過反霸凌訓練，並不會影響處理策略。此結果令人驚訝，因為輔導老師最常使用的竟然是處罰霸凌者，而不是進行個別的輔導處遇。另一個研究，Lund等人（2012）邀請560位學校心理師和輔導老師填寫匿名網路問卷，以了解他們所選擇使用的霸凌防治策略及對處理霸凌的效能感，結果顯示，絕大部分的學校心理師和輔導老師都對自己諮商霸凌者（94%）和受凌者（85%）的能力深具信心，超過一半的人（69%）曾經受過相關的訓練，在這些訓練之中，針對受凌者的諮商（66%）訓練比對霸凌者（57%）更多。在他們所使用的策略中，最常見的是和孩子晤談以釐清問題及了解狀況、接著進行受凌者個別諮商、通知父母及霸凌者個別輔導等，此外還會使用社交技巧訓練、班級輔導、團體輔導等方式。Chan等人（2020）針對網路霸凌進行研究，發現學校輔導老師在處理網路霸凌

時通常採用跟傳統霸凌一樣的方法，會找家長、導師一起進行會談，有些嚴重的事件則會尋求警察介入，輔導老師們發現當警察介入通常會讓學生更為警惕。

由上述研究可以得知，輔導老師所使用的策略其實相當多元，不同研究顯示的使用頻率也有歧異。整體看來，輔導老師似乎會先釐清問題及了解狀況，接下來常使用的方式包括處罰霸凌者、知會其他成人、霸凌者處遇、受凌者處遇，通知家長監護人，並偏好採用系統合作的方式來處理。至於忽略不管、社交技巧訓練、班級輔導、團體輔導等策略，相對較少使用。

（二）認為有效的霸凌輔導策略

至於何種霸凌輔導策略較為有效，不同研究的結果也略有差異。Uzunboylu等人（2017）針對25位中學輔導老師進行質性訪談，以了解其對預防霸凌措施的看法。結果顯示，有9位輔導老師認為需入班進行宣導，教學生如何處理校園中的暴力事件；8位認為應針對霸凌者進行訓練並教育家長；3位認為需舉辦教師研討會，提升教師對霸凌的相關知能及覺知；3位認為應該定期進行家訪；2位認為要對高風險的學生定期晤談；1位認為所有老師都應該要跟學生宣導有關霸凌的知能。另外，有11位輔導老師認為應舉辦團體輔導和進行情緒管理訓練，8位輔導老師認為應該舉辦研討會讓家長了解霸凌行為的負面後果。簡言之，輔導老師認為對學生加強宣導及強化教師與家長的防制知能相當重要，而且應該要對高風險涉入者進行定期晤談及情緒管理訓練。Sherer與Nickson（2010）的研究顯示，學校心理師認為正向支持行為計畫、調整學校的空間及作息、立即處理霸凌事件是最有效的策略，而且，目前學校最不足的作為而需要改善的項目包括教職員訓練、通報程序、全校性的正向支持行為、對高風險學生的介入等。Paolini（2018）則建議學校諮商輔導人員可以採用**優勢本位方法**（Strengths-Based Models），也就是積極發展及強化當事人的優勢長處，使在遭遇逆境時能有足夠資源及復原力來面對之。作者建議可以教導社會與情緒學習技巧，鼓勵學生更加果敢、同理、增加社會技能，幫助學生聚焦於設立符合實際的目標，鼓勵提升家長參與等。

　　就此而言，輔導老師認為如要有效處理，就需在預防及處遇措施上雙管齊下，他們認為有效的預防策略可以採用：對學生加強宣導、強化教師與家長的霸凌防制知能、採用社會與情緒學習策略、正向支持行為等；此外，輔導老師認為有效的處遇策略為：立即處理霸凌事件、進行定期晤談及情緒管理訓練等。

（三）認為無效的霸凌輔導策略

　　研究顯示，輔導老師對於關係霸凌較易忽略，對於處理網路霸凌較具無力感。在面對學生的關係霸凌時，或許因為關係霸凌十分難被觀察到，且輔導老師與一般老師相比較缺少與學生接觸的機會，無法直接觀察到關係霸凌對人的影響，因此輕忽其嚴重性；而在面對學生的網路霸凌時，因為缺乏明確的學校政策、判斷標準，使他們很難去分辨網路霸凌和其他網路攻擊行為的不同，對於網路霸凌也沒有標準的處理流程或是指引，而且，這些輔導老師們也承認，有些時候，他們其實知道網路霸凌正在校園中發生，只是沒有足夠的科技能力去處理（Chan et al., 2020; Jacobsen & Bauman, 2007）。

　　再就被認為無效的霸凌處理策略來看，輔導老師用來處理霸凌事件的方法，有些被學者們認為是無效的，例如：忽略、同儕調停、組成霸凌者團體等（Jacobsen & Bauman, 2007）。Sherer與Nickson（2010）發現，學校心理師認為無效的策略是：避免學生雙方接觸、書面的反霸凌政策、對霸凌者的零容忍政策（例如：禁止上學、退學等）。就此而言，學校在處理校園霸凌時，有時會採用一些被認為是無效的策略，例如：退學、雙方避免接觸等，因此，學校宜避免採用這些策略來處理霸凌事件。

三、各類諮商輔導模式運用於霸凌輔導的成效

（一）對霸凌者的諮商輔導模式

　　1. 焦點解決角色扮演訓練（solution-focused dramatic empathy training）

　　Froeschle Hicks等人（2016）針對25位曾具網路霸凌經驗的8年級女

生進行研究，對遭受網路霸凌行為的學生進行處遇，組成焦點解決角色扮演團體，每個團體人數為7-8人左右，進行方式說明如下：

- 第一次進行團體時，先請成員進行自我介紹，並分享學校中喜歡和不喜歡的部分，以此破冰增進彼此連結。接著，輔導老師會教導團體成員焦點解決法中的「讚美」技巧，例如：「我很討厭學校，因為學校很無聊。」輔導老師則可試著回應：「即使學校這麼無聊，你仍然很負責任的到學校來上課。」

- 第二次團體時，請成員寫下自己曾經目睹過的網路霸凌事件，輔導老師在瀏覽成員們所寫的內容後，挑出其中一份進行分享，接著由輔導老師扮演霸凌者，請該事件的學生扮演受凌者，其他成員則扮演受凌者的朋友、同儕、家長等角色，然後進行角色扮演的戲劇互動。演出結束後每位成員分享自己在過程中的感受，然後在團體中討論每一位角色可以如何適當回應此事件。離開團體之前，每一位成員仍要使用讚美的技巧來回應彼此。

- 第三次團體時，成員會再次重演網路霸凌事件，但每位成員須輪流變更角色，直到每位成員都演過霸凌者和受凌者。輔導老師會帶領成員討論如何應用正當的社交技巧處理網路上的潛水（lurking）、冒名詐騙（catfishing）、未標名的推文（subtweeting）等現象。另外，輔導老師運用焦點解決法中「例外問句」去協助成員界定哪些方式對於處理網路霸凌會是有用的。例如：「過去你怎麼處理網路霸凌的事件，當時你做了些什麼？」

- 第四次團體時，輔導老師再選出一份霸凌劇本讓成員進行重演，演出後一樣討論不同角色的感受。而網路上的各種攻擊行為也會一併討論。輔導老師一樣使用例外問句的技巧，來協助成員發展出好的社交技巧和因應模式。在最後，輔導老師拋出問題，詢問成員覺得「為什麼學生會透過網路來霸凌彼此？遇到類似事件，我該怎麼做？」在離開團體前，一樣會讓成員彼此讚美。

　　該研究結果發現，透過焦點解決角色扮演團體，成員能了解受害者的心境，能夠培養出同理心，並能夠習得正確的社交技巧、問題解決技巧，也能從鼓勵之中獲得較正向的自我概念，進而減少網路霸凌的行為。

2. 動機式晤談（motivational interviewing）

動機式晤談在治療暴力和攻擊行為的領域逐漸被認可，已被證實可以減少家庭中及親密關係中的暴力行為。另外，短期動機式晤談也被使用在美國的創傷中心急診室，針對酒精濫用、攻擊行為和其他疾病的青少年進行介入，發現在改善暴力行為和自我效能上有顯著的效果，且經十二個月後再進行調查，也確實降低其在同儕間的暴力行為。這些證據顯示動機式晤談可以用來降低各種暴力行為，因此，Cross等人（2018）希望把動機式晤談運用於校園霸凌上。

動機式晤談是一種透過對話來協助個案改變的方法，是以價值觀、歷程和技術來協助人解決心中的矛盾、開啟改變的動機，並實際去追求對自身有意義的改變。重要概念有以下幾點：

- 平等與合作的關係。
- 接納：認識並評估對個案有意義的價值並尊重其自主性。
- 同理：帶著好奇心去認識個案。
- 誘發：喚起個案想要改變和成長的動機，並在對話中催化和強化這樣的潛能。

動機式晤談包括四個歷程：建立穩固的諮商關係；聚焦於改變的潛能；誘發；訂定行動計畫。該方法會採用ORAS核心技術，包括開放式問句（open questions）、回應式傾聽（reflections）、肯定（affirmations）、摘述（summarizing）。開放式問句和回應式傾聽能促進個案能夠說的更多，並從中誘發改變的動機，避免晤談變成一問一答的模式；肯定則用來表達對個案的關懷、降低其防衛心、強化其投入的程度及增進其對於改變的自我效能；摘述則確保輔導老師對當事人的了解是正確的。

將動機式晤談應用於霸凌者上，首先，輔導老師應傾聽並探索個案會陷入霸凌行為的原因，並催化個案想要嘗試不同方法的意願，透過具有建設性的方式處理青少年的抗拒、防衛、憤怒和否認。動機式晤談強調個案的自主性，不給予直接的建議，也不直接告訴個案該做什麼，這正契合了青少年發展自主性的需要。動機式晤談的重點之一在於「**創造不一致**」，使個案了解到自己目前的行為和他真正想達到的目標、價值並不一樣。有時青少年會處於認知與行為不一致的狀態，例如：明知自己的行為並不

正確，卻仍在為自己找藉口，此時正是動機式晤談發揮功效的時候。因為
「霸凌者」的標籤會帶給人極複雜的影響，會使青少年覺得自己的權力、
地位高人一等，並持續其霸凌行為，動機式晤談採用不評價的精神能幫助
個案去和自己的認知與行為不一致對抗。霸凌者時常很厭惡師長的建議，
總認為需要改變的是其他人，因此在進行霸凌者處遇時，可以先用動機式
晤談後再給予相對應的社交技巧訓練。

　　研究者針對學校行政人員進行三天的動機式晤談，針對受過訓練的學
校行政人員進行訪談，初步顯示在霸凌個案上使用動機式晤談能帶來正向
效益，然而，參與者也指出，採用這個方法所需要花費的時間，遠比直接
告訴學生應該怎麼做還要來得更久。換言之，此方法不適用於完全沒有時
間和學生單獨晤談的老師。

　　3. 學生成功技巧（Student Success Skills）

　　Mariani等人（2015）針對美國佛羅里達州336位5年級學生進行研
究，請他們參與輔導老師帶領的「學生成功技巧」輔導方案，將學生分為
實驗組及對照組，檢視實驗組與控制組在利社會行為、霸凌行為、學生成
功行為的狀況。「學生成功技巧」方案在培養三項技巧：認知及後設認知
（目標設定、進度監控、記憶策略）、社交技巧（人際技巧、社會問題
解決技巧、傾聽與合作技巧）、自我管理技巧（管理注意力、怒氣、動
機）。共5次課程，每次45分鐘。5次課程所提供的策略包括：一、設定
目標、監控進展、分享成功。二、建立溫暖、支持、鼓勵的環境。三、發
展及練習記憶與認知技巧。四、平緩焦慮及管理情緒。五、保持樂觀。共
包括二十個技巧，採用「說、演、做」的方式來練習。實施組共有209人
上5次課程，控制組的127人則是上一般輔導課。研究結果顯示，兩組的
利社會行為有顯著差異，實驗組的利社會行為較高，達中度效果量。兩組
在後測的霸凌行為上有顯著差異，實驗組的霸凌行為發生率較低，達低度
效果量。研究結果顯示，學生成功技巧方案具有正向效益。就此而言，該
方案著重於教導學生：認知及後設認知策略、社交技巧、自我管理技巧，
以此來提升學生的認知、人際、自我管理能力，將能有效降低校園霸凌的
狀況。可能因為學生在各面向上都獲得了成功的技巧，於是較不會採用霸
凌行為來作為自我肯定的工具。

（二）對受凌者的諮商輔導模式

1. 藝術治療

相較於傳統的諮商，藝術治療領域中的許多技巧，如：繪畫、雕塑、手指畫、拼貼畫等，可以不受語言發展、年紀、認知能力、疾病的限制，能有助於情緒的宣洩表達。Yan等人（2019）的研究，致力於探討將藝術治療作為反霸凌策略的成效，研究樣本來自中國河南、湖南、廣西、遼寧四省共6間國民小學，受試者為603位國小5年級的學生，其中272位為鑰匙兒童（left-behind children），331位為一般生。每一所學校中，受到霸凌最嚴重的30位鑰匙兒童被挑選出作為介入對象，並隨機分派到藝術治療組（10位／校）、一般團體諮商組（10位／校）、和無介入的控制組（10位／校）。干預介入由6位學校內受過心理學訓練的老師進行，其中不論是藝術治療組或是一般團體諮商組，都是2週進行1次，共6次。藝術治療組主要透過不同的繪畫活動來幫助學生了解霸凌是什麼，以及如何處理，活動包括：自畫像、畫出我們的團體、畫出自己的故事、畫出讓你覺得感動的一刻、畫出你的力量、畫出你的夢想，以及畫出你的朋友們。而一般團體諮商組則會要求成員去回顧自己被霸凌的經驗，並討論如何因應。該研究成果顯示，鑰匙兒童若被霸凌，接受藝術治療後會有顯著改善，至於一般的團體諮商則無效，可能是因為成員需要在團體中說出自己的想法，此對小五的學生來說是很有挑戰性的，他們可能不願意、或沒有能力在他人面前清楚表達，而且回想霸凌事件也可能是很痛苦的。就此而言，請霸凌受害兒童進行繪畫的藝術治療，似乎有助於改善當事人的情緒狀況。

2. 寬恕

受凌者被欺負後，可能會伴隨著憤怒及想要攻擊的心情，因此，學界開始採用「寬恕」訓練，來試圖降低受凌學生的憤怒及攻擊行為。「寬恕」可以幫助青少年減少敵意歸因謬誤，降低憤怒情緒，最終改變其行為。Park等人（2013）針對南韓的攻擊型受害者進行研究，將青少女分組：進行寬恕介入訓練組、社交技巧訓練組和無介入組，以檢視受試者中敵意歸因、憤怒情緒、攻擊行為、犯罪行為和課業成績的變化。受試者來自南韓的一般中學及青少年矯正機構，年級皆為7、8、9年級，共計48位

受試者。篩選標準是透過受試者自評、同儕互評、教師評量三種方式，評估受試者的攻擊行為和受害經驗，學校中和矯正機構中總分最高者就列為受試者。寬恕方案的內容主要來自於Enright模式，由小團體模式進行，一個團體共8人，進行12週。團體有四個階段：

- 首先探討成員的受害經驗，團體活動內容包含指認施暴者、分享受暴的經驗和事件造成的影響、分享所經歷的痛苦感受。
- 第二階段教導成員寬恕的技巧，並由成員自行決定是否要寬恕那些施暴的人。
- 第三階段要讓成員能重新評價施暴者，包含練習將施暴者看作一個完整的人，而非僅僅以施暴者的觀點看待他，並在此過程中練習同理心。
- 最後階段讓成員思考在這段受傷的經驗之中自己獲得了什麼樣的學習，並完成他們對施暴者的寬恕。此外，也會討論自己曾經對他人造成的傷害，指認自己曾傷害過的人、分享自己的所作所為，並評估造成的影響。

社交技巧訓練組的內容則採用Goldstein與McGinnis模式，團體進行模式與寬恕組無異。團體主要用來增強成員的利社會行為，12週共有十二堂課，內容包含同理心、協調能力、果敢行為、自我控制、觀點取替、應對他人的憤怒、回應他人的嘲笑、遠離引發爭鬥的情境、處理同儕壓力、道歉。除了技巧的學習之外，團體也培養成員正向的改變動機。

研究結果顯示，在寬恕組的參與者，其寬恕、同理心、韓文及英文成績都有顯著增加，而且，憤怒情緒、敵意歸因、攻擊行為、違規行為等都有顯著降低；至於社會技巧組與控制組在各變項上，則多沒有顯著差異。

另一個寬恕研究，是Watson等人（2017）探討寬恕原諒對受害者所能帶來助益，他們採用實驗操弄法，兒童先讀假設的肢體及言語霸凌情境，接下來是朋友給的建議：寬恕原諒、迴避、復仇。參與者是184位11-15歲的澳洲學生。結果顯示，選擇建議寬恕原諒加害者之怒氣，顯著低於建議迴避與復仇的學生。也就是說，寬恕原諒是有效的因應策略，能降低受害者想攻擊回應的情緒。

3. 認知行為團體治療

由於認知行為團體治療被證明能有效降低青少年的憂鬱症狀，Fung

（2018）試圖使用認知行為團體治療對霸凌受害者進行介入並探討其成效。研究參與者來自10所學校中的7-9年級學生，先進行全校施測，再從中挑選出近半年受霸凌頻率較高（一個標準差以上）的學生共335位，對這335位學生進行半結構訪談，從中挑選出具有受害者認知特徵（如：負面知覺、憂鬱情緒）的學生共68位。每6-8位學生組成一個小團體，由受過訓練的社工進行10次（每次90分鐘）的認知行為團體。可分為三階段：

- 階段一：第一到第四次團體活動主要放在認知的重建及放鬆訓練，由於受凌者可能會認為被霸凌是因為自己的問題，且被霸凌是無法控制、一定會發生的。團體前期便聚焦於駁斥這些非理性信念，並建立合理的思考模式。另外因為受凌者常會有創傷後症候群問題，因此也在團體中鼓勵成員進行肌肉放鬆及放鬆意象訓練。

- 階段二：因為受凌者曾經歷過被同儕拒絕，在建立人際關係上常遭遇挫折，這會讓他們變得寂寞、退縮，甚至在與人互動時變得更為焦慮。因此，第五到第七次的團體活動希望增強行為的改變，使受試者更主動、有自信，強化他們的生存技巧（如：衛生管理）、利社會行為、溝通技巧（如：眼神接觸）。

- 階段三：最後階段希望增強成員的生活滿意度、希望感、成就感、安全感，並持續幫助成員建立人際關係、發掘出可運用的資源、找到內在的力量。具體方式如：鼓勵成員進行志工服務、參與社團／宗教活動等，這些具體的活動也能幫助成員在小團體外進行社交技巧的練習。最後一次團體，則會進行角色扮演來鞏固成員的學習。

認知行為團體治療的研究結果顯示，參與者的焦慮／憂鬱、遭受肢體／言語／關係霸凌的情形，在後測及延宕後測都有顯著改善。受凌者通常會有自動化的負面思考，例如：霸凌一定會再次發生。但在進行介入後，受試者的想法能夠更正向積極。在前測時，受試者有自我挫敗的想法，認為霸凌只會發生在自己身上，自己無力反擊，而在後測時則比較能客觀進行評估，例如：他們只是隨便找人發洩他們的情緒。

4. 短期認知行為人格焦點治療（brief cognitive behavioral personality targeted therapy）

短期認知行為人格焦點治療法之前被應用在四種風險人格（絕望[NT]、高焦慮[AS]、衝動[IMP]、尋求感官刺激[SS]）的人身上，被證實可有效降低各種內化／外化問題，Kelly等人（2020）試圖了解此方法是否能降低霸凌發生率及其衍生出的內外在問題。該研究中共有三種學校（climate school, preventure school, both），共有2,190位學生擔任參與者，在干預介入前、干預介入後、1年後、2年後及3年後各進行一次施測，施測內容包括人格特質、內化問題、外化問題、霸凌、自殺意念等。介入組所要接受的內容，首先，參與者要參加目標設定的活動，以了解自身人格及因應自己人格的方式；而且，會教導參與者四種風險人格為何，以及其可能帶來的問題因應行為，例如：人際依賴、攻擊、迴避、高風險行為、藥物濫用等。其次，介紹認知行為模式給參與者，教導他們辨識個人所經歷情緒反應中的認知、行為、生理層面。所有的討論都會讓學生了解特定人格下的想法、情緒及行動（如：災難式的想法、恐慌式焦慮、迴避行為）。在第二次團體時，參與者要試著去辨識人格中特定的認知扭曲及接續的問題行為，並試圖挑戰該認知行為，例如：NT組要試著挑戰負向偏誤的認知（如：壞事的普遍化）；AS組要去挑戰改變災難式的認知（如：大地震要來了）；IMP組則聚焦在攻擊思維及不經思維的反應；SS組關注的是要挑戰改變「尋求酬賞」及「易感無聊」的認知扭曲。至於控制組就沒有接受任何的介入，單純是參與一般上課。

研究結果顯示，將所有學校的樣本進行分析，霸凌事件並沒有顯著下降。高風險受凌者在實驗組中未來3年遭受霸凌的機率顯著比控制組低。高風險霸凌者在實驗組中未來3年霸凌他人或被霸凌的機率與控制組沒有顯著差異。相較於控制組，實驗組中的高風險受凌者的情緒問題和自殺意念有顯著的降低，行為問題沒有顯著差異。相較於控制組，實驗組中的高風險霸凌者的行為問題有顯著較低，情緒問題未達顯著，而自殺意念則只有女性受試者有顯著較低，男性則未達顯著，此研究似待進一步探討。

四、結論與建議

當校園發生霸凌事件後，除了行政上的調查及懲處之外，要改善霸凌帶來的傷害所需要的就是導師的班級經營策略調整及輔導老師的諮商輔導協助。就此而言，輔導老師對於霸凌的認識及處遇，便相當重要。

關於輔導老師對霸凌的認識，就目前的文獻來看，輔導老師對於霸凌的定義及嚴重性之看法，與一般成人相近，就是會以一般社會大眾的觀點或個人經驗來判斷霸凌，而不是以學術定義特徵來進行判定；而且，輔導老師大多覺得肢體霸凌較嚴重，認為關係霸凌較不嚴重且較不願意介入。就霸凌的成因而言，輔導老師認為霸凌是由於霸凌者的情緒問題、家庭問題、自我認同問題所引起。就學生求助的狀況來看，學校師長似乎不是學生求助的第一順位，雖然學生向老師及輔導老師通報後，狀況大多已改善，但，仍有許多學生不願意告訴師長，主要原因在於不想講、不敢講、講了也沒有用等。

關於輔導老師對校園霸凌常採用的處遇策略，一般來說，輔導老師會試圖先釐清問題及了解狀況，輔導老師常使用的方式包括處罰霸凌者、通知其他成人、與霸凌者談、與受凌者談、通知家長，並偏好採用系統合作的方式來處理。至於輔導老師認為有效的霸凌防制策略，包括加強對學生宣導、提升教師與家長對霸凌的認識、採用社會與情緒學習策略、正向支持行為、面對霸凌需立即處置、進行定期晤談及情緒管理訓練等。

目前學界採用了部分諮商輔導模式來協助霸凌者及受凌者，看起來的成效都不錯。在輔導霸凌者方面，可以採用焦點解決角色扮演訓練，讓學生體會當受凌者的感受，由此來提升同理心；或採用動機式晤談，讓當事人了解到自己目前的行為和他真正想達到的目標之間並不一致；或可參考學生成功技巧方案，強化學生的認知及後設認知、社交技巧、自我管理技巧等。在輔導受凌者方面，可讓受凌者進行繪畫及雕塑等透過藝術治療使其情緒有所宣洩；也可教導受凌者寬恕，例如：採用Enright的四階段模式來教導寬恕，減少想攻擊的情緒；或是採用認知行為治療，找出受凌者的非理性信念並學習加以駁斥，並同時強化他們的利社會行為與溝通技巧。

綜整前述的知覺有效策略及研究顯示有效的諮商輔導模式來看，若欲

改善霸凌情況，可強化及著重於一般及角色特定策略：

- 一般策略：加強對學生宣導、提升教師與家長對霸凌的認識、採用社會與情緒學習策略、正向支持行為等，遇到霸凌問題要立即處置。
- 對霸凌者的輔導策略：以角色扮演進行體驗來提升同理心、認知行為治療來釐清行為與目標的不一致、強化自我及情緒管理技巧。
- 對受凌者的輔導策略：以藝術治療來表達情緒、以寬恕訓練來降低怒氣、以認知行為治療來駁斥非理性信念。

校園霸凌改編個案

　　小雲站在走廊盡頭另一端，目睹四、五位同學對著班上同學小道叫囂，粗暴凶狠，拳如雨下不斷打著小道胸、背及肚子，小雲起先嚇得趕緊轉身就跑，但又擔心小道只好躲在牆邊看著小道不支倒地，其中染著藍髮的小宇腳踢小道身體，並大笑著：看你以後還囂不囂張，明天給我乖一點拿點錢來蛤！走！眾人大笑離開。

　　小雲看著這些同學離開後，立刻跑到辦公室向生教組長報告這件事，小雲心裡覺得這些同學應該受到警告懲罰，以後應該不會再欺負其他同學了，想到此小雲覺得自己非常有正義感，做了一件好事。某天，放學鐘聲響，小雲背著書包，輕快的腳步準備離開學校，這時看見一群人正安靜的圍觀，好奇的小雲也跟著走近看看發生什麼事，藍髮小宇怒吼著：你再告狀！有膽再去告呀！雙手拿著棍棒胡亂在天空揮舞，並打著掉落一地上的書本，小道頭部淌血倒臥在地上一動也不動，小雲臉色蒼白忍不住顫抖……我做了什麼事？我錯了嗎？我到底做了什麼事？這時小宇瞪著在人群中的小雲對她大笑。

　　隔天，昨天的事似乎未曾發生般，沒人談論昨天放學所發生的事，一切如常，大家開心聊天上課，小雲無法理解滿腦疑惑的聽著老師上課，看著小道的空座位，今天小道缺席，也未見他人的關心。

案例分析

• 是否有惡意傷害行為：有。如腳踢。

• 是否有勢力失衡：有。強欺弱。

• 是否重複：有。重複發生。

• 是否為校園霸凌：是。

　　以該案例來看，小道是被藍髮小宇恐嚇勒索及肢體霸凌，應無疑義。小雲作為旁觀者，基於正義感而向老師通報，但結果卻是讓小道被打得更慘，小雲懷疑自己的通報是否做錯了。這邊要肯定小雲見義勇為的通報行為，這有助於讓學校知道校內有學生被欺負，雖然讓小道被打得更慘，但也開啟了解決小道受凌問題的契機。另外，隔天上課後，卻好像什麼事也沒發生，讓小雲充滿疑惑。這部分應是小雲不清楚校方對霸凌的行政程序所導致，應該不是學校沒處理，而是學校的行政處理並不被學生所看見。這邊可再行強化的是班級宣導，及霸凌防制融入課程教學，讓學生們知悉校內或班上有霸凌發生，學校正在設法處理，讓同學透過宣導及課程教學來提升反霸凌知能及態度。

 參考文獻

Arcuri, N. M. (2018). Counseling relationship experiences for K-12 school counselors who also fulfill the role of anti-bullying specialist. *Journal of School Counseling, 16*(5). http://files.eric.ed.gov/fulltext/EJ1182116.pdf

Bauman, S. (2008). The role of elementary school counselors in reducing school bullying. *The Elementary School Journal, 108*, 362-372.

Chan, N. N., Ahrumugam, P., Scheithauer, H., Schultze-Krumbholz, A., & Ooi, P. B. (2020). A hermeneutic phenomenological study of students' and school counsellors' "lived experiences" of cyberbullying and bullying. *Computers & Education, 146*, 103755. https://doi.org/10.1016/j.compedu.2019.103755

Cross, D. S., Runions, K. C., Resnicow, K. A., Britt, E. F., & Gray, C. (2018).

Motivational interviewing as a positive response to high school bullying. *Psychology in the Schools, 55*(5), 464-475.

Froeschle Hicks, J., Le Clair, B., & Berry, S. (2016). Using solution-focused dramatic empathy training to eliminate cyber-bullying. *Journal of Creativity in Mental Health, 11*(3-4), 378-390.

Fung, A. L. C. (2018). Cognitive-behavioural group therapy for pure victims with internalizing problems: An evidence-based one-year longitudinal study. *Applied Research in Quality of Life, 13*(3), 691-708.

Hazler, R. J., Miller, D. L., Carney, J. V., & Green, S. (2001). Adult recognition of school bullying situations. *Educational Research, 43*, 113-146. doi: 10.1080/00131880110051137

Jacobsen, K. E., & Bauman, S. (2007). Bullying in schools: School counselors' responses to three types of bullying incidents. *Professional School Counseling, 11*(1). https://doi.org/10.1177/2156759X0701100101

Kelly, E. V., Newton, N. C., Stapinski, L. A., Conrod, P. J., Barrett, E. L., Champion, K. E., & Teesson, M. (2020). A novel approach to tackling bullying in schools: Personality-targeted intervention for adolescent victims and bullies in Australia. *Journal of the American Academy of Child & Adolescent Psychiatry, 59*(4), 508-518.

Lund, E. M., Blake, J. J., Ewing, H. K., & Banks, C. S. (2012). School counselors' and school psychologists' bullying prevention and intervention strategies: A look into real-world practices. *Journal of School Violence, 11*, 246-265, doi:10.1080/15388220.2012.682005

Mariani, M., Webb, L., Villares, E., & Brigman, G. (2015). Effect of participation in student success skills on prosocial and bullying behavior. *Professional Counselor, 5*(3), 341-353.

Paolini, A. (2018). Cyberbullying: Role of the School Counselor in Mitigating the Silent Killer Epidemic. *International Journal of Educational Technology, 5*(1), 1-8.

Park, J. H., Enright, R. D., Essex, M. J., Zahn-Waxler, C., & Klatt, J. S. (2013). Forgiveness intervention for female South Korean adolescent aggressive victims. *Journal of Applied Developmental Psychology, 34*(6), 268-276.

Power-Elliott, M., & Harris, G. E. (2012). Guidance counsellor strategies for handling bullying. *British Journal of Guidance & Counselling, 40*, 83-98. doi:10.1080/03069885.2011.646947

Rigby, K. (2020). How teachers deal with cases of bullying at school: What victims say. *International Journal of Environmental Research and Public Health, 17*(7), 2338. doi:10.3390/ijerph17072338

Sherer, Y. C., & Nickson, A. B. (2010). Anti-bullying practices in American schools: Perspectives of school psychologists. *Psychology in the Schools, 47*, 217-229. doi:10.1002/pits.20466

Swank, J. M., Smith-Adcock, S., & Weaver, J. L. (2019). School counselors' roles and responsibilities in bullying prevention: A national survey. *Professional School Counseling, 22*(1). https://doi.org/10.1177/2156759X19851465

Uzunboylu, H., Baglama, B., Kucuktamer, T., & Kuimova, M. V. (2017). Opinions of school counselors about bullying in Turkish high schools. *Social Behavior and Personality: An International Journal, 45*(6), 1043-1055.

Watson, H., Rapee, R., & Todorov, N. (2017). Forgiveness reduces anger in a school bullying context. *Journal of Interpersonal Violence, 32*(11), 1642-1657.

Yan, H., Chen, J., & Huang, J. (2019). School bullying among left-behind children: The efficacy of art therapy on reducing bullying victimization. *Frontiers in Psychiatry, 10*, 40. https://doi.org/10.3389/fpsyt.2019.00040

第11章 由後設分析彙整出的霸凌防制知識

　　與校園霸凌的相關研究不少，但部分研究的結果卻相互衝突，例如：可能有研究結果顯示關係霸凌有性別差異，女生較易出現關係霸凌的問題；但也有研究顯示不同性別在關係霸凌無差異。另外，也有研究顯示校園本位的霸凌防制方案無實質成效，但也有研究則說校園本位的霸凌防制方案能帶來具體成效。對於這些紛雜的研究成果，後設分析（meta-analysis）研究則能釐清此爭議問題。因為後設分析乃是針對特定變項，例如：受凌者、憂鬱傾向，盡力蒐集目前所有文獻，以量化方法分析兩者之間的關聯，再以效果值（effect size, ES）來呈現臨床上或實務上的顯著效果。因此，後設分析研究的結果，就是整合了數十篇乃至數百篇相關研究後，為變項之間的關聯得出相當具有權威性的支持證據。本章試圖蒐集後設分析的研究結果，主要集中2019年到2021年中的後設分析，並佐以部分其他年限之後設分析研究，試圖歸納出霸凌防制的相關知識。以下針對高風險的受凌者、受凌帶來的負向影響、霸凌者的特性、霸凌者與受凌者的角色轉換、受凌盛行率的時間趨勢、霸凌防制方案的成效、霸凌防制方案的有效策略、霸凌的保護因子等主題進行分析。

一、高風險的受凌者

（一）LGBTQ族群

　　第一類要討論的高風險受凌對象，就是LGBTQ族群。LGBTQ指的分別是女同性戀者（L）、男同性戀者（G）、雙性戀者（B）、跨性別者（T）、對性別認同感到疑惑者（Q）。Myers等人（2020）的後設分析研究，他們對文章的納入標準包括發表在英文學術期刊、在K-12（幼稚園大班到高三）至少有一項關於LGBTQ學生與受凌的關係、網路受凌不

納入、沒有合適的對照組也不納入。結果共取得55個研究，顯示LGBTQ
與受凌的關係具有中度的效果值（$r = .155$）。也就是說，LGBTQ身分乃
是受凌的中度風險因素。當其他學生可能因為低自我控制行為而被霸凌，
但對LGBTQ族群來說，他們並沒有什麼高風險的行為，單純只是個人
LGBTQ身分就可能被霸凌。該研究的其他發現，包括恐同受凌的效果值
（ES）比一般霸凌來得高，尤其是跨性別者受凌的風險高於其他LGBQ族
群。另外，對自己性別性向認同還有質疑的人（Q），與LGBT相較，有
較低的受凌風險。西方的LGBTQ學生有較高的受凌風險，這可能因為西
方文化有較多的政策及方案，使得LGBTQ學生的身分較易被他人所知。
簡言之，該研究發現LGBTQ身分乃是受凌的中度風險因素，而且對於跨
性別者、西方學生來說，此關聯會更高。因此，學校對於LGBTQ學生，
宜多加關注，因為他們可能會因此身分而遭受霸凌。

（二）自閉症學生

　　第二類要討論的對象是自閉症學生。Park等人（2020）的研究選擇
標準是：對象為自閉症（ASD）學生、要有霸凌盛行率或相關因素、排
除質性／長期研究／實驗介入／理論研究、發表在英文／韓文／日文期
刊、到2018年止的學術期刊。結果共納入34個研究。他們的後設分析結
果顯示，自閉症學生的受凌、霸凌、雙重角色比率是67%、29%、14%。
自閉兒受凌的風險高於一般學生或其他障礙學生。以此數據來看，自閉症
學生的受凌比率比一般學生高2.4倍，比其他障礙學生高2倍。自閉症學生
的霸凌比率則與一般學生無異。關於自閉症學生的霸凌及受凌行為，分析
結果顯示自閉症學生最常遭受的受凌經歷是言語受凌（58%），其次是關
係受凌（36%）、肢體受凌（30%）、網路受凌（15%）。自閉症學生最
常見的霸凌行為是肢體霸凌（27%），其次是言語霸凌（26%）、關係霸
凌（12%）。而且，有社交缺陷、有外化癥候（如攻擊行為）、有內化癥
候（如憂鬱）、身處融合教育場域的自閉症學生和較高的受凌問題有關，
有外化癥候的自閉兒和較高的霸凌行為有關。該研究又針對特定變項進行
調節變項分析，結果顯示霸凌比率和年齡、學校場域有關。年輕自閉兒
（5-12歲）的言語受凌、關係受凌，高於年長自閉症學生（13-22歲）；

融合學校場域的自閉症學生受凌問題較高，這可能是因為自閉兒的社交困難、溝通／社交技巧不佳所造成。讓自閉症學生加入融合式教育場域，卻沒有足夠準備，並無法促進社交、發展同儕關係，反而是提高了自閉症學生遭到受凌風險。簡言之，自閉症學生比一般學生更容易被霸凌，在霸凌防制時也需注意到高風險的自閉症學生，尤其是年輕的、身處融合學校場域、高社交困難、有外化癥候及內化癥候的學生。

（三）飲食失調者

　　第三類要討論的對象是飲食失調的學生。Lie等人（2019）的研究納入標準為：必須是學術期刊、探討霸凌／嘲笑與飲食失調的關聯、用英文／挪威／丹麥／瑞典文發表、必須有飲食失調個案、必須有比較飲食失調組與對照組。他們共找到質性研究22篇、量化研究12篇。分析結果顯示，飲食失調者較容易被霸凌或嘲笑。飲食失調者顯著較易被嘲笑外觀或霸凌。反之亦然，研究也顯示被嘲笑外表、被霸凌，可能與飲食失調有關。其可能的原因在於被嘲笑體重可能會讓當事人對外表有了預設看法，由此增加了個人社會性比較及對身材不滿意。由於受凌及嘲笑會產生壓力或情緒問題，這可能會導致飲食失調。簡言之，霸凌／嘲笑與飲食失調有關，和健康的學生相較，受凌和外觀被嘲笑都有較高的飲食失調。此狀況可能會造成惡性循環，因為受凌和外觀被嘲笑都有較高的飲食失調，這可能使得他們的體重失控，進一步地被霸凌或嘲弄外觀。就此而言，飲食失調者及身形失控者，乃是被霸凌的高風險群，宜對這些學生有更多的關注及協助。

（四）體育不佳或久坐不動者

　　第四類要討論的對象是體育不佳或久坐不動的學生。García-Hermoso等人（2020）的後設分析研究選擇標準，包括對象是兒童或青少年，變項必須有受凌、肢體活動、久坐不動等，共納入18個研究。分析結果顯示，未符合體育活動標準、過度久坐不動（每天2小時）分別和14%、21%較高的受凌有關，不論是一般受凌或網路受凌皆是如此。可能因為霸凌常發生在未受到嚴格監督的活動或課程，體育課所需的活動空間較大，

老師可能管理不易，於是受凌者會避免上體育課。另外，體能不活躍者較可能被霸凌，可能因為肢體活動度不佳、低體適能、對體育活動沒有自信，這與弱勢族群的印象相符。再者，久坐不動的青少年最常選擇看電視或電腦螢幕，使用電腦螢幕活動增加，會降低人際關係技巧、學業技巧、利社會行為、衝突解決能力的發展等，這對人際關係的發展來說是不好的影響，可能因此間接增加了被霸凌的風險。就此而言，體育不佳或久坐不動的學生乃是被霸凌的高風險族群，家長或教師宜鼓勵青少年每天最好有1個小時以上的活動時間，這有助於改善體能及建立自信。

Jiménez-Barbero等人（2020）的研究納入標準，包括檢視體育與霸凌的關係、必須是幼稚園／國小／中學的學生、體育課必須是學校的課程、發表在學術期刊等。排除標準包括課外體育活動、次級資料分析、非屬體育領域等。結果共納入16個研究，其中有10個量化、5個質性、1個混合研究。量化分析的結果顯示，霸凌和低參與／低享受的體育課有關，可能因為受凌者會迴避這些活動，以免在活動中被盯上。另外，過胖、社會／運動技巧不佳、學業不佳，可能上體育課時會遭致霸凌。而體育老師的教學類型／方法，也會影響霸凌發生或可預防之。在質性分析的部分，結果發現體育活動能提升正向社會行為、同理心、個人責任，這是霸凌防制的資源。過胖、運動技巧不佳、身心障礙、性向等，乃是體育課被霸凌的高風險因素。簡言之，雖然目前證據仍不足以支持體育課能為霸凌防制帶來正向效果（因為只有質性證據而仍缺乏更多的量化證據），但體育課的部分功效，例如：提升正向社會行為、同理心等，有助於改善學生如何因應霸凌。體育老師的形象也很重要，對促進或防制霸凌的影響具重要關鍵效果。

綜上所言，高風險的受凌對象其實相當的多，以目前所蒐集到的少數後設分析結果，即顯示了LGBTQ族群、自閉症學生、飲食失調者、體育不佳或久坐不動者、過胖、學業不佳、身心障礙者等，都可能較容易被霸凌者盯上。

二、受凌的負向影響

被霸凌的傷害會為受害者帶來許多不同層面的影響，van Geel等人

（2021）針對受凌者與自殺想法進行後設分析，他們對於研究的納入標準是：有足夠數據可計算效果量、只納入同儕受凌不納入手足／成人受凌、不納入網路受凌、19歲以上不納入。搜尋了209篇文章，納入11個長期研究，時間間隔由4個月到10年，多數研究是2年，結果發現同儕受凌與自殺想法有關。可能因為受凌狀況通常持續1年以上，過去的同儕受凌經歷通常是未來可能遭到受凌的指標，也就是說，過去受凌經歷可能是持續受凌及自殺想法的指標。另一個可能的解釋，是同儕受凌和藥物濫用、低自尊、創傷有關，這些可能使青少年更易產生自殺的想法。簡言之，van Geel等人綜整了數篇長期研究後來看，青少年的同儕受凌與自殺想法有顯著關聯，顯示受凌者的確身受其害。當受凌問題未獲改善的跡象時，青少年可能會浮現自殺的念頭，這也顯示了防制校園霸凌的確有其急迫性。

　　Yuchang等人（2019）針對傳統霸凌、網路霸凌與憂鬱、焦慮的關聯進行後設分析，他們的研究納入標準是：必須為量化研究、有霸凌受害者、有測量憂鬱和焦慮、年齡在10-19歲間。研究的排除標準是：質性研究、回顧研究、混合研究、實驗研究、只有霸凌加害者的研究、沒有足夠的統計資訊、非美國／歐洲／中國的國家。作者共納入2004-2015年間的56個研究進行分析，結果顯示關係受凌的焦慮問題最大，網路受凌最小。就憂鬱來看，關係受凌的問題最大，一般受凌的問題最小。關係受凌的傷害比網路受凌來得高，可能因為社會連結遭到傷害，易引發情緒失調，反而惡化了心理內化問題，如：憂鬱、焦慮。就地區及文化差異來看，北美研究的受凌與憂鬱的關聯，高於中國及歐洲研究，但中國研究及歐洲研究之間則沒有顯著差異。可能因為中國的集體主義較高，美國的個人主義較高。和美國相較，歐洲國家的集體主義較高。再就時間效果來看，2004-2015年間的研究，網路受凌和憂鬱的效果量隨著出版年而上升，這可能是因為這數十年間網路媒體持續增加，如：FB、推特、IG的出現所造成的影響。就年齡來看，隨著年齡增加，受凌和焦慮的問題會減少；就傳統受凌來看，年齡愈大憂鬱問題愈嚴重；就網路受凌來看，年齡愈大憂鬱問題愈嚴重。可能因為16-19歲的日常壓力因子，比10-12歲來得多，也可能因為16-19歲在網路上互動的時間高於10-12歲。簡言之，他們的後設分析研究發現在憂鬱和焦慮上，關係受凌的問題大於網路受凌。北

美研究的受凌與憂鬱的關聯，高於中國研究及歐洲研究；而網路受凌和憂鬱的關係隨著時間而上升。

Hawker與Boulton（2000）分析了1978-1997年間同儕霸凌與心理失調的研究，多數研究均包括男、女，研究對象多在8-13歲之間，也有嬰幼兒及青少年研究。肢體霸凌及言語霸凌最常提及，只有5篇納入關係或間接霸凌。資料來源多為自陳或是同儕評估，關於心理失調則多數研究採取自陳方式。他們發現受凌與憂鬱具有強烈的關聯性，與焦慮的相關最低，沒有證據顯示受凌與社會失調的關係會高於心理失調。另外，自陳受凌和自陳心理失調的關聯，高於同儕評估，這可能是因為**共同方法變異**（shared method variance）所造成。簡言之，他們的研究發現，當受凌者面對不同的心理失調的問題，受凌者會有憂鬱及焦慮的問題，尤以憂鬱較為嚴重。

綜上所言，受凌者要面對憂鬱及焦慮的問題，尤其是憂鬱的狀況較為嚴重，而且也易產生自殺的想法。不同的霸凌類型也略有不同，雖然網路受凌和憂鬱的關係隨著年齡而增加，但關係受凌者的憂鬱和焦慮情況，似乎會高於網路受凌。

三、霸凌者的特性

此小節關注的是霸凌者的低同理心及高道德疏離特性。先就同理心來看，Zych、Ttofi等人（2019）探討不同霸凌角色的同理心及冷酷無情（callous-unemotional traits），他們對研究的納入及排除標準是：研究需聚焦在霸凌，而非一般攻擊；必須測量霸凌與冷酷無情、霸凌與同理心的關聯；聚焦在兒童與青少年，非學校的樣本會被排除；關注一般學生，而非特殊需求學生；有不同霸凌涉入角色和冷酷無情、同理心的數據；若有實驗設計，則只納入控制組，因為介入後的同理心可能會提升；聚焦在一般霸凌，而非網路霸凌；必須具有能算出效果量的數據；只看同理心，不看其他情緒變項；只發表在英文或西文的期刊。結果共納入53個研究，分析結果顯示霸凌者和認知同理、情感同理有顯著負向關聯，霸凌者和冷酷無情有正向關聯。雙重角色者的同理心得分是低的。受凌者和同理心無關。挺身者的認知同理、情緒同理的得分是高的。受凌和冷酷無情

有顯著但較小的關聯，這可能因為受凌者會用「無感」的中立化技巧來克服自己內心的痛苦。再由網路霸凌來看，也能得出類似的結果。Zych、Baldry等人（2019）的後設分析共納入了25個研究，他們發現網路霸凌和低同理心有關，但網路受凌和同理心無關。網路霸凌者的認知同理及情感同理都較低。網路受凌的同理心和其他角色沒有差異。簡言之，不論是一般霸凌或網路霸凌，霸凌者似乎都有低認知同理、低情感同理的狀況，而一般霸凌者也有高冷酷無情特質，他們似乎不關心也感受不到別人的痛苦。

就道德疏離來看，Killer等人（2019）的後設分析共納入了47個研究，他們的研究納入標準是：必須是測量道德疏離，必須是學校樣本而且至少要有一個霸凌角色（自陳或同儕通報）。研究的排除標準是：涉入特定樣本（如：監禁、臨床需求）、非英文文章、質性研究、採用教師或家長通報、僅涉入一般攻擊行為等。他們的分析結果發現，道德疏離和霸凌者有顯著正向關聯，道德疏離和受凌者有負向關聯，道德疏離和挺身者有顯著負向關聯，但是道德疏離和旁觀行為沒有關聯，可能因為大部分研究檢視的是消極的旁觀行為，但未區分有罪惡感的旁觀行為（未介入但有罪惡感）及漠不相關的旁觀行為（不挺身也不會有罪惡感）。簡言之，霸凌者會有高道德疏離的情況，也就是會合理化自己的不道德行為，為自己開脫以避免道德上的譴責。

四、霸凌者與受凌者的角色轉換

涉入霸凌的角色，不見得是固定不變的，部分角色會有轉變，例如：受凌者可能會轉變為霸凌者，霸凌者也可能轉變為受凌者。Walters（2020）的後設分析共納入22個研究，其中有23個長期研究樣本，樣本均包括霸凌者及受凌者。他們的研究選取標準是：樣本要在18歲以下；自陳霸凌及受凌的間隔在1個月到24個月之間；沒有實驗介入組。他們的研究結果發現，霸凌者與受凌者的「同時」關係（效果量為$r = .4$），若是以長期關係來看，由受凌者轉變為霸凌者的效果量（ES $r = .2$）及由霸凌者轉變為受凌者的效果量（ES $r = .21$）相去不遠。而且，不論是傳統霸凌或是網路霸凌，都不影響結果。另外，研究結果和區域無關（美國

vs.其他）；和追蹤長度無關（4個月vs.24個月）；和年輕者相較，年紀較長的年輕人有較高的機會由受凌者轉換為霸凌者。

簡言之，霸凌與受凌之間具有高度關聯，而且，長期來看，霸凌者有可能轉變成受凌者，而受凌者也有可能變為霸凌者。關於由霸凌者轉變為受凌者，可能由所接觸的非行同儕（不良少年）來進行解釋。因為霸凌者選擇了非行少年同儕團體，那麼他／她的日常活動也會有相對應的改變。如霸凌者所親近的是團體中社會地位較高的非行少年時，那麼霸凌者就有可能變為受凌者。關於受凌者轉變為霸凌者，可能與社會學習論（由觀察學習而習得霸凌行為）、社會認知觀點有關。社會認知理論認為受凌者會有人際敵意的認知情緒概念，因為受凌會導致敵意的認知與負向情緒問題增加。

五、受凌盛行率的時間趨勢

一般人可能會好奇：就長期來看，霸凌的盛行率是否有下降呢？Kennedy（2019）針對此議題進行討論，他的後設分析對研究納入標準是：說英語的樣本、在美國發表、樣本在18歲以下；研究的排除標準是：沒有逐年報導盛行率、沒有報導美國的數據、報導介入方案的結果、錯誤的變項（與本研究不符）、重複資料、沒有分年報導樣本數、錯誤的主題（非霸凌）等。他針對1998年到2017年間共91個研究進行分析，結果發現網路受凌問題則有隨時間增加的趨勢，由2000年的10%到2017年的16%。男生的傳統受凌問題下降，尤其是9年級以上的男生降了6%；女生的傳統受凌問題反而增加，由1998年的26%到2017年的30%，年輕女生由1998年到2017年增加了13%。不論是傳統受凌或網路受凌，年輕者的受凌情況顯著高於年長的學生。不論男女，8年級以下的學生和年長相較，顯著較易面臨霸凌問題。就霸凌類型來看，言語受凌、肢體受凌、傳統霸凌隨著時間趨勢而下降，傳統霸凌由2000年的20%到2017年的10%，言語受凌由2005年的23%到2017年的9%，肢體受凌由2005年的29%到2017年的8%，可能因為青少年花了較多時間在網路上。然而，關係受凌的情況則沒有改變，這可能和霸凌防制方案多聚焦在直接霸凌有關。簡言之，該研究發現了網路受凌有隨著時間增加而增加的趨勢，傳統受凌、言

語受凌、肢體受凌則隨著時間增加而減少的情況，但關係受凌的盛行率似乎沒有隨著時間而改變。性別也能觀察到時間趨勢，男生受凌問題減少而女生增加。年輕學生（8年級以下）比年長學生更容易被霸凌。

六、霸凌防制方案的成效

學界採用相當多的方案來進行霸凌防制，目前看來仍具有成效。以下會針對各類霸凌防制方案後設分析的結果進行說明，包括隨機分派對照組（RCTs）設計的成效、學校本位霸凌防制方案的成效、霸凌防制方案對不同性別的成效、霸凌防制方案對不同年齡的成效、霸凌防制方案對不同霸凌類型的成效、霸凌防制方案對教師介入的成效、旁觀者介入方案的成效等。

（一）隨機分派對照組（RCTs）設計的成效

Fraguas等人（2021）的後設分析，他們對研究的納入標準是：用隨機分派對照組（RCTs）做反霸凌介入成效的研究、必須是校園霸凌、有評估霸凌防制方案成效、有報告結果、採用英文寫作等。他們的分析共納入69個研究，介入組的平均年齡為11.1歲，對照組的平均年齡為10.8歲，分析結果顯示霸凌防制方案能降低校園霸凌（ES = -0.150）及改善學生心理健康問題（ES = -0.205）。PIN值（Population Impact Number）為147，代表需要有147個學生被納入方案中，才能減少一件霸凌事件發生。介入方案的長短（1年以上、1年以下）沒有影響，因此1年以下的方案可能就足以帶來效果。另外，霸凌防制方案的實施有不同區域效果，歐洲研究的效果比美國研究來得好。

Ng等人（2020）的後設分析也是聚焦在有隨機分派對照組（RCTs）設計的研究，他們的研究選擇標準是：必須有隨機分派對照組（RCTs）設計、必須有青少年霸凌／受凌／旁觀的角色、有對中學生的面對面／線上教育的介入、教育方案有系列課程是與霸凌防制有關、控制組接受的是一般課程、有測量傳統受凌／網路受凌的前後測。他們的分析結果發現，教育介入對傳統霸凌、網路霸凌、網路受凌有正向效果，但效果量是小的。在追蹤測量研究中，期間由五週到一年半，霸凌介入方案能降低長期

的霸凌問題，但不能降低受凌問題。網路霸凌課程對網路受凌有極小但顯著的效果，但對網路霸凌無效。另外，反霸凌教育方案由誰來教（教師或專家）對傳統霸凌來說沒有太大差異，因為教師大多接受過傳統霸凌的訓練及資源，但對網路霸凌來說，由網路內容專家來執行的效果比較好，因為教師對網路霸凌及網路內容較不熟悉。就家長涉入來看，家長涉入並沒有影響，這可能和家長涉入的種類有關，該研究蒐集的多是提供訊息、提供線上資源，這表示涉入家長的被動方法是無效的。就方案期間來看，方案期間沒有差別（三個月以下、三到六個月、六個月以上），可能因為該研究進行的是較為短期的比較。就全校性的方案與教室方案來看，全校性的方案和教室方案沒有差異。簡言之，方案介入對青少年的霸凌及網路霸凌、網路受凌有較小的效果量。學校本位或教室本位對結果沒有差異，方案長短、是否有家長涉入，也沒有影響。網路霸凌方案由網路內容專家來執行的效果，會比老師來得好。

綜上以觀，採用隨機分派對照組（RCTs）設計的研究多顯示，校園霸凌防制方案對霸凌或受凌都能帶來正向影響，能降低霸凌與受凌情況，惟效果量偏低。

（二）學校本位霸凌防制方案的成效

早期的學校本位霸凌防制方案的後設分析，似乎顯示霸凌防制方案的效果不大。如Ferguson等人（2007）的後設分析回顧了42篇研究，他們發現學校本位的霸凌防制方案有正向的顯著效果（r = .12），但在調整出版偏誤（publication bias）後，發現 r 在.10左右，因此，難以作出結論說明學校本位的霸凌防制方案能帶來實務上的顯著效果。但是，對高風險學生的學校本位方案，似乎較有成效。簡言之，學校本位的霸凌防制方案能帶來正向顯著效果，但效果量偏小，聚焦在高風險學生上的方案成效較好。

近期的後設分析研究，則發現學校本位霸凌防制方案能降低霸凌與受凌問題。如Gaffney、Ttofi等人（2019）的後設分析，他們的研究選擇標準是：必須評估學校本位霸凌防制方案的成效、必須有霸凌的定義、用量化方法測量霸凌及受凌行為、用實驗或準實驗設計。結果納入2009

年到2016年間共88個研究，分析結果顯示，霸凌防制方案能降低霸凌約19%到20%及降低受凌15%到16%。在降低受凌問題上，採用實驗對照組前後測設計（before-after/experimental-control）與採用隨機分派對照組（RCTs）的結果差不多；在降低霸凌上，採用RCTs的效果高於採用實驗對照組前後測設計。

　　Gaffney、Farrington等人（2019）的後設分析，對研究的納入標準是：評估學校本位反霸凌計畫效用的對象必須為學齡參與者、研究中使用對校園霸凌的操作型定義要與現在普遍使用的定義（D. Olweus）有重疊的部分、以自陳／同儕／教師回報方式來測量校園霸凌事件、要包含實驗組與控制組的實驗法或準實驗法設計。他們的分析共納入2009年到2016年間的100個研究，總共有六十五種學校本位的反霸凌介入與預防方案，其中只有八種方案的霸凌定義需有重複性行為出現（Bully Proofing Your school[BPYS]; the fairplayer manuel; KiVa; NoTrap!; OBPP; Second Step; Steps to Respect; ViSC），上述只有KiVa、OBPP、NoTrap!及ViSC有在不同地區重複出現超過2次。分析結果顯示，以地區來看，使用學校本位的霸凌防制方案能有效減少霸凌者的地區依序為北美、北歐半島、歐洲；能有效減少受凌者的地區依序為澳洲、北歐半島、歐洲。以霸凌防制方案來看，能有效減少校園霸凌行為的方案依序為OBPP，其次為Steps to Respect，再來是KiVa；能減少校園受凌者最有效之方案為NoTrap!，其次為BPYS，再來是OBPP及Steps to Respect。使用霸凌防制方案能減少霸凌者，在北美能減少21%、在北歐半島能減少20%、在歐洲能減少13%；使用霸凌防制方案能減少受凌者，在北歐半島能減少18%、在歐洲能減少15%、在北美能減少11%。

　　Jiménez-Barbero等人（2016）的後設分析，對研究的納入標準是：學校本位的霸凌防制方案、霸凌或受凌的頻率資料、對霸凌的態度、知覺學校氣氛等變項。他們的分析共納入14個具有實驗組及對照組的研究，分析結果發現方案介入後具有顯著效果，關於霸凌的研究，介入方案在一年以下、年齡在10歲以下，效果量較高；關於受凌的研究，介入方案在一年以下的效果量較高。關於傾向暴力或霸凌態度的共有3個研究，結果發現有正向效果；關於反暴力或反霸凌態度的有4個研究，結果未有顯著差異，低效果量。關於學校氣氛共有3個研究，結果未有顯著差異，效果

量小。簡言之，他們的研究發現方案期間在一年以下的學校本位霸凌防制方案，對霸凌頻率及受凌頻率、傾向暴力或霸凌的態度等變項上具有正向且顯著的效果。

綜上以觀，早期的霸凌防制方案似乎效果不大，但近期的後設分析則顯示學校本位的霸凌防制方案多能有效降低霸凌與受凌情況，降低的程度約在一成到二成之間。不同的後設分析則指出，學校本位的霸凌防制方案若聚焦在高風險學生上、介入方案期間在一年以下，成效會較好。

（三）霸凌防制方案對不同性別的成效

Kennedy（2020）針對霸凌防制方案進行後設分析，他對研究的排除標準是：非評估研究、只有網路霸凌、只有文獻、非英文、重複文章、非學生、過小樣本等。結果共選出了1990年到2018年的22篇研究，他的分析結果發現，霸凌防制方案對男生有微小但正向的顯著效果，對女生則是有正向但未顯著的效果。就區域來看，美國以外的研究，對男女都有效，男生、女生各降低34%、21%的受凌；美國的研究，對男女都無效，可能因為美國在社經上及種族上較為多元，或是因為很多霸凌防制方案都是出自其他國家，可能對原設計國較有效。就年限來看，2010年以後的研究，對男女都有效；2009年以前的研究，對男生沒有顯著效果，對女生有顯著負向效果，這代表過去10年來，霸凌方案在降低男女受凌的設計上有顯著的改善。就年齡來看，15歲以上的學生，受凌有減少，但較年輕的樣本則沒有改善，年紀較大男生的受凌問題降低，可能與年紀較大的肢體霸凌問題降低有關。簡言之，整體來看霸凌防制方案對男生有效，對女生則無效；近10年來的霸凌防制方案研究，對男女都有成效；美國以外的研究，對男女都有效，然而美國的研究，對男女都無效。

（四）霸凌防制方案對不同年齡的成效

Yeager等人（2015）探討不同年齡參與霸凌防制方案的成效，他們的後設分析納入了19個研究。分析結果顯示，霸凌防制方案對 7 年級以下學生是有效的，但對 8 年級以上學生的效果很低。可能因為就兒童到青少年發展階段來看，在後期發展階段的青少年，直接攻擊會比間接攻擊

行為來得少，也就是說，兒童與青少年所要面對的主要霸凌行為有所不同。另外，就社會技巧的教導來說，兒童的霸凌發生可能會因為社會技巧不足而引起，但青少年的社會技巧反而增加間接霸凌問題；就行為動機來說，年齡較大者的行為動機可能和兒童不一樣，青少年較具動機去展現社會地位；就青少年所接觸的環境與社會結構來說，轉銜到中學之後，會改變友誼網絡，青少年有較多機會接觸到各項科技，網路霸凌問題反而變多。就此而言，霸凌防制方案似乎對 7 年級以下學生較有成效。霸凌防制方案的設計，宜考量參與對象的年齡層次，兒童與青少年所需要的防制方案可能並不相同，例如：直接教導、角色扮演、學校集會宣導等對兒童有效的方式，反而對青少年可能較無效。

（五）霸凌防制方案對不同霸凌類型的成效

　　Kennedy（2020）的後設分析聚焦於了解霸凌防制方案對特定霸凌類型的成效，他對研究的納入標準是：對青少年至少實施一個霸凌防制方案評估、包含美國及國外、但必須是英文發表、包括實驗／準實驗／有前後測評估的方案等。他的分析共納入在1990年到2018年間發表33篇研究，研究結果發現肢體受凌及關係受凌在霸凌防制方案實施後有顯著降低，不論是在美國內外，參與防制方案的學生，可以降低約32%的關係及肢體受凌，但對言語受凌的成效不顯著。可能因為霸凌者不把言語嘲弄視為霸凌，或是媒體經常把戲弄、嘲笑視為正常化並輕視其負向影響。就區域而言，在美國的研究，對言語受凌的成效不顯著，但在美國之外，對言語受凌有顯著降低。這可能和文化解讀有關，關係霸凌涉及謠言及排擠，但言語霸凌有取笑、威脅、騷擾……。也可能因為美國為較多元的社經背景，使得霸凌方案實施更為困難。簡言之，霸凌防制方案能降低肢體霸凌及關係霸凌，但對言語霸凌則是無效。

　　Gaffney、Farrington、Espelage等人（2019）為了探究霸凌防制方案對網路霸凌的成效，針對2000年到2017年的文獻進行後設分析，他們的研究納入標準是：有網路霸凌的操作定義（納入校園霸凌三特徵：惡意、重複、勢力失衡。而且，這些攻擊行為是透過ICTs，如手機、網路。另外，還具有匿名性及公開性）、以學生為對象的方案、有實驗組及對照

組、以量化工具來測量網路霸凌、2000年以後的文獻。他們共納了24個研究，分析結果顯示，網路霸凌介入方案能有效降低網路霸凌及網路受凌，網路霸凌能降低9%到15%，網路受凌能降低14%到15%。隨機分派實驗組的效果，比準實驗組的效果來得好。簡言之，網路霸凌的防制方案，約能降低一成左右的網路霸凌及網路受凌。

（六）霸凌防制方案對教師介入的成效

van Verseveld等人（2019）探究霸凌防制方案對教師介入影響因素及教師介入的關係，他們對研究的納入標準是：要包含學校本位霸凌防制方案—教師層次的霸凌介入成效、結果變項包括教師介入反應及介入影響因素（信念、知識……）、量化研究有資料可算的效果量、英文學術期刊等，結果共納入13個研究。分析結果顯示霸凌防制方案對教師介入影響因素有中度效果，效果最大的是對教師介入影響因素，如：自我效能、知識等。對教師介入霸凌有中低度的效果。簡言之，霸凌防制方案對教師介入影響因素及教師介入有正向效果，霸凌防制方案能正向提升教師相關變項，例如：知覺嚴重性、同理心、自我效能、反霸凌知識等，於是能增進教師介入行為。因此，建議霸凌防制方案可以加強教師的態度、主觀規範、自我效能、知識、技巧等。

（七）旁觀者介入方案的成效

Polanin等人（2012）針對旁觀者介入行為方案進行後設分析，共納入11個研究方案，總體來說旁觀者介入行為方案是成功的，旁觀者介入行為的實驗效果有微小但顯著的效果。和控制組相較，實驗組的旁觀者介入行為結果增加。然而，增強對受凌者的同理心方案卻無明顯效果，有8個方案是增加對受凌者的同理心，結果發現有正向效果但卻未達統計上的顯著差異水準。調節變項分析顯示，和8年級以下的學生相較，實驗介入對高中生的效果較好。就區域而言，美國樣本與歐洲樣本的效果沒有差異。簡言之，旁觀者介入行為方案能增加旁觀者的介入行為，但是，若是增加對受凌者同理心的方案則沒有效果。

☑ 表11-1 校園霸凌防制方案成效摘述

主題	後設分析結果摘述
隨機分派對照組（RCTs）設計的成效	• 霸凌防制方案能降低校園霸凌及改善學生心理健康問題。 • 方案介入對青少年的霸凌及網路霸凌、網路受凌有小的效果量。學校本位或教室本位霸凌防制方案對結果沒有差異，方案長短、是否有家長涉入，也沒有影響。網路霸凌防制方案由網路內容專家來執行的效果會比老師來得好。
學校本位霸凌防制方案的成效	• 早期的學校本位霸凌防制方案能帶來正向顯著效果，但效果量偏小，聚焦在高風險學生上的方案成效較好。 • 霸凌防制方案能降低霸凌約19%到20%及降低受凌約15%到16%。 • 使用霸凌防制方案能減少13%到21%的霸凌者；使用霸凌防制方案能減少11%到18%的受凌者。 • 方案期間在一年以下的學校本位霸凌防制方案，對霸凌頻率及受凌頻率、傾向暴力或霸凌的態度等變項上具有正向且顯著的效果。
對不同性別的成效	• 由1990年到2018年整體來看，霸凌防制方案對男生有效，對女生則無效；近10年來的霸凌防制方案研究，對男女都有成效。
對不同年齡的成效	• 霸凌防制方案似乎對7年級以下學生較有成效。
對不同霸凌類型的成效	• 霸凌防制方案能降低肢體霸凌及關係霸凌，但對言語霸凌則是無效。 • 網路霸凌防制方案，約能降低一成左右的網路霸凌及網路受凌。
對教師介入的成效	• 霸凌防制方案能正向提升教師相關變項，例如：知覺嚴重性、同理心、自我效能、反霸凌知識等，於是能增進教師介入行為。
旁觀者介入方案的成效	• 旁觀者介入行為方案能增加旁觀者的介入行為，但是，若是增加對受凌者同理心的方案則沒有效果。

七、霸凌防制方案中的有效策略

前小節的分析已指出，霸凌防制方案能帶來成效，有助於降低霸凌及受凌問題。而需要進一步探詢的問題則是：什麼樣的方案內容及策略能帶來效果？本小節的重點即著重在霸凌防制方案中的有效策略。

Ttofi與Farrington（2009）透過後設分析，對於過去59個研究的數據做出統計，嘗試找出校園霸凌的不同處理方式之有效程度及其有效的面向。作者列出了二十種防制霸凌的處置方法，以方案中是否實施來做出二分編碼。二十種霸凌的處置方法包括：(1)校內反霸凌政策；(2)建立班規；(3)對學生進行校內反霸凌講座；(4)霸凌宣導融入課綱；(5)班級經營；(6)組成教師／輔師合作小組；(7)與霸凌者會談；(8)與受害者會談；(9)同儕協助；(10)向老師提供資訊；(11)向家長提供資訊；(12)增加操場監控；(13)規訓處罰；(14)非處罰性處置（如PIKAS法、支持團體法）；(15)修復式正義；(16)校園法庭／霸凌法庭（school tribunals/school bully courts）；(17)教師訓練；(18)家長訓練（家長講座、家長、家長諮詢、班親會）；(19)反霸凌宣導影片；(20)反霸凌電腦遊戲。他們的分析結果發現，在降低霸凌方面，最有效果的處置方法為：家長訓練、操場監控、規訓處罰、對學生的校內反霸凌講座、對家長提供資訊、建立班規、班級經營。作者也指出，這些方法對年齡較大（11歲及以上）的學生較有效。在降低受凌方面，最有效的處置方法為：反霸凌宣導影片、規訓處罰、同儕協助、家長訓練、組成合作小組。作者也指出，對教師、學生實施這些方法的時間長短、頻率也會影響到其降低霸凌的效果。作者在結論中特別提到三點未來實施反霸凌措施時應該注意的要點：(1)措施對於11歲或以上的孩子更有效。(2)措施實施頻率一個月至少要 2 次或以上，效果會更好。(3)施行措施前，必須考慮該措施的投入與產出是否符合需要，且若能以較低廉的花費達成更好的效果，也能讓學校單位更願意實施該措施。

Gaffney等人（2021）的後設分析，對研究的排除標準是：未有方案評估、僅回顧不同霸凌防制方案、沒有特定方案的量化數據、沒有霸凌或受凌的資料、沒有控制組等。他們的分析中共納入100個方案，其中有103個數據資料，大多是實驗組設計或準實驗設計。他們依社會生態模式

來編碼介入方案的要素，包括學校、教室、教師、家長、同儕、個人、特定介入等層次，來檢視各霸凌防制方案中，是否納入學校、教室……層次的策略要素。各層次的策略要素，如表11-2所示。

✍ 表11-2　Gaffney等人（2021）的各層次霸凌防制策略要素

學校層級	• 全校涉入法 • 熱點監控 • 校園反霸凌政策（定義、校規如何處理）
教室層級	• 對霸凌的班規 • 班級經營技巧（辨識及處理霸凌）
教師層級	• 提供教師相關資訊（TInfo） • 教師訓練（TTrain）
家長層級	• 提供家長資訊（Pinfo） • 邀請參與會議討論／受訓（Pinvolve）
同儕層級	• peer1（非正式同儕涉入）班內小組討論 • peer2（正式同儕涉入）旁觀者介入 • 同儕監控 • 同儕領導的反霸凌活動
個人層級	• 對霸凌者的活動（bully） • 協助受凌者（vic） • 校外專家直接和霸凌者或受凌者晤談（Coop）
介入特定	• 課程（curriculum） • 認知行為或心理健康（CBT/MH） • 社會與情緒技巧（SEL） • 處罰管教 • 非處罰管教（修復式正義、支持團體法／非責怪法）

　　分析結果顯示，不論是面對霸凌或受凌問題，最常見使用的是：課程（curriculum）、提供教師相關資訊（TInfo）、非正式同儕涉入（peer1）、教師訓練（TTrain）。最少使用的是：管教策略（處罰、非處罰）、認知行為或心理健康（CBT/MH）、正式同儕涉入（peer2）。和降低霸凌有顯著關聯的要素，包括全校涉入、校園反霸凌政策、對霸凌的班規、提供家長資訊（Pinfo）、非正式同儕涉入（peer1）、協助

受凌者（vic）、校外專家直接和霸凌者或受凌者晤談（Coop）、認知行為或心理健康（CBT/MH）、課程（curriculum）。另外，納入班規、處罰管教、社會與情緒技巧（SEL）都和降低霸凌有顯著關聯。和降低受凌有顯著關聯的要素，包括提供家長資訊（Pinfo）、非正式同儕涉入（peer1）、社會與情緒技巧（SEL）、鼓勵旁觀者介入。值得注意的是，方案的數量與有效度之間沒有顯著關聯，也就是說方案所包含的策略要素愈多，不見得就愈有效。對降低霸凌及受凌都有效的要素，包括提供家長資訊（Pinfo）、非正式同儕涉入（peer1）、社會與情緒技巧（SEL）等。

　　Gaffney等人（2021）認為非正式的社會控制是有效的，例如：非正式同儕涉入，透過全班或小組討論，個別的霸凌者或受凌者不會被對號入座，而是針對霸凌經驗／態度／行為進行討論，這能促進正向氣氛。另外，提供家長資訊是重要的防制方法，有助建立非正式社會控制；防制霸凌的班規是在建立問責的社會控制，對防制霸凌是有用的。然而，家長參與的效果未達顯著，可能是因為來參與方案的家長，都不是高風險學生的家長。簡言之，Gaffney等人發現有效的霸凌介入要素，包括全校涉入、反霸凌政策、訂定班規、提供家長資訊、非正式同儕涉入、協助受凌者等；有效的受凌介入要素，包括提供家長資訊、非正式同儕涉入、教導社會與情緒技巧等。

　　前述研究點出了家長參與受訓是無效策略，但給予家長資訊是有效策略。可見對於家長涉入霸凌防制是否能帶來助益，仍未有一致性的見解。Chen等人（2020）的後設分析對研究的選擇標準是：聚焦於學齡兒童的霸凌防制方案、方案內容包含父母要素、有足夠資料可算出效果量。他們共納入16個研究進行分析，結果顯示有父母參與方案的介入組學生，在霸凌及受凌都顯著較低（Cohen's d = .64）。「父母與兒童討論霸凌」是霸凌防制的正向要素。其他兩個保護要素：兒童同理心、正向教養等都具正向效果，但效果量較低。不同時間長度的方案成效有異，但總體來看，仍有正向成效。簡言之，若霸凌防制方案中有納入家長要素，則霸凌及受凌狀況都會降低。其中，最有效的正向要素是「父母與兒童討論霸凌」。

　　Lee等人（2015）針對13篇文章進行後設分析，他們將霸凌防制方案分為四類：課程本位、社會技巧訓練、情緒控制訓練、同儕輔導／支持。

課程本位法包括：影片、演講、課程模組後的寫作；社會技巧訓練包括：教導合作、協商、衝動控制、同儕衝突的因應技巧；情緒控制訓練包括：對焦慮、怒氣、憂鬱的控制策略；同儕輔導是指由同儕支持者（接受主動傾聽、有效溝通、同理心、觀點替取等訓練）協助受凌者。結果發現，學校本位的霸凌防制方案具有低度到中度的效果。尤其是方案中具有情緒控制訓練、同儕輔導、建立學校的反霸凌政策等要素，對降低受凌具有較大的效果量。針對教育階段（國小vs.國中）、方案期間（十二個月以下vs.十二個月以上）進一步分析，發現對中學階段的效果比國小好、方案期間的差異未達顯著差異。

　　針對前述的有效策略，本文試圖以四個層級來進行統整，見表11-3所示。

ᗷ 表11-3　由後設分析統整出來的有效霸凌防制策略

學校層級	• 全校參與涉入 • 建立校園反霸凌政策 • 操場監控
教室層級	• 建立班規 • 規訓處罰 • 班級經營 • 提供霸凌防制相關課程 • 組成教師／輔師合作小組 • 班級小組討論
個人層級	• 反霸凌宣導影片 • 對學生的校內反霸凌講座 • 同儕協助、同儕輔導、鼓勵旁觀者介入 • 校外專家直接和霸凌者或受凌者晤談 • 認知行為或心理健康 • 社會與情緒技巧（SEL）、情緒控制訓練 • 協助受凌者
家長層級	• 家長訓練 • 對家長提供資訊 • 父母與兒童討論霸凌

八、霸凌的保護因子

為了了解霸凌、受凌的保護因子，Zych等人（2019）回顧了18個後設分析，受凌的保護因子共有37個效果量，網路受凌有28個效果量；霸凌的保護因子有21個效果量，網路霸凌有24個效果量；雙重角色者有16個效果量，網路雙重角色者有1個效果量。他們依生態系統論，把保護因子分為社區、學校、同儕、個人因素。分析結果發現，傳統受凌及網路受凌最強的預測因子，是個人因素，如網路受凌的保護因子是低科技使用；對傳統霸凌來說，社區及學校因子，如高學業成就、社會能力，乃是霸凌的保護因子，具有中度效果量；對網路霸凌來說，個人及同儕因子，如低科技使用及同儕因素，乃是網路霸凌的保護因子，具有中度效果量。對雙重角色者來說，保護因子是社區、學校、同儕因素。另外，他們指出了幾項與降低校園霸凌及網路霸凌的因素：

- 正向的學校氣氛及正向的家庭教養，和低傳統霸凌及網路霸凌有關。
- 家長監管（含監控科技使用），和低傳統霸凌及網路霸凌有關。
- 同儕地位、影響、支持，和低霸凌涉入有關。
- 高自尊、同理心、學業表現，和低霸凌有關。
- 社會及情緒能力，是傳統霸凌及網路霸凌的保護因子。

九、結論與建議

為了改善校園霸凌所帶來的問題，可先由認識校園霸凌開始，包括認識高風險的受凌者、受凌帶來的負向影響、霸凌者的特性、霸凌者與受凌者的關聯、受凌盛行率的時間趨勢等。其次，可思考有哪些霸凌防制方案或策略可帶來正向成效，包括霸凌防制方案的成效、霸凌防制方案的有效策略、霸凌的保護因子等。

（一）先就受凌對象來說，後設分析研究顯示LGBTQ族群、自閉症學生、飲食失調者、體育不佳或久坐不動者、過胖、學業不佳、身心障礙者等，都是高風險的受凌者。事實上，高風險的受凌對象不只是這裡所指涉的對象而已，只要是弱勢族群之一，包括身形、外表、社交、體能、課業、性別認同等方面的弱勢，都可能致使學生

遭受霸凌。本文建議的防制方法如下：

1. 教育人員或家長必須要認識哪些類型的學生可能屬於高風險的受凌者，如LGBTQ族群或體育不佳者，並給予適時的關注。

2. 教師在課程及教學中，可融入尊重差異、尊重多元文化之概念，差異乃是人類之常態，沒有人需要因為自己的體型或性向而道歉，沒有人因為與他人不同而需要被指責。民主社會就是尊重他人、包容差異、關懷弱勢的社會，不是多數暴力或欺壓弱勢的社會。

3. 高風險受凌者的共同特徵大多是人際關係不佳。當學生因為身形、外表、社交、體能、課業、性別認同等而被討厭時，教師就需多加關注，以免惡化為霸凌事件。

（二）就受凌帶來的負向影響來說，受凌者要面對憂鬱、焦慮、自殺傾向等問題，其中以憂鬱的狀況較為嚴重。本文建議的防制方法如下：

1. 發現疑似霸凌事件就應及早介入制止，以免持續受凌而使心理健康持續惡化而產生遺憾。

2. 改善受凌者的人際關係，善用同儕力量及老師的支持，讓受凌者知道還有同學及老師願意陪伴、聆聽他們。人際的關懷與支持有助於改善負向情緒之問題。

3. 發展受凌者的優勢長處，如：吉他、作曲、繪畫、舞蹈等，陪伴學生找到自己生命中的亮點，才不會一直聚焦於生命中的黑暗處。

（三）就霸凌者的特性來看，霸凌者似乎認知同理和情感同理較低、具冷酷無情特質、高道德疏離等。也就是說，霸凌者似乎較不在乎他人的痛苦並易合理化自己的不道德行為。本文建議的防制方法如下：

1. 針對霸凌者的低同理心、高冷酷無情，一般可能會建議進行同理心訓練，提升霸凌者的同理心。而文獻中對霸凌者的同理心訓練，成效殊異。目前仍無法確認對霸凌者進行同理心訓練，是否能帶來一致性的有效成果。

2. 霸凌者易合理化自己的不道德行為，因此，可試圖改善霸凌者的道德疏離情況，建立明確的校規與班規，讓學生知道霸凌或戲弄弱勢同學並不是在鬧著玩，而是違反校規、違反班規的行

為。讓學生明確的知道不能以「開玩笑」為藉口來進行攻擊或霸凌行為，這些行為都會面臨後續的懲處與處置。

（四）就霸凌者與受凌者的關聯來說，霸凌者有可能變為受凌者，而受凌者也有可能變為霸凌者。本文建議的防制方法如下：

1. 若霸凌者交往的朋友是團體社會地位較高的非行少年時，則霸凌者就有可能變為受凌者。因此，要教導學生慎勿加入幫派或與非行少年為伍，當學生欲結交團體地位較高的非行少年來提升自己的地位時，也可能要面對被非行少年使喚或霸凌的風險。

2. 因為受凌會產生敵意的認知與負面情緒的增加，加上對暴力及霸凌進行社會學習，可能會使受凌者轉變為霸凌者。因此，可讓受凌者知道，去霸凌他人並不能改變自己仍舊被他人霸凌的處境，只會讓無辜的他人也加入受凌行列。不需要讓弱勢的他人來承擔自己的敵意及情緒責任，負面情緒可學習用其他方式來調解。

（五）就受凌盛行率的時間趨勢來說，後設分析發現網路受凌問題有隨著時間而增加的趨勢，言語受凌、肢體受凌則有隨著時間而減少的情況，但關係受凌的盛行率似乎沒有隨著時間而改變。本文建議的防制方法如下：

1. 隨著青少年使用科技與網路的時間愈多，網路霸凌的風險就愈高。因此，建議兒童及青少年要在家長及教師監督下使用網路，而且，要有合理的網路使用時間，避免長時間掛在網路上，徒增受凌風險。

2. 隨著各項霸凌防制宣導的推動，言語及肢體受凌問題較為減少，但關係霸凌的趨勢仍舊不變。這可能與霸凌防制方案中較少聚焦於關係霸凌問題有關。因此，未來的霸凌防制方案，宜納入更多的關係霸凌防制要素，例如：改善青少年的敵意歸因謬誤。

（六）就霸凌防制方案的成效來說，不論是隨機分派實驗組設計或是學校本位的霸凌防制方案，多能降低霸凌與受凌情況，降低的程度約在一成到二成之間。就霸凌防制方案的對象來看，若能聚焦在高風險

學生上、聚焦在7年級以下學生、聚焦於教師介入影響因素（如：知覺嚴重性、同理心、自我效能）、聚焦於旁觀者的介入行為，則方案的成效可能較好。再就霸凌防制與不同的霸凌類型來看，霸凌防制方案能降低肢體霸凌、關係霸凌、網路霸凌，但似乎對言語霸凌較無效果。本文建議的防制方法如下：

1. 學校本位的霸凌防制方案具有降低霸凌及受凌的效果，建議可以參考有效的霸凌防制策略，推動學校本位的霸凌防制方案。

2. 霸凌防制方案的推動，不能期待只辦2個小時或4個小時的研習就欲發揮成效。就後設分析的結果來看，一年以下的防制方案（每個月辦理2次以上）就能發揮成效。因此，宜將霸凌防制方案的規劃，由短時間的研習思維，拉長到學期或學年來進行思維及規劃。

3. 霸凌防制方案可聚焦在不同的對象來辦理，尤其可聚焦在高風險的霸凌者及受凌者上，成效最好。方案內容亦可聚焦於教師及旁觀者，不論是增強教師介入影響因素（如：知覺嚴重性、同理心、自我效能），或是強化旁觀者的介入行為，均能帶來正向助益。

4. 目前霸凌防制方案似乎對言語霸凌的成效較為不佳，未來防制方案可著重於釐清言語霸凌與開玩笑、言語霸凌與戲弄／嘲笑的差異。讓學生知道言語霸凌是不被接受的惡意行為，不能以開玩笑來合理化自身的惡意行為。

（七）就霸凌防制方案的有效策略來說，後設分析得出的有效策略，包括全校涉入、建立校園反霸凌政策、操場／遊戲場監控、建立班規、規訓處罰、強化班級經營、相關課程、組成教師／輔師合作小組、反霸凌宣導影片、對學生進行校內反霸凌講座、同儕協助／同儕輔導／鼓勵旁觀者介入、校外專家直接和霸凌者或受凌者晤談、教導認知行為或心理健康、教導社會與情緒技巧（SEL）或情緒控制訓練、協助受凌者、家長訓練、提供家長資訊、父母與兒童討論霸凌等。本文建議的防制方法如下：

1. 有效的霸凌防制要靠全校一起投入，而不能只靠導師或學務處來處理。

2. 有效的霸凌防制要納入各層次的防制策略，如：學校、教室、個人、家長等層級的有效策略。

3. 後設分析結果顯示，方案的數量與有效度之間沒有顯著關聯。因此，在推動霸凌防制時不需追求方案策略數量，而是務求納入有效的防制策略。

4. 要兼顧規訓處罰法及個人發展法，對霸凌者來說，建立校規／班規、規訓處罰、強化監控等，仍是有效策略。但是，單靠處罰並不能改善霸凌問題，仍要配合各項個人發展，如霸凌者的社會與情緒技巧訓練、旁觀者介入訓練、受凌者的認知行為或心理健康訓練、社會與情緒技巧（SEL）訓練等，再加上教師介入訓練、家長訓練等，相信會帶來正向成效。

（八）就霸凌與網路霸凌的保護因子來說，包括低科技使用、高學業成就、高社會與情緒能力、同儕支持、正向的學校氣氛、正向的家庭教養、家長監管（含監控科技使用）、高自尊、高同理心等，都是正向的保護因子。本文建議的防制方法如下：

1. 家長的正向管教及家長監管（如：監控科技使用、低科技使用）有助於避免霸凌，家長的涉入對霸凌防制來說是正向的力量。

2. 加強學生的社會與情緒學習（SEL），提升人際技巧及情緒管理技巧，提升孩子的自尊與同理心，有助於讓孩子避免落入校園霸凌的困境。

3. 學校方面可試圖提升學生的學業成就，保持正向的學校氣氛，鼓勵同儕支持，這些正向的學業及人際氛圍有助於預防霸凌問題。

校園霸凌改編個案

帶著一副深度眼鏡，專注盯著講臺上口沫橫飛的老師解說數學題，小智是老師們心中模範生。為人謙卑有禮、博學多聞的小智是各種競賽常勝軍，也是學校風雲人物。老師問：小智這次全校奧林匹克

數學競賽，你是否可以代表本班參加？全班起閧下，小智點頭：我會盡力而爲……。學生朝會，校長宣布：這次代表本校參加世界數學奧林匹克競賽是二年三班王小青同學，臺下學生一片譁然紛紛望向小智，小智臉色鐵青，故作鎮定，勉強擠出笑容對隔壁班王小青同學說：太厲害了！恭喜！

　　小智一如既往謙卑有禮，成績優異，下課時，小智特地走到隔壁班找王小青：小青同學，你數學課本可以借我嗎？下堂課我忘了帶。小青：可以呀！說完立刻將課本借給小智，小智道謝後轉身離去。

隔天

　　小青急沖沖到教室找小智問：數學課本可以還我嗎？我下堂課要用了。

　　小智疑惑的：咦？我昨天最後一節課下課時放在你桌上喔！你放學回家沒檢查一下你位置嗎？

　　小青焦急：呀？聽完立刻跑回去教室座位東翻西找，仍舊未找到課本，上課鐘響，數學課開始。上完課，小青又找小智問：我眞的沒拿到課本，請問你是否放錯座位？

　　小智擔憂的回：怎麼？還是找不到嗎？我陪你去找找。

　　兩人走回小青教室，小智突然：唉！數學課本不就在你書包，你自己怎沒發現？

　　小青心裡覺得奇怪又不好意思：對不起！對不起！我剛剛沒仔細找。

　　同學小雄：哈哈！資優生也有迷糊的時候耶！眾人大笑，小智笑而不答轉身離去。

案例分析

- 是否有惡意傷害行爲：否。有可能是惡意藏別人的課本，但不確定。
- 是否有勢力失衡：否。沒有大欺小、多欺少、強欺弱的狀況。

・是否重複：否。

・是否為校園霸凌：否。

　　以該案例來看，可視為是資優學生看對方不順眼，想藏對方的課本來造成別人的困擾。但，原本找不到的課本，在隔天卻又找到了。有可能是小智在藏課本，但證據不足，也有可能是誤會了小智。以該案例來分析，並不具備惡意傷害行為、勢力失衡、重複等特徵，因此算不上是霸凌行為，應屬於誤會或衝突事件。

 參考文獻

Chen, Q., Zhu, Y., & Chui, W. H. (2020). A meta-analysis on effects of parenting programs on bullying prevention. *Trauma, Violence, & Abuse*. doi:10.1177/1524838020915619

Ferguson, C. J., Miguel, C. S., Kilburn, J. C., & Sanchez, P. (2007). The effectiveness of school-based anti-bullying programs: A meta-analytic review. *Criminal Justice Review, 32*, 401-414.

Fraguas, D., Díaz-Caneja, C. M., Ayora, M., Durán-Cutilla, M., Abregú-Crespo, R., Ezquiaga-Bravo, I., ... & Arango, C. (2021). Assessment of school anti-bullying interventions: A meta-analysis of randomized clinical trials. *JAMA pediatrics, 175*(1), 44-55.

Gaffney, H., Farrington, D. P., & Ttofi, M. M. (2019). Examining the effectiveness of school-bullying intervention programs globally: A meta-analysis. *International Journal of Bullying Prevention, 1*(1), 14-31. doi:10.1007/s42380-019-0007-4

Gaffney, H., Farrington, D. P., Espelage, D. L., & Ttofi, M. M. (2019). Are cyberbullying intervention and prevention programs effective? A systematic and meta-analytical review. *Aggression and Violent Behavior, 45*, 134-153.

Gaffney, H., Ttofi, M. M., & Farrington, D. P. (2019). Evaluating the effectiveness of school-bullying prevention programs: An updated meta-analytical review. *Aggression and Violent Behavior, 45*, 111-133.

Gaffney, H., Ttofi, M. M., & Farrington, D. P. (2021). What works in anti-bullying programs? Analysis of effective intervention components. *Journal of School Psychology, 85*, 37-56. doi:10.1016/j.jsp.2020.12.002

García-Hermoso, A., Hormazabal-Aguayo, I., Oriol-Granado, X., Fernández-Vergara, O., & del Pozo Cruz, B. (2020). Bullying victimization, physical inactivity and sedentary behavior among children and adolescents: A meta-analysis. *International Journal of Behavioral Nutrition and Physical Activity, 17*(1), 1-10. doi:10.1186/s12966-020-01016-4

Hawker, D. S. J., & Boulton, M. J. (2000). Twenty years' research on peer victimization and psychosocial maladjustment: A meta-analytic review of cross-sectional studies. *Journal of Child Psychology and Psychiatry and Allied Disciplines, 41*, 441-455.

Jiménez-Barbero, J. A., Jiménez-Loaisa, A., González-Cutre, D., Beltrán-Carrillo, V. J., Llor-Zaragoza, L., & Ruiz-Hernández, J. A. (2020). Physical education and school bullying: A systematic review. *Physical Education and Sport Pedagogy, 25*(1), 79-100. doi:10.1080/17408989.2019.1688775

Jiménez-Barbero, J. A., Ruiz-Hernández, J. A., Llor-Zaragoza, L., Pérez-García, M., & Llor-Esteban, B. (2016). Effectiveness of anti-bullying school programs: A meta-analysis. *Children and Youth Services Review, 61*, 165-175. doi:10.1016/j.childyouth.2015.12.015

Kennedy, R. S. (2019). Bullying trends in the United States: A meta-regression. *Trauma, Violence, & Abuse.* doi:10.1177/1524838019888555.

Kennedy, R. S. (2020). A meta-analysis of the outcomes of bullying prevention programs on subtypes of traditional bullying victimization: Verbal, relational, and physical. *Aggression and Violent Behavior.* doi:10.1016/j.avb.2020.101485

Kennedy, R. S. (2020). Gender differences in outcomes of bullying prevention programs: A meta-analysis. *Children and Youth Services Review, 119*. https://doi.org/10.1016/j.childyouth.2020.105506

Killer, B., Bussey, K., Hawes, D. J., & Hunt, C. (2019). A meta analysis of the relationship between moral disengagement and bullying roles in youth. *Aggressive Behavior, 45*(4), 450-462.

Lee, S., Kim, C.-J., & Kim, D.-H. (2015). A meta-analysis of the effect of school-based anti-bullying programs. *Journal of Child Health Care, 19*(2), 136-153. doi:10.1177/1367493513503581

Lie, S. Ø., Rø, Ø., & Bang, L. (2019). Is bullying and teasing associated with eating disorders? A systematic review and meta analysis. *International Journal of Eating Disorders, 52*(5), 497-514.

Myers, W., Turanovic, J. J., Lloyd, K. M., & Pratt, T. C. (2020). The victimization of LGBTQ students at school: A meta-analysis. *Journal of School Violence, 19*(4), 421-432.

Ng, E. D., Chua, J. Y. X., & Shorey, S. (2020). The effectiveness of educational interventions on traditional bullying and cyberbullying among adolescents: A systematic review and meta-analysis. *Trauma, Violence, & Abuse*. https://doi.org/10.1177/1524838020933867

Park, I., Gong, J., Lyons, G. L., Hirota, T., Takahashi, M., Kim, B., ... & Leventhal, B. L. (2020). Prevalence of and factors associated with school bullying in students with autism spectrum disorder: A cross-cultural meta-analysis. *Yonsei Medical Journal, 61*(11), 909-922. doi:10.3349/ymj.2020.61.11.909

Polanin, J. R., Espelage, D. L., & Pigott, T. D. (2012). A meta-analysis of school-based bullying prevention programs' effects on bystander intervention behavior. *School Psychology Review, 41*, 47-65.

Ttofi, M., & Farrington, D. (2009). What works in preventing bullying: Effective elements of anti-bullying programmes. *Journal of Aggression, Conflict and Peace Research, 1*(1), 13-24.

van Geel, M., Goemans, A., Zwaanswijk, W., & Vedder, P. (2021). Does peer victimization predict future suicidal ideation? A meta-analysis on longitudinal studies. *Aggression and Violent Behavior*. doi:10.1016/j.avb.2021.101577

van Verseveld, M. D., Fukkink, R. G., Fekkes, M., & Oostdam, R. J. (2019).

Effects of antibullying programs on teachers' interventions in bullying situations. A meta analysis. *Psychology in the Schools, 56*(9), 1522-1539.

Walters, G. D. (2020). School-age bullying victimization and perpetration: A meta-analysis of prospective studies and research. *Trauma, Violence, & Abuse.* https://doi.org/10.1177/1524838020906513

Yeager, D. S., Fong, C. J., Lee, H. Y., & Espelage, D. L. (2015). Declines in efficacy of anti-bullying programs among older adolescents: Theory and a three-level meta-analysis. *Journal of Applied Developmental Psychology, 37*, 36-51. doi:10.1016/j.appdev.2014.11.005

Yuchang, J., Junyi, L., Junxiu, A., Jing, W., & Mingcheng, H. (2019). The differential victimization associated with depression and anxiety in cross-cultural perspective: A meta-analysis. *Trauma, Violence, & Abuse, 20*(4), 560-573. doi:10.1177/1524838017726426

Zych, I., Baldry, A. C., Farrington, D. P., & Llorent, V. J. (2019). Are children involved in cyberbullying low on empathy? A systematic review and meta-analysis of research on empathy versus different cyberbullying roles. *Aggression and Violent Behavior, 45*, 83-97.

Zych, I., Farrington, D. P., & Ttofi, M. M. (2019). Protective factors against bullying and cyberbullying: A systematic review of meta-analyses. *Aggression and Violent Behavior, 45*, 4-19. https://doi.org/10.1016/j.avb.2018.06.008

Zych, I., Ttofi, M. M., & Farrington, D. P. (2019). Empathy and callous-unemotional traits in different bullying roles: A systematic review and meta-analysis. *Trauma, Violence, & Abuse, 20*(1), 3-21.

附錄

校園霸凌防制準則

中華民國一百零九年七月二十一日教育部臺教學（五）字第109009759
4B號令修正發布全文34條；並自發布日施行

第一章　總則

第1條
本準則依教育基本法第八條第五項規定訂定之。

第2條
本準則所稱主管機關：在中央為教育部；在直轄市為直轄市政府；在縣（市）
為縣（市）政府。

第3條
本準則用詞，定義如下：

一、學生：指各級學校具有學籍、學制轉銜期間未具學籍者、接受進修推廣教
育者、交換學生、教育實習學生或研修生。

二、教師：指專任教師、兼任教師、代理教師、代課教師、教官、運用於協助
教學之志願服務人員、實際執行教學之教育實習人員及其他執行教學或研
究之人員。

三、職員、工友：指前款教師以外，固定、定期執行學校事務，或運用於協助
學校事務之志願服務人員。

四、霸凌：指個人或集體持續以言語、文字、圖畫、符號、肢體動作、電子通
訊、網際網路或其他方式，直接或間接對他人故意為貶抑、排擠、欺負、
騷擾或戲弄等行為，使他人處於具有敵意或不友善環境，產生精神上、生
理上或財產上之損害，或影響正常學習活動之進行。

五、校園霸凌：指相同或不同學校校長及教師、職員、工友、學生（以下簡稱
教職員工生）對學生，於校園內、外所發生之霸凌行為。

前項第四款之霸凌，構成性別平等教育法第二條第五款所稱性霸凌者，依該法

規定處理。

第4條

各級主管機關及學校應以預防為原則，分別採取下列防制機制及措施，積極推動校園霸凌防制工作：

一、主管機關應彈性調整及運用學校人力，擔任學生事務及輔導工作，並督導學校建構友善校園環境。

二、主管機關及學校應加強實施學生法治教育、品德教育、人權教育、生命教育、性別平等教育、資訊倫理教育、偏差行為防制及被害預防宣導，奠定防制校園霸凌之基礎。

三、學校每學期應定期辦理相關之在職進修活動，或結合校務會議、導師會議或教師進修研習時間，強化教師、職員、工友（以下簡稱教職員工）防制校園霸凌之意願、知能及處理能力。

四、學校得善用退休校長、退休教師及家長會人力，辦理志工招募、防制霸凌知能研習，建立學校及家長聯繫網絡，協助學校預防校園霸凌及其事件之協調處理，強化校園安全巡查。

五、學校應利用各項教育及宣導活動，向學生、家長、校長及教職員工說明校園霸凌防制理念及事件調查處理程序，鼓勵學生、家長、校長及教職員工申請調查或檢舉，以利學校即時因應及調查處理。

六、學校於校園霸凌事件宣導、處理或輔導程序中，得善用修復式正義策略，以降低衝突、促進和解及修復關係。

家長得參與學校各種防制校園霸凌之措施、機制、培訓及研習，並應配合學校對其子女之教育及輔導。

主管機關應寬列第一項推動防制工作及校園霸凌事件處理程序之預算；必要時，得由中央主管機關視實際情形酌予補助。

第二章　校園安全規劃及校園霸凌防制機制

第5條

學校為防制校園霸凌，準用校園性侵害性騷擾或性霸凌防治準則第四條、第五條規定，將校園霸凌危險空間，納入校園安全規劃。

第6條

學校應加強校長及教職員工生就校園霸凌防制權利、義務及責任之認知；學校校長、教職員工生於進行校內外教學活動、執行職務及人際互動時，應發揮樂於助人、相互尊重之品德。

校園霸凌防制應由班級同儕間、師生間、親師間、校長及教職員工間、班際間及校際間共同合作處理。

第7條

學校應透過平日教學過程，鼓勵及教導學生如何理性溝通、積極助人及處理人際關係，以培養其責任感及自尊尊人之處事態度。

學校及家長應協助學生學習建立自我形象，真實面對自己，並積極正向思考。

第8條

主管機關及學校對被霸凌人及曾有霸凌行為或有該傾向之校長及教職員工生，應積極提供協助、主動輔導，並就學生學習狀況、人際關係與家庭生活，進行深入了解及關懷。

第9條

校長及教職員工應以正向輔導管教方式啟發學生同儕間正義感、榮譽心、相互幫助、關懷、照顧之品德及同理心，以消弭校園霸凌行為之產生。

校長及教職員工應主動關懷、覺察及評估學生間人際互動情形，依權責進行輔導，必要時送學校防制校園霸凌因應小組確認。

校長及教職員工應具備校園霸凌防制意識，避免因自己行為致生霸凌事件，或不當影響校園霸凌防制工作。

第10條

學校應組成防制校園霸凌因應小組，以校長或副校長為召集人，其成員應包括教師代表、學務人員、輔導人員、家長代表、學者專家，負責處理校園霸凌事件之防制、調查、確認、輔導及其他相關事項；高級中等以上學校之小組成員，並應有學生代表。

受調查人為校長時，學校所屬主管機關應組成校園霸凌事件審議小組，由機關首長或副首長為召集人，其成員應包括校長代表、輔導人員、家長代表、學者專家及民間團體代表，負責處理校長對學生霸凌事件之調查及審議事項。

學校召開防制校園霸凌因應小組會議或學校所屬主管機關組成校園霸凌事件審議小組時，得視需要邀請職員工代表或具霸凌防制意識之專業輔導人員、性別

平等教育委員會委員、法律專業人員、特殊教育專業人員、警政、衛生福利、
法務等機關代表及學生代表參加。

各級主管機關應辦理或協調師資培育之大學、設有社會工作或輔導系、所之大
學、其他專業團體、機構提供適當之培訓機會或督考學校辦理培訓課程，以充
實小組成員之培訓管道。

第11條

學校應依本準則規定，訂定校園霸凌防制規定，並將第六條至第九條規定，納
入學生手冊及教職員工聘約中。其內容應包括下列事項：

一、校園安全規劃。

二、校內外教學及人際互動應注意事項。

三、校園霸凌防制之政策宣示。

四、校園霸凌之界定、樣態、受理窗口及通報權責。

五、防制校園霸凌因應小組工作權責範圍。

六、校園霸凌之申請調查程序。

七、校園霸凌之調查及處理程序。

八、校園霸凌之申復及救濟程序。

九、禁止報復之警示。

十、隱私之保密。

十一、其他校園霸凌防制相關事項。

第12條

校長及教職員工知有疑似校園霸凌事件時，均應立即按學校校園霸凌防制規定
所定權責向權責人員通報，並由學校權責人員向學校主管機關通報，至遲不得
超過二十四小時，並應視事件情節，另依兒童及少年福利與權益保障法等相關
規定，向直轄市、縣（市）社政主管機關進行通報。

依前項規定為通報時，除有調查必要、基於公共利益考量或法規另有規定者
外，對於行為人及被霸凌人（以下簡稱當事人）、檢舉人、證人及協助調查人
之姓名或其他足以辨識其身分之資料，應予以保密。

第三章　受理、調查及救濟程序

第13條

疑似校園霸凌事件之被霸凌人或其法定代理人（以下簡稱申請人），得向行為人於行為發生時所屬之學校（以下簡稱調查學校）申請調查。

任何人知悉前項事件時，得依規定程序向學校檢舉之。

學校經大眾傳播媒體、警政機關、醫療或衛生福利機關（構）等之報導、通知或陳情而知悉者，視同檢舉。

第14條

校園霸凌事件之申請人或檢舉人得以言詞、書面或電子郵件申請調查或檢舉；其以言詞或電子郵件為之者，學校應作成紀錄，經向申請人或檢舉人朗讀或使其閱覽，確認其內容無誤後，由其簽名或蓋章；申請人或檢舉人未具真實姓名者，除學校已知悉有霸凌情事者外，得不予受理。

前項書面或依言詞、電子郵件作成之紀錄，應載明下列事項：

一、申請人或檢舉人姓名、聯絡電話及申請調查日期。

二、申請人申請調查者，應載明被霸凌人之就讀學校、班級。

三、申請人委任代理人代為申請調查者，應檢附委任書，並載明申請人及受委任人姓名、聯絡電話。

四、申請調查或檢舉之事實內容，如有相關證據，亦應記載或附卷。

第15條

學校接獲第十三條申請調查或檢舉，應初步了解是否為調查學校。非調查學校接獲申請調查或檢舉，知有疑似校園霸凌事件時，除依第十二條規定通報外，應於三個工作日內將事件移送調查學校處理，並通知當事人。

第16條

當事人分屬不同學校者，以先接獲申請調查或檢舉之學校負責調查，相關學校應派代表參與調查。

前項事件行為人已非調查學校或參與調查學校之教職員工生時，調查學校應以書面通知行為人現所屬學校派代表參與調查，被通知之學校不得拒絕。

學制轉銜期間接獲申請調查或檢舉之事件，管轄權有爭議時，由其共同主管機關決定之；無共同主管機關時，由各該主管機關協議定之。

第17條

調查學校於接獲申請調查或檢舉時，應於二十日內以書面通知申請人或檢舉人是否受理。

調查學校於接獲申請調查或檢舉時，有下列情形之一者，應不予受理：

一、非屬本準則所規定之事項。

二、無具體之內容或申請人、檢舉人未具真實姓名。

三、同一事件已處理完畢。

前項不受理之書面通知，應敘明理由。

第二項所定事由，必要時得由防制校園霸凌因應小組指派委員三人以上組成小組認定之。

第18條

申請人或檢舉人於前條第一項之期限內未收到通知或接獲不受理通知之次日起二十日內，得以書面具明理由，向學校申復。

前項不受理之申復以一次為限。

事件管轄學校接獲申復後，應將申請調查或檢舉案交防制校園霸凌因應小組重新討論受理事宜，並於二十日內以書面通知申復人申復結果；申復有理由者，防制校園霸凌因應小組應依本準則調查處理。

第19條

調查學校接獲第十七條第一項之申請調查或檢舉後，除有同條第二項所定事由外，應於三個工作日內召開防制校園霸凌因應小組會議，開始調查處理程序。

第20條

為保障校園霸凌事件當事人之學習權、受教育權、身體自主權、人格發展權及其他權利，必要時，學校得為下列處置，並報主管機關備查：

一、彈性處理當事人之出缺勤紀錄或成績評量，並積極協助其課業、教學或工作，得不受請假、學生成績評量或其他相關規定之限制。

二、尊重被霸凌人之意願，減低當事人雙方互動之機會；情節嚴重者，得施予抽離或個別教學、輔導。

三、避免行為人及其他關係人之報復情事。

四、預防、減低或杜絕行為人再犯。

五、其他必要之處置。

當事人非屬調查學校之教職員工生時，調查學校應通知當事人所屬學校，依前

項規定處理。

前二項必要之處置，應經防制校園霸凌因應小組決議通過後執行。

第21條

學校調查處理校園霸凌事件時，應依下列方式辦理：

一、調查時，應給予雙方當事人陳述意見之機會；當事人為未成年者，得由法
定代理人陪同。

二、避免行為人與被霸凌人對質。但基於教育及輔導上之必要，經防制校園霸
凌因應小組徵得雙方當事人及法定代理人同意，且無權力、地位不對等之
情形者，不在此限。

三、不得令當事人與檢舉人或證人對質。但經防制校園霸凌因應小組徵得雙方
及其法定代理人之同意，且無權力、地位不對等之情形者，不在此限。

四、學校基於調查之必要，得於不違反保密義務之範圍內，另作成書面資料，
交由當事人或受邀協助調查之人閱覽或告以要旨。

五、學校就當事人、檢舉人、證人或協助調查人之姓名及其他足以辨識身分之
資料，應予保密。但基於調查之必要或公共利益之考量者，不在此限。

六、申請人撤回申請調查時，為釐清相關法律責任，調查學校得經防制校園霸
凌因應小組決議，或經行為人請求，繼續調查處理；主管機關認情節重大
者，應命學校繼續調查處理。

第22條

依前條第五款規定負有保密義務者，包括學校參與調查處理校園霸凌事件之所
有人員。

依前項規定負有保密義務者洩密時，應依刑法或其他相關法規處罰。

學校或相關機關就記載有當事人、檢舉人、證人及協助調查人姓名之原始文
書，應予封存，不得供閱覽或提供予偵查、審判機關以外之人。但法規另有規
定者，不在此限。

調查處理校園霸凌事件人員，就原始文書以外對外所另行製作之文書，應將當
事人、檢舉人、證人及協助調查人之真實姓名及其他足以辨識身分之資料刪
除，並以代號為之。

第23條

學校防制校園霸凌因應小組之調查處理，不受該事件司法程序是否進行及處理
結果之影響。

前項之調查程序，不因行為人喪失原身分而中止。

第24條

校園霸凌事件之行為人及其法定代理人、檢舉人、證人，應配合學校調查程序
及處置。

學校於調查前項事項程序中，遇被霸凌人不願配合調查時，應提供必要之輔導
或協助；被霸凌人拒絕接受輔導或協助時，主管機關應視實際情形，積極協助
學校處理。

第25條

學校應於受理疑似校園霸凌事件申請調查、檢舉、移送之次日起二個月內完成
調查；必要時，得延長之，延長以二次為限，每次不得逾一個月，並應通知申
請人及行為人。

防制校園霸凌因應小組調查完成後，應將調查報告及處理建議，以書面向其所
屬學校提出報告。

學校應於接獲前項調查報告後二個月內，自行或移送相關權責機關依相關法
律、法規或學校章則等規定處理，並將處理之結果，以書面載明事實及理由通
知申請人、檢舉人及行為人。

第26條

學校將前條第三項處理結果，以書面通知申請人及行為人時，應一併提供調查
報告，並告知不服之申復方式及期限。

申請人或行為人對學校調查及處理結果不服者，得於收到書面通知次日起二十
日內，以書面具明理由，向學校申復；其以言詞為之者，調查學校應作成紀
錄，經向申請人或行為人朗讀或使閱覽，確認其內容無誤後，由其簽名或蓋
章。

前項申復以一次為限，並依下列程序處理：

一、學校受理申復後，應即組成審議小組，並於三十日內作成附理由之決定，
　　以書面通知申復人申復結果。

二、前款審議小組應包括防制校園霸凌領域之相關專家學者、法律專業人員或
　　實務工作者。

三、原防制校園霸凌因應小組成員不得擔任審議小組成員。

四、審議小組召開會議時由小組成員推舉召集人，並主持會議。

五、審議會議進行時，得視需要給予申復人陳述意見之機會，並得邀所設防制

　　校園霸凌因應小組成員列席說明。

六、申復有理由時，由學校重為決定。

七、前款申復決定送達申復人前，申復人得準用前項規定撤回申復。

第27條

當事人對於學校處理校園霸凌事件之申復決定不服，得依教師法、各級學校學生申訴或相關規定提起申訴。

第28條

校長對學生之霸凌事件，由學校所屬主管機關準用第十三條至前條有關受理、調查及救濟等程序，進行事件處理。

第四章　輔導及協助程序

第29條

學校完成調查後，確認校園霸凌事件成立時，應立即啟動霸凌輔導機制，並持續輔導當事人改善。

前項輔導機制，應就當事人及其他關係人訂定輔導計畫，明列懲處建議或管教措施、輔導內容、分工、期程，完備輔導紀錄，並定期評估是否改善。

當事人經定期評估未獲改善者，得於徵求其同意後，轉介專業諮商、醫療機構實施矯正、治療及輔導，或商請社政機關（構）輔導安置；其有法定代理人者，並應經其法定代理人同意。

學校確認成立校園霸凌事件後，應依事件成因，檢討學校相關環境、教育措施及輔導資源，立即進行改善。

第30條

前條輔導，學校得委請醫師、臨床心理師、諮商心理師、社會工作師或律師等專業人員為之。

學校執行輔導工作之人員，應謹守專業倫理，維護學生接受輔導專業服務之權益；必要時，曾參與調查之防制校園霸凌因應小組成員，應迴避同一事件輔導工作。

第31條

校園霸凌事件情節嚴重者，學校應即請求警政、社政機關（構）或司法機關協助，並依少年事件處理法、兒童及少年福利與權益保障法、社會秩序維護法等

相關規定處理。

第五章　附則

第32條
學校校長、教職員工生或其他人員有違反本準則之規定者，應視情節輕重，分別依成績考核、考績、懲戒或懲處等相關法令規定及學校章則辦理。
第33條
學校於校園霸凌事件處理完成，調查報告經防制校園霸凌因應小組議決後，應將處理情形、調查報告及防制校園霸凌因應小組之會議紀錄，報所屬主管機關。
主管機關應定期對學校進行督導考核，並將第五條之校園安全規劃、校園危險空間改善情形，及學校防制與調查處理校園霸凌事件之成效列入定期考核事項。
主管機關於學校調查處理校園霸凌事件時，應對學校提供諮詢服務、輔導協助、適法監督或予糾正。
第34條
本準則自發布日施行。

國家圖書館出版品預行編目資料

認識校園霸凌及其防制策略／陳利銘，薛秀宜
著. ──初版.──臺北市：五南圖書出版
股份有限公司, 2022.03
　　面；　公分
ISBN 978-626-317-508-2（平裝）

1.CST：校園霸凌　2.CST：學校輔導
3.CST：教育政策

527.4　　　　　　　　　110022011

1I4P

認識校園霸凌及其防制策略

作　　者 ─ 陳利銘（261.7）、薛秀宜

發 行 人 ─ 楊榮川

總 經 理 ─ 楊士清

總 編 輯 ─ 楊秀麗

副總編輯 ─ 黃文瓊

責任編輯 ─ 陳俐君、李敏華

封面設計 ─ 姚孝慈

出 版 者 ─ 五南圖書出版股份有限公司

地　　址：106台北市大安區和平東路二段339號4樓

電　　話：(02)2705-5066　傳　　真：(02)2706-6100

網　　址：https://www.wunan.com.tw

電子郵件：wunan@wunan.com.tw

劃撥帳號：01068953

戶　　名：五南圖書出版股份有限公司

法律顧問　林勝安律師事務所　林勝安律師

出版日期　2022年3月初版一刷
　　　　　2022年10月初版二刷

定　　價　新臺幣380元

經典永恆・名著常在

五十週年的獻禮——經典名著文庫

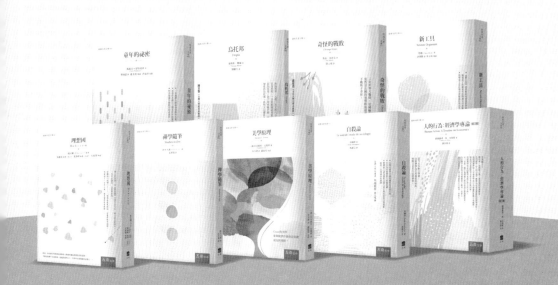

五南，五十年了，半個世紀，人生旅程的一大半，走過來了。

思索著，邁向百年的未來歷程，能為知識界、文化學術界作些什麼？

在速食文化的生態下，有什麼值得讓人雋永品味的？

歷代經典・當今名著，經過時間的洗禮，千錘百鍊，流傳至今，光芒耀人；

不僅使我們能領悟前人的智慧，同時也增深加廣我們思考的深度與視野。

我們決心投入巨資，有計畫的系統梳選，成立「經典名著文庫」，

希望收入古今中外思想性的、充滿睿智與獨見的經典、名著。

這是一項理想性的、永續性的巨大出版工程。

不在意讀者的眾寡，只考慮它的學術價值，力求完整展現先哲思想的軌跡；

為知識界開啟一片智慧之窗，營造一座百花綻放的世界文明公園，

任君遨遊、取菁吸蜜、嘉惠學子！